目　录

༄། །བོད་བརྒྱུད་ནང་བསྟན་གྱི་དགོངས་འགྲེལ་
སྐོར་གྱི་དཔྱད་རྩོམ་ཕྱོགས་བསྒྲིགས།

藏传佛教教义阐释研究文集

藏传佛教与平等思想研究专辑

第三辑　(དེབ་གསུམ་པ།)

དགྲ་འདུལ་གྱིས་གཙོ་སྒྲིག་མཛད།

郑 堆　主 编

中国藏学出版社　ཀྲུང་གོའི་བོད་རིག་པ་དཔེ་སྐྲུན་ཁང་།

序 言

游洛屏

中国佛教素有服务社会、利益人群的优良传统。与时俱进，佛法常新。佛教只有不断挖掘其教义思想中的积极因素，并弘扬发展，才能更好地推动自身与社会主义社会相适应，实现弘法利生的目标。

党的十八大报告指出，要加强社会主义核心价值体系建设，强调用社会主义核心价值体系引领社会思潮、凝聚社会共识。平等是社会主义核心价值观的重要内容，需要全社会大力倡导和弘扬。在当代社会中，平等理念不仅是一种政治追求，也是一种道德追求。

佛教是具有人文主义思想的宗教，关注人类的社会地位和生存价值。佛教更是推崇平等思想的宗教，所提倡的“众生平等”等主张符合人类社会的整体利益，符合人类社会要求和谐的道德规范，深得世人赞赏。藏传佛教继承和弘扬了佛教的平等思想，倡导人人平等、众生平等、怨亲平等、和合共生等理念，不仅丰富了世界平等思想的理论宝库，而且对于藏传佛教自身发展也具有十分重要的现实意义。

藏传佛教教义阐释活动开展几年以来，取得了不俗的成绩，在推动藏传佛教与社会主义社会相适应方面发挥了重要作用。教义阐释，不是重建义理系统，而是积极探寻教义教规与现实生活紧密结合的途径和方法，服务社会、造福人群。平等思想，作为藏传佛教教义中的积极因素，可以挖掘和弘扬，并为社会主义核心价值观服务。在藏传佛教教义阐释活动中，有关活佛高僧提出了宗教界必须树立平等意识、公民意识、法律意识、奉献意识的思想，将平等意识摆在了教义阐释活动中的重要位置。

中国藏学研究中心“藏传佛教教义阐释研究”课题组，自2011年正式开展藏传佛教教义阐释研究以来，在不断探索中取得了一定成绩。2011年，课题组围绕爱国思想、道德建设、戒律建设、和谐进步4个主题阐释撰写完成了《藏传佛教教义阐释试讲本》。2012年，课题组以“利国利民利教”为主题，完成了《藏传佛教教义阐释研究文集》第一辑。2013年，课题组以“藏传佛教与精神文明”为主题，完成了《藏传佛教教义阐释研究文集——藏传佛教与精神文明研究专辑》。以上课题，主题明确，重点突出，观点鲜明，内容丰富，具有较强的学术性和现实性，成为藏传佛教教义阐释研究领域的力作。2014年，课题组确定了“藏传佛教与平等思想”的主题，开展藏传佛教教义阐释研究工作，研究完成了《藏传佛教教义阐释研究文集——藏传佛教与平等思想研究专辑》（以下简称《专辑》）。《专辑》从平等思想入手，对藏传佛教平等思想的来源、历史发展、功能作用，特别是如何为现实服务等方面进行了较为深入的研究，符合藏传佛教的实际，符合藏传佛教与社会主义社会相适应的需要。相信《专辑》的出版，能够在藏传佛教如何坚持和弘扬社会主义核心价值观等方面作出有益的探索，为教义阐释活动取得更好成绩增加正能量。

2014 年 9 月于北京

浅论藏传佛教平等观对现实社会的积极作用

郑 堆

平等观是藏传佛教的重要教义之一，是佛教伦理观的重要内容，与社会主义平等观协调呼应，其思想内涵在当今社会仍有较强的实用性和启发意义。以平等观为基础建立起人人平等的社会伦理、人与自然平等的生态伦理是社会主义建设的强大助力，是社会主义建设可持续发展的思想基础之一。

一、藏传佛教平等观的内容

平等的含义是“无差别”，即“无高下浅深等之别”，是相对于差别而言的，又可叫做不二、无别等。佛教典籍和藏传佛教高僧从多角度深入论述了佛教丰富的平等观。佛教经论中有平等心、平等觉、平等性、平等行等等不同的名相，涉及修行的境、行、果三个方面，说明平等既是佛教的出发点，也是修心方法，还是重要的修行目标。

藏传佛教的平等观可以总结为凡圣平等、有情众生平等、情器平等三重平等观。

所谓凡圣平等，指的是众生与三乘圣人平等无差别。原因有三。第一，众生与三乘圣贤虽然行业、智慧和福德不同，但都要遵从因果规律，都要承受定业的果报。第二，遵照因果规律，无论凡圣，只要勤行善业，修行身口意，都可以超脱轮回。也就是说，一切众生都有修行成圣的可能，今日的有情凡夫就是明日的觉悟者，今日的得道圣贤就是昨日的凡夫有情。第三，从胜义谛的角度讲一切众生皆有佛性，因此凡人和圣者在究竟的意义上是平等无差别的。“心佛及众生，是三无差别”，这是在实相上说众生本性空寂，是为平等之意。六道有情、声闻、缘觉、佛菩萨等众生以心识业力而呈现出种种差别相，在本质上来说都是本性空寂，无有高下。例如大乘经论中讲一切众生皆有佛性，《华严经·如来出现品》讲：“佛子，如来智慧无处不至。何以故？无一众生而不具有如来智慧，但以妄想颠倒执著而不证得。若离妄想，一切智、自然智、无碍智则得成就。”《大宝积经·法界体性无分别会》讲“显示诸法众生平等，一切诸法寂静主故。”不论是轮转六道的凡夫异生，还是超脱轮回的阿罗汉与佛，在本性上都是平等的，都平等具足如如不动的妙明真心、如来藏、空性或佛性。觉囊派多布巴·喜饶坚赞大师说：“圆满佛性即是心，别处亦无佛可寻，佛性周遍诸有情。”

所谓有情众生平等，指的是有情凡夫不论处于六道中的哪一处，无论高低贵贱，愚痴智慧，有无德行，其生命价值都是平等的。“众生”即众缘合和而生，是五蕴积聚的生命体。有情众生无始劫来流转生死，轮回六道，每个生命都曾经历过地狱之苦、饿鬼之饥、旁生之愚、人世之贪、天道之乐。在久远的轮回中，众生在业力之网中相互作用，不分彼此。释迦牟尼成佛后遍观六道，说：我观众生在过去无始劫中，都曾经为我作父、母、兄弟、妻子，不可计数。如此，有情众生生生世世互为父母亲属，互有怨亲恩仇。藏传佛教的修行者将一切众生普观为自己的父母，对六道有情发起平等不二的慈悲心和菩提心。从另一方面说，众生平等并非僵化的，而是在承认众生差别的基础上，正视其本质的平等。众生无不遵循业果作用的原理，自作自受，善业得善果，恶业得恶果。不同的生处、形态和命运来自过去造作的业，在根本上，众生都有生老病死苦和贪嗔痴烦恼，都有修道成佛的可能。阿底峡尊者均衡了众生的差别和无别，将发心众生分为三士，每一种有其独特的修行起点、方法和目标。宗喀巴大师认为诸法自性本空，一切事物都没有恒常而实有的自性，有情众生都是因缘合和之体，其本质是无我。更重要的是众生都有修行和成就的可能和趋向，他在三士道的基础上丰富了菩提道修习次第，成为藏传佛教的重要思想。

情器平等指的是有情与器世间的平等。器世间是有情众生赖以生存的物质世界，又可分为天地山河等物理环境组成的广义器世间和由生活用品等构成的狭义器世间。器世间的特征是没有生命，不能像有机体那样生老病死。但器世间也有生住异灭，和有情众生一样，也具有依赖因缘合和而存在的有限性。器世间的另一个主要特征是它的存在与众生的业力息息相关，属于众生共业的果报之一。对众生来说，所见的自然环境和所受用的自然资源呈现出相对稳定的共同样貌，这就是器世间的共相，来自于这些众生的共业。“一切众生织妄相成，身中贸迁，世界相涉。”① 按照唯识部的观点，心外无物，一切事物均由阿赖耶识变现而来。众生的业报分为正报和依报两种，正报指的是过去业力所感的有情身心，依报指的是有情存在的环境。正报和依报形影相随，虽然被感知为外在的，却与人的身心一体不可分离。“如愚所分别，外境实非有；习气扰浊心，似外境而转。”② 第三，器世间会对有情产生重要影响。共业所成的山河大地、物产矿藏就是众生存在的物理环境，并为长养众生身体提供了物质和能量来源，为相应的文化习俗、风土人情提供了重要的物质前提。一方水土养一方人，共业而成的器世间直接决定了人的生活质量和文化修养，从而对人的身心行为产生重要的作用。

就藏传佛教普遍采取的中观见地来说，平等的观念正是佛教中道智慧的世俗形式。中观见是建立在自他皆空、无我

① 《大佛顶如来密因修证了义诸菩萨万行首楞严经》卷4（CBETA，T19，no. 945，p. 122，c15-16）。

② 《大乘入楞伽经（偈颂品10）》，卷6（CBETA，T16，no. 672，p. 627，b28-29）。

无他基础上的胜义见，平等观则是其在世俗生活中对人对物的正确态度。这种态度以无私为核心，超越个人经验和文化选择，对一切生命和事物保持平等心，践行平等行。这种态度公正对待每项事物的特征，充分尊重事物的差异和个性，放下个人成见，无私地从事物本身出发看待问题、解决问题。

二、藏传佛教平等观与社会主义社会相适应

平等是社会主义的本质特征和内在要求，是社会主义的重要标志和核心价值观。马克思曾指出："一个理想的社会应该是能够促进其社会成员的内在潜力得以充分发挥，并能为每个社会成员达到自我实现的目标提供尽可能的条件。"① 平等在社会主义社会不是平均主义，也不是一蹴而就的，需要一个逐步实现的历史过程。我国处于社会主义的初级阶段，正在探索实行社会主义的伟大实践，在这个特殊的历史阶段，平等的内涵是"在坚持以发展为主题、不断解放和发展社会生产力的基础上，着力促进与实现政治领域的权利平等、经济领域的机会平等、分配领域的规则平等以及广泛社会领域的形式平等和实质平等，从而营造更加平等公正的社会环境，确保广大社会成员有更多平等参与、平等协商、平

① 《马克思恩格斯全集》第4卷，人民出版社，1995年，第156页。

等竞争、平等发展的权利和机会"①。平等是我国社会主义实践的重要内容，具有不可替代的重要性。平等是实现人民民主的基本前提，是维护公平正义的根本基础，是实施依法治国的必要条件，是消除特权现象的锐利武器，是促进人的发展的强大动力，社会主义建设要"将平等作为价值目标、价值导向和价值追求"②。

藏传佛教平等观与社会主义平等观相适应，体现在以下四个方面。

首先，藏传佛教平等观作为佛教伦理的重要内容，目的是帮助信众实现和谐的内心世界、和谐的人际关系和和谐的自然关系，这一目的与社会主义平等观的目的是一致的。

第二，藏传佛教平等观的实现途径可以作为实现社会主义平等的有力补充。藏传佛教的平等观主要通过个人修持来实现，通过弃恶扬善发展内在智慧来贯彻。社会主义平等观的实现需要通过宏观和微观两个角度的努力，在微观层面上，藏传佛教的平等观的理论和实践可为提高社会成员个人素质提供可借鉴的理论和方法；在宏观层面上，藏传佛教平等观作为社会主义精神文明建设的元素，会影响物质文明建设。

第三，实现社会主义平等的根本途径是发展生产力，藏传佛教平等观可以为生产力科学可持续发展提供助力。在

① 包心鉴：《平等的核心价值意蕴》，见《光明日报》，2013年4月27日。

② 同上。

"众生平等"和"大慈大悲"等思想的基础上，藏传佛教形成了独特的生态关怀传统。一草一木、一山一水都与人的命运息息相关，人对自然的责任得到了从未有过的强调。以这种生态观为核心建设新的生态文明，科学地利用资源，积极地治理污染，有节制地排放废料和垃圾，深入开展相关研究和建设，是改善自然环境、缓解能源危机的有效方法。只有解决了能源和自然环境等难题，才可能实现社会主义建设的可持续发展。

第四，邓小平曾经指出，不平等现象产生的根源是"社会关系中残存的宗法观念、等级观念、上下级关系和干群关系上的不平等现象等，都带有浓厚的封建残余思想"①。因此，实现社会主义的平等，要从改变个人理念出发，藏传佛教的平等观正是以个人为基准进行的理念改变和行为净化，是社会主义精神文明的重要组成部分。宗教伦理是社会伦理的重要内容和来源，藏传佛教平等观已经渗透到藏族人的精神和生活之中，贯彻到藏族人的言行之中，是藏族社会和谐稳定的重要因素。藏传佛教平等观要求以平等心对待凡圣、众生和物质世界，要求消除嗔恨心和贪欲，以清净智慧、尊重慈悲的心态对人对事，以和平的方式解决问题。

① 邓小平：《邓小平文选》第2卷，人民出版社，1994年，第334—335页。

三、藏传佛教平等观对社会主义建设的现实作用

藏传佛教平等观不仅在理论上与社会主义社会相适应，而且在现实中能够促进社会主义建设，帮助社会主义建设实现可持续性的科学发展路线。具体说来，这种现实作用是通过三个方面来实现的。

（一）凡圣平等可促成正确的圣贤观的形成，避免迷信和邪教滋生。

上师信仰是藏传佛教的传统和特色，修行人在取得一定的成就、符合一定的要求后，有资格成为上师来接引、教导有缘弟子的修行。但因对藏传佛教的知识欠缺，上师信仰受到越来越多的误读，对上师的轻信、迷信、狂热、过度依赖等错误观念使弟子不仅没有从上师信仰中受益，反而备受其害。另一方面，一些本不具备上师资格的人受到名闻利养的诱惑，借助大众的迷信心理，假冒上师广收徒众，害人害己。上师信仰原本是藏传佛教的发展动力，这些现象不仅损害了藏传佛教的声誉，也影响了藏传佛教的健康发展。

凡圣平等提示人们正确处理个人与宗教、与出家僧众的关系，帮助弟子以清净心、平等心对待有福慧有成就的修行人。在自他平等的基础上才可能对上师产生清净信，避免轻信、迷信和强烈的情感依赖。面对上师要怀有自信心，相信自身本具佛性，经过勤奋修行必能证果，不断长养自身智

慧，而不应盲目崇拜，将自身命运轻易交给上师去裁决。对那些自诩为圣贤的僧人，更应以佛教正理加以考察，不可因其声誉、威严、福报、神通等传闻或表象而轻易追随。信众首先要了解藏传佛教上师制度的由来、机制和特点，更应当采用过去高僧大德们所传授的方法和标准来考察上师，以谨慎的态度选择上师，逐渐建立对上师的深刻信任。对上师的追求和崇敬应出自个人修为的需要和信心，在修行的基础上接受上师的教导，没必要过度关怀上师的生活事务，更不必过度供养上师甚至与其他弟子攀比。对真正的修行者来说，上师虽属外缘，同时也是个人内心佛性和清净智慧的象征，以上师为师既是以清净佛性为师，以自己为师，以众生为师。信众以成熟的心态以追求佛法为目的追随上师，会在上师身上体会到与自身不二的佛性，体认到凡圣平等，从而体会到众生对自己的教养之恩。

修行人更应重视凡圣平等性，尊重其他修行人，敬爱众生，不以成就者自居，不因自身修为而骄慢，更不能以享受供养、控制大众的心态广收徒众。修行人即使获得再高的成就，仍然要遵守因果法则，一旦造作恶业，必然要前功尽弃，遭受恶报。而真正有资格的上师，必然早已具足出离心，生起菩提心和慈悲心，能够远离这些错误。

（二）众生平等可以促进形成和谐的社会关系和自然关系，改善社会风气和人际关系。

众生平等的思想是建立和谐的社会关系和自然关系的重要基础。对其他生物而言，人会以万物之灵长自居，产生万物为我所用的错误观念和掌控自然、掌控其他生物的错觉，造成对自然生物的肆意杀戮抢掠。众生平等观可以对治我执，避免自他分别和自私自利，以平等心对待一切众生。正如《圣布施波罗蜜多经》所说，如尊敬、爱惜自己的生命一样，尊敬、珍爱一切有情的生命，即便是对存活甚短的蝼蚁，也要不轻贱、不损伤、不杀害。

人与人之间的不和谐归根结底来自人的我执，由对自我的贪爱执著产生了对他人的差别见，衍生出对个人利益的追求以及高低贵贱等分别或非我族类的看法，从而产生各种误解和冲突。众生平等观倡导差别基础上的平等，尊重个体差异，提倡多元性。正确对待个人和他人境遇的不同，认识到个人的成败荣辱更多的是由个人的所作所为造成的，他人、他物的存在是对自身行为的自然反应，不应怨天尤人，改变自身行善积福才是改变个人命运的正确有效的途径。以尊敬心、利乐心对待他人。对他人如同对待父母，常怀尊重与感恩之心，以像对佛、菩萨等圣贤一样的恭敬心和供养心对待他人。如寂天菩萨所说的：“利他能成乐，否则乐尽失，害他令受苦，愚者定遭殃。世间诸灾害，怖畏及众苦，悉由我执生，此魔我何用？我执未尽舍，苦必不能除，如火未抛弃，不免受灼伤。”

在群体的层面上，平等观对建立良好的文化和制度具有非常重要的引导性。对国家而言，应以正法治国，营造平等的国家文化和国际关系。民是国之根本，国家所倡导的文化，必须以个人的切实感受和行为为出发点，才不会浮躁和流于形式。而教化国民的最好方法，莫过于使民行善，做到不杀生、不偷盗、不邪淫、不恶口、不两舌、不妄语、不绮语、不贪、不嗔、不痴，形成上下和敬、互尊互让、勤劳智慧的文化传统。由此，必然感得山水秀美、人民和睦、国富民乐、天下太平。

（三）情器平等可以形成正确的生态观念

在情器平等的基础上形成正确的生态观，可以解决能源缺乏和环境污染两大问题，使社会建设进入良性循环，实现人与自然相互支持的可持续发展。

随着世界人口的增长和科学技术的发展，人类对自然界的掠夺已经到了危险的边缘。“人类中心主义”在“万能科技”的帮助下，不顾自然发展的规律，野蛮无度地向自然索取资源、倾泻垃圾。人类欲望的无限制满足换来的是欲望的进一步膨胀和自然界的全面崩溃。干旱、洪水、地震、全球变暖、各种环境污染等，将人类置于危机重重的境地。这些野蛮掠夺完全基于人的自私和贪欲，情器平等观可给予其有效的矫正。

佛教理论认为，须弥四洲为众生业力共报所成。有情与器世间的平等在于器世间是众生生存的依处，是众生的业报之一，其生成和改变取决于众生的行为，“此器世界苏迷卢山洲渚等物，一切有情所起”①。《普贤上师言教》从四果的

① 《阿毗达磨大毗婆娑论》卷21，（CBETA，T27，no.1545，p.106，c26-27）。

角度分析了善、恶业的果报，各种业力的增上果“成熟于外境”①。宗喀巴大师从唯识的角度作过阐述：于此世间从五根所生之五识，实无所取青等外境，是由前识于阿赖耶识中熏成自种，由此种成熟，变似青色等相。由彼凡愚不了此义，遂于内心所变之青等相，执为所取外境。故离内识别无外境。②

《大毗婆娑论》说，杀业感得恶劣外境或深谷险地等；偷盗业感得贫乏饥荒的外境；邪淫业感得污秽不净的外境；妄语业的外境多强盗盗贼；离间语业所感外境少坦途多悬崖，道路难行；恶语业得外境乱石堆积，荆棘丛生；绮语业的外境四季颠倒，庄稼无收。可见现实的环境皆是业力所感。认识到自然灾害、资源匮乏的原因，就能够从根本上进行改变。要改变器世间的面貌，获得环境优美、风调雨顺、资源丰富的自然界，依然要从改变自我行为开始。如果共业的作者共同发起善心，便可以使得恶业减轻甚至断除。如果这些作者之中有一人修习善法获得成就，就可以在很大程度上减少恶业的作用，如《华严经》所说：“无量诸众生，悉发菩提心，彼心令刹海，住劫恒清净”③。作为万物之灵的人类克制内心的贪欲，奉行不杀、不盗、不邪淫等十种善行，就能够改善环境，改善人与自然的关系。

---

① 巴珠仁波切：《普贤上师言教》，西藏人民出版社，2006年，第85—86页。

② 《宗喀巴大师集》第3卷，民族出版社，2001年，第375—376页。

③ 《大方广佛华严经·世界成就品4》，卷7，(CBETA，T10，no.279，p.38，b18-19)。

༄༅། །བོད་བརྒྱུད་ནང་བསྟན་གྱི་སྐྱབས་འགྲོའི་ཟས་འཛིན་དང་དེའི་ཁྱད་ཆོས་སྐོར་ལ་དཔྱད་པ། *

གདུགས་དཀར་ཚེ་རིང་།

སྤྱིར་འཛམ་གླིང་གི་ཆོས་ལུགས་འདྲ་མིན་དང་ཆེ་ཆུང་ཀུན་ལ་ཐུན་མོང་དུ་མངའ་བའི་ཁྱད་ཆོས་གཅིག་ནི་ཆོས་ལུགས་དེ་མཛད་མཁན་གྱི་སྟོན་པ་དང་དེའི་བཀུར་བའི་ལྷ་སངས་རྒྱས་དཀོན་མཆོག་ཁས་བླངས་ནས་དད་མོས་བྱེད་པ་སྟེ་ངག་གི་ཐོག་ནས་ནང་དོན་མི་གཅིག་པའི་སྐྱབས་སུ་འགྲོ་བ་དང་ལུས་ཀྱིས་རྣམ་པ་མི་གཅིག་པའི་ཕྱག་འཚལ་དགོས་པའི་སྲོལ་རྒྱུན་ནམ་ཆོ་ག་དེ་ཡིན་ལ། ཕྱི་ནང་ཆོས་ལུགས་ཀྱི་རྩ་བའི་ཁྱད་པར་འབྱེད་བྱེད་ཀྱང་སྐྱབས་འགྲོ་ཡིན་པར་གསུངས་པ་བཞིན་འདིར་བོད་བརྒྱུད་ནང་བསྟན་སྐྱབས་འགྲོ་ལ་འཛིན་པའི་ལྟ་བ་མི་མཐུན་པ་ཁ་ཤས་དང་སྐྱབས་འགྲོའི་ནང་དོན་གཙོ་བོ་གྲུབ་ཚུལ། སྐྱབས་འགྲོའི་ཁྱད་ཆོས། སྐྱབས་འགྲོའི་ཁྱད་པར་

---

* 豆格才让:《浅谈藏传佛教皈依经的特征及其所包含的平等思想》。

གྱི་གོ་གནས། སྐྱབས་འགྲོའི་སེམས་བསྐྱེད་བཏང་སྙོམས་ལས་ཐོན་པའི་འདྲ་མཉམ་གྱི་བསམ་པ་སོགས་ལ་རང་ཉུས་ཀྱིས་སློབ་དཔྱོད་བྱས་པ་བརྒྱུད་ནས་བྱམས་པ་དང་སྙིང་རྗེ། ཤེས་རིག འདྲ་མཉམ་གྱི་བསམ་པ་སྟེ་བོད་བརྒྱུད་ནང་བསྟན་སྐྱབས་འགྲོའི་ཁྱད་ཆོས་བརྗོད་པར་འདོད་དོ།

དང་པོ། བོད་ཀྱི་སྐྱབས་འགྲོ་ལ་འཛིན་པའི་ལྟ་བ་མི་མཐུན་པ་ཁ་ཤས་སྐོར།

དེ་ཡང་འཛམ་གླིང་གི་ཆོས་ལུགས་ཆེན་པོ་བཞིའི་ནང་ལོ་རྒྱུས་ཆེས་རིང་བ་དང་གཞུང་ལུགས་ཆེས་ཟབ་པའི་ནང་པ་སངས་རྒྱས་ལ་སྐྱབས་སུ་འགྲོ་བའི་འདོན་པ་དང་ཚིག་ལ་ཕུན་སུམ་ཚོགས་པའི་ནང་དོན་དང་བརྗོད་ཉམས་ཡིད་འགུག་གི་རྣམ་པ་མཆིས་པ་ནི་རྒྱལ་ཁམས་དང་མི་རིགས། ཆོས་དད་ཡོད་མེད་མི་གཅིག་པ་མང་ཕོས་ཀྱིས་ཁས་ལེན་ཞིང་། ནང་པ་སངས་རྒྱས་ཀྱི་རིགས་པའི་གཞུང་ལུགས་དང་ཉམས་སུ་ལེན་པའི་ཆོས་རྒྱུན་མ་ལུས་འཛིན་སྐྱོང་སྤེལ་གསུམ་གྱི་ཆུ་བོ་རྒྱུན་མ་ཆད་པ་མདོ་སྔགས་ཟུང་དུ་འབྲེལ་བའི་བོད་བརྒྱུད་ནང་བསྟན་ལ་དེ་ལས་ལྷག་པའི་ཐུན་མོང་དང་ཐུན་མོང་མ་ཡིན་པའི་ཁྱད་ཆོས་ཡོད། ཁྱད་ཆོས་འདི་དག་ནི་བོད་བརྒྱུད་ནང་བསྟན་གྱི་སྐྱེས་བུ་དམ་པ་རབ་དང་རིམ་པས་བླ་ན་མེད་པའི་རྒྱལ་སྲས་སྤྱོད་པ་དང་བྱང་ཆུབ་སེམས་དཔའ་སེམས་དཔའ་ཆེན་པོའི་སྙིང་སྟོབས་ཀྱིས་ནང་པ་སངས་རྒྱས་པའི་མདོ་སྔགས་ཀྱི་རིག་པའི་གཞུང་ལུགས་དང་ཐོས་བསམ་སྒོམ་པའི་ཉམས་ལེན་རྒྱལ་བའི་བཀའ་བསྟན་གསེར་གྱི་ཧ་བདུན་དབང་པོ་འཛམ་གླིང་ས་ཡི་དབུ་རྒྱན་ཁ་བ་ཅན་དུ་གདན་དྲངས་ཏེ་སེམས་ཅན་འགྲོ་བ་རིགས་དྲུག

ཐར་པར་འདྲེན་པའི་ཁྲིད་ཐབས་སྟོང་གི་འོད་ཟེར་ཁམས་གསུམ་མཁའ་ལ་འཕགས་ནས་ཐེག་པ་ཆེན་པོའི་བྱམས་དང་སྙིང་རྗེའི་ཤེས་རིག་གི་གཟི་བྱིན་འབར་བར་དཀའ་བ་དང་བརྩོན་འགྲུས། རང་སྟོབས་བློས་སུ་བཏང་བ་ལས་ཐོན་པའི་འབྲས་བུ་བཟང་པོ་ཡིན་ལ། འགྲོ་བ་མིའི་མཐར་ཐུག་གི་བདེ་བ་ཁག་ཐེག་ཐུབ་པའི་རྒྱལ་བའི་གསུང་རབ་ལུང་དང་མན་ངག་གི་གཙུག་ལག་ཆེན་པོ་བཞེངས་པ་ནི་བཤད་མ་དགོས་ཀྱང་ལས་དང་བསོད་ནམས། རིག་གནས་སྲོལ་རྒྱུན། ཡུལ་ཁམས་སོ་སོའི་དཔལ་འབྱོར་གྱི་འཕེལ་ཚུལ་མི་གཅིག་པའམ་ཆོས་ལུགས་དར་ཡུལ་དང་དགེ་འདུན་གྱི་བསམ་ཚུལ་མི་མཚུངས་པའི་དབང་གིས་སྐྱབས་འགྲོ་དང་སྐྱབས་འགྲོའི་ནང་དོན། ཁྱད་ཆོས། ནུས་པ་བཅས་ལ་ངོས་འཛིན་ཚུལ་མང་པོ་བྱུང་དང་བྱུང་བཞིན་ཡོད་དེ། བོད་བརྒྱུད་ནང་བསྟན་ལ་བླ་མའི་ཆོས་ལུགས་ཟེར་བ་དང་བླ་མ་ཕོ་ན་བཀུར་བའི་སྔོངས་ཆོས། སྐྱབས་འགྲོ་ལ་དཀོན་མཆོག་བཞི་ཡོད་པའི་ཆོས་ལུགས། བླ་མ་ནི་བོད་ཀྱི་ཆོས་ལས་ནང་བསྟན་གཞུང་དུ་མེད་དང་ཚིག་ཙམ་ཀྱང་མེད་ཅེས་པ་སོགས་མང་པོ་མི་རིགས་གཞན་གྱི་ཡི་གེ་དང་དྲ་རྒྱ་སྣ་ཚོགས་སུ་འགྲེལ་ཤོག་དང་འགྲེལ་སྙོན་རྒྱག་པའི་འབྱུང་རྩ་ནི་བོད་བརྒྱུད་ནང་བསྟན་གྱི་སྐྱབས་འགྲོའི་ཚིག་དང་པོ་དེ་བླ་མ་ལ་སྐྱབས་སུ་མཆིའོ་ཞེས་སངས་རྒྱས་དང་ཆོས། དགེ་འདུན་བཅས་དཀོན་མཆོག་གསུམ་གྱི་སྔོན་དུ་འཛུགས་སྲོལ་དང་། ངེས་པར་འཛུག་དགོས་པ་དེའི་གོ་བ་ལེན་སྟངས་ཀྱི་ཁྱད་པར་ནི་གཙོ་བོ་ཡིན་པར་འདོད་དེ། འདས་པའི་ལོ་རྒྱུས་ནང་བོད་དང་བོད་ཀྱི་ཆོས་ལ་ཐོག་མར་འབྲེལ་བ་བྱུང་བའི་མི་སྣ་ཚོགས་ཀྱིས་བོད་མི་རིགས་ཆོས་དད་ཆེ་ཞིང་མཁས་བཙུན་བཟང་གསུམ་གྱི་དགེ་བའི་བཤེས་གཉེན་བླ་མར་མོས་གུས་ཆེ་བ། སྐྱེས་པ་རབ་འབྱིང་ཐ་གསུམ་གྱི་རྒྱུན་ལྡན་ཞལ་འདོན་སྐྱབས་འགྲོའི་ཚིག་དང་

པོ་བླ་མ་ལ་སྐྱབས་སུ་མཆི་བ་སྟེ། ཆོས་སྐྱབས་འགྲོ་མ་བཏོན་འདོན་སྲོལ་མེད་ལ། སྐྱབས་འགྲོ་བླ་མ་ལ་སྐྱབས་སུ་མ་མཆིས་པར་འདོན་སྲོལ་མེད་པའི་སྤྱི་ཚོགས་དང་ཆོས་སྟེ། དམངས་ཁྲོད་ཀྱི་ཡ་རབས་སྲོལ་རྒྱུན་གོ་དོན་ཟབ་མོ་ལེན་མ་ཐུབ་པར་བོད་ཀྱི་ཆོས་དེ་ཡ་མཚར་པོ་དང་ནང་པ་སངས་རྒྱས་པའི་ཆོས་དང་མི་མཚུངས་པའམ་ཐུང་མཚུངས་ཀྱང་ཁྱད་པར་ཆེན་པོ་ཡོད་པའི་ཆོས་ཤིག་སྟེ། བླ་མའི་ཆོས་ལུགས་ཞེས་འབོད་འགོ་ཚུགས་ནས་རྒྱ་མི་རིགས་ས་ཁུལ་དུ་འབོད་སྲོལ་དུ་ཆགས་པ་དེ་རྗེས་སུ་མི་རིགས་དང་རིག་གནས། ཆོས་ལུགས་བར་འབྲེལ་འདྲིས་ཆེན་པོ་བྱུང་ནས་བོད་བརྒྱུད་ནང་བསྟན་དེ་རྒྱ་བརྒྱུད་ནང་བསྟན་དང་མཚུངས་པར་ནང་པ་སངས་རྒྱས་པའི་ཐེག་པ་ཆེན་པའི་གཞུང་ཡིན་པ་རྟོགས་ཐུབ་པ་བྱུང་ཡང་སྔར་གྱི་འབོད་སྲོལ་འགྱུར་མེད་པའི་གནས་ཚུལ་ཁ་ཤས་མཆིས་པ་དེ་རེད། འབོད་སྲོལ་འདི་ནི་བོད་ལ་ཉམས་རྒྱུས་མེད་པ་དང་བོད་བརྒྱུད་ནང་བསྟན་གྱི་ཆོས་སྐོར་མ་ཞུགས་པའི་གནས་ཚུལ་ལས་ཐོན་པའི་འབོད་སྲོལ་ཞིག་ཡིན་པར་བསམ། བླ་མ་ཁོ་ནར་བཀུར་བའི་སྔོངས་ཆོས་བྱ་བ་ནི་མ་ཤེས་མ་རྟོགས་པ་མ་ཡིན་པར་ལོག་འགྲེལ་གྱི་ངན་བཤད་ཅིག་ཡིན་པ་གསལ་པོར་སྣང་ཐུབ་པ་སྟེ། འཛམ་གླིང་གི་ཆོས་ལུགས་ཆེན་པོ་ཡེ་ཤུལ་ཆོས་ལུགས་དང་གནམ་བདག་ཆོས་ལུགས། དབྱི་སི་ལན་ཆོས་ལུགས། རྒྱ་གར་གྱི་ཕྱི་རོལ་པ་སྣ་ཚོགས། ཡིཧུ་ཐའི་ཆོས་ལུགས། ཏའོ་ཙའོ་ཆོས་ལུགས་བཅས་སྟོན་པ་མི་གཅིག་པ། གཞུང་མི་གཅིག་པ། ཚོ་ག་མི་གཅིག་བཅས་ལ་ཐུན་མོང་གི་ཁྱད་ཆོས་མེད་དུ་མི་རུང་བ་གཅིག་ཡོད་པ་ནི་ཆོས་ལུགས་ནི་ཐར་བའི་བདེ་ལམ་བཙལ་བའི་དད་མོས་ཀྱི་གཞུང་ལུགས་དང་ཉམས་ལེན་གྱི་མཛུབ་སྟོན་ཡིན་ལ། དད་པ་མེད་ན་ཆོས་ལུགས་བྱ་བ་ཡང་མེད་པས། ཆོས་ལུགས་ཀྱི་སྲོལ་གཏོད་པ་པོ་སྟོན་པ། སྟོན་པའི་བསྟན་

པའི་ལམ་གཞུང་ལུགས། བསྟན་པའི་ལམ་ཁྲིད་མཁན་དགེ་བའི་བཤེས་གཉེན་བླ་མ་ལ་མི་བཀུར་མི་དད་པའི་ཆོས་ལུགས་མེད་པས་སོ།། བོད་བརྒྱུད་ནང་བསྟན་གྱི་བྱང་ཆུབ་ཀྱི་སེམས་དང་ཡེ་ཤེས་ཀྱི་སྤྱན་ལྡན་པའི་མཁས་པ་རྣམས་ཀྱིས་ཕྱི་ནང་གི་བསྟན་པ་དང་ཐ་ན་མུ་སྟེགས་ཀྱི་གཞུང་ལའང་ལུང་དང་རིགས་པས་དཔྱད་བསྡུར་ཟབ་མོ་གནང་ནས་རིན་ཆེན་གསེར་ལ་བསྲེག་བཅད་བརྡར་གསུམ་བྱེད་པ་བཞིན་མུ་སྟེགས་པ་ཕར་བཞག ཕྱི་རོལ་པ་དང་འཇིག་རྟེན་གྱི་ལྷ་ལའང་ཐར་བར་འདྲེན་པའི་ནུས་པ་དབེན་པས་སྐྱབས་སུ་འགྲོ་བའི་གནས་ལ་མི་འོས་གསུངས་པ་ལས་རྫོངས་ཆོས་ངན་པའི་ཞྭ་ནག་མི་བསྐོན་པ་སྟེ། སྐྱབས་འགྲོ་བདུན་བཅུ་པ་ནས། སངས་རྒྱས་ཆོས་དང་དགེ་འདུན་ནི། ཐར་བ་འདོད་པ་རྣམས་ཀྱི་སྐྱབས། ཞེས་གསུངས་པ་བཞིན་སངས་རྒྱས། ཆོས། དགེ་འདུན་ཏེ་དཀོན་མཆོག་གསུམ①སྐྱབས་སུ་འོས་པ་ཁོ་ན་ཡིན་ཞིང་། དེ་གསུམ་ཁོ་ན་ཡིན་པ་ལེགས་པོར་ངོས་མ་ཟིན་ན་སྐྱབས་འགྲོ་རྣམ་དག་མི་འབྱུང་ལ། རང་ཅག་གིས་མ་བརྟགས་མ་དཔྱད་པ་ན། ཐེག་ཆེན་རིག་པ་འཛིན་པ་ལྟ་བུ་ཡིན་མདོག་མདོག་བྱེད་ཀྱང་། ན་ཚ་སོགས་གྲ་མ་འགྲིགས་པ་བྱུང་བའམ་བྱ་བ་གལ་ཆེན་ལ་ཐུག་པའི་ཚེ་འཇིག་རྟེན་པའི་ཆོས་སྐྱོང་དང་རྒྱལ་བཙན་ཡུལ་ལྷ་སོགས་ལ་སྐྱབས་སུ་བཅོལ་ནས་བསང་ཤིང་གྱུ་མོ་གང་ཁྱེར་ཏེ་ལྷ་རྟེན་སྐུ་མཁར་གང་ཡོད་ཀྱི་རྩར་རྒྱུག་འགྲོ་བ་འདི་ནང་པའི་དཀོན་མཆོག་ལ་བློས་མ་འཁེལ་བར། དེ་ལས་རྒྱལ་བཙན་སོགས་ལྷག་པར་འཛིན་པའི་ནང་རྟགས་ཕྱིར་མངོན་པ་ཡིན། རྗེ་ཕ་བོང་ཁ་བས་བླ་དང་རྒྱལ་བཙན་སོགས་ལ་མཁྱེན་བརྩེ་ནུས་གསུམ་གྱི་ཡོན་ཏན་མེད་ཅིང་། ཁོ་

① 《ཆོས་རྣམ་ཀུན་བཏུས་》གྱི་ཤོག་གྲངས་༡༥༣ན་གསལ། དོར་ཐང་ཨོ་རྒྱན་གྱིས་བསྒྲིགས། ཀྲུང་གོའི་བོད་རིག་པ་དཔེ་སྐྲུན་ཁང་གིས་པར་དུ་བསྐྲུན། ༢༠༠༨ལོའི་ཟླ་༨པར།

རང་ནམ་འཆི་ཙམ་ཡང་མི་ཤེས། ཕལ་ཆེར་དུད་འགྲོ་དང་ཡི་དྭགས་ཀྱི་རིགས་སུ་གཏོགས་པ་ཡིན་པས་རང་རེ་ལས་ཧེན་དམའ། རང་རེ་ཇི་ལྟར་ཐབས་ཞན་ཀྱང་མི་ཡིན་པས། དེས་དེ་ལ་སྐྱབས་སུ་བཙོལ་བ་ལས་ཐབས་ཞན་པ་ཇི་ཞིག་ཡོད་དེ། འཁོར་བ་དང་ངན་སོང་གི་སྡུག་བསྔལ་ལས་སྐྱོབ་པ་ལྟ་ཅི། གནས་སྐབས་ཀྱི་དོན་ཆུང་ངུ་ལའང་ཕན་པ་ལས་གནོད་ཚབས་ཆེ①ཞེས་གསུངས། དེ་བས་བླ་མར་བཀུར་བའི་སྔོངས་ཆོས་བྱ་བ་དེ་བསམ་པ་ངན་པའི་ལོག་བཤད་མིན་ན་བོད་ཀྱི་ཆོས་ལུགས་བྱིན་རླབས་ཆེ་བ་དང་དད་པ་ཟབ་མོའི་སྟོབས་ཤུགས་ལ་འཛིགས་པའི་རྟགས་མཚོན་ཡིན་པར་བསམ། བོད་ཀྱི་ཆོས་ལས་ནང་བ་སངས་རྒྱས་ཀྱི་བསྟན་པའི་གསུང་རབ་ནང་བླ་མ་ཞེས་པའི་མིང་དང་ཚིག་ཙམ་ཡང་མེད་ཅེས་ལབ་མཁན་ནི་ཞིབ་འཇུག་མཁས་པའི་ཚུལ་འཛིན་མཁན་ཉུང་ཤས་ཀྱི་སྔོངས་གཏམ་ཡིན་པ་གསལ་ཏེ། དེ་ནི་གཅིག་ནས་ནང་པ་སངས་རྒྱས་པའི་གཞུང་གསུང་རབ་ཡན་ལག་བཅུ་གཉིས་ལ་ཆ་རྒྱུས་མེད་པ་མ་ཟད་བླ་མ་བྱ་བའི་མཚན་ཙམ་ཀྱང་མཐོང་ཐོས་མེད་པའི་གླེན་པོ་ཞིག་དང་གཉིས་ནས་དམིགས་ཡུལ་ངན་པ་བཅིངས་མཁན་ཞིག་སྟེ། བོད་བརྒྱུད་ནང་བསྟན་ལ་བླ་མའི་ཆོས་ལུགས་སུ་འབོད་ཅིང་བླ་མ་བྱ་བ་དེ་ནང་པའི་གསུང་རབ་ཏུ་མིང་ཙམ་ཡང་མེད་པས་བོད་ཀྱི་ཆོས་ལུགས་ནི་ནང་པ་སངས་རྒྱས་པའི་གཞུང་གཙང་མ་ཞིག་མིན་པ་མ་ཟད་ཐ་ན་ལོག་ཆོས་ཤིག་ཡིན་ཞེས་འཆད་མ་ཕོད་ཀྱང་ཤུགས་སུ་བསྟན་པ་རེད། བཤད་ཚུལ་འདི་གཏན་ནས་དགག་དགོས་པ་ཞིག་སྟེ། བོད་ཀྱི་ནང་ཆོས་དམ་པ་གསང་སྔགས་རྡོ་རྗེ་ཐེག་པ་ལ་བརྙས་སྨོད་བྱས་པ་དང་རྒྱལ་ཁབ་

① 《རྣམ་གྲོལ་ལག་བཅངས་མན་ངག་ཟབ་མོའི་》ཤོག་ངོས་༤༤༣ན་གསལ།(དགོན་སྡེའི་དཔར་མ)

ཀྱི་ཆོས་ལུགས་སྲིད་རྩིས་ལ་གཏོར་བརླག་བྱས་པའི་ནོར་འཁྲུལ་ཚབས་ཆེན་ཞིག་རེད། བླ་མ་བྱ་བ་ནི་སཾསྐྲྀཏའི་སྐད་ལ་གུ་རུ་ཟེར་ཞིང་སངས་རྒྱས་ཆོས་གཞུང་དུ་མིང་ཙམ་མེད་པ་ཞིག་གཏན་ནས་མིན་པར་བསྟན་པ་ལ་འཇུག་པའི་སྒོ་ནི་སྐྱབས་འགྲོ་དང་སྐྱབས་འགྲོའི་ལམ་ཁྲིད་མཁན་ནི་བླ་མ་ཡིན་པ་སྟེ། བླ་མ་མེད་པའི་གོང་རོལ་ན། །སངས་རྒྱས་བྱ་བའི་མིང་ཡང་མེད། །བསྐལ་པ་སྟོང་གི་སངས་རྒྱས་ཀུང་། །བླ་མ་དག་ལ་བརྟེན་ནས་བྱུང་། །ཞེས་གསུངས་ཡོད་པས་སོ།།

གཉིས་པ། སྐྱབས་འགྲོའི་ནང་དོན་གཙོ་བོ་གྲུབ་ཚུལ་སྐོར།

སྐྱབས་འགྲོ་ཞེས་པ་ནི་དཀོན་མཆོག་གསུམ་གྱི་ཡོན་ཏན་དྲན་པ་དང་ངན་སོང་གི་སྡུག་བསྔལ་ལ་འཇིགས་ནས་སྙིང་ཐག་པ་ནས་དཀོན་མཆོག་གསུམ་ལ་དེ་ལས་སྐྱོབ་པའི་ནུས་པ་ཡོད་པར་ཡིད་ཆེས་བསྐྱེད་དེ་ཁ་ཞེ་གཉིས་མེད་ཀྱིས་སྐྱབས་བཙོལ་བ་ལ་ཟེར་ཞིང་། དེ་ཡང་ལམ་རིམ་ཆེན་མོ་ནས་བསྟན་པ་ལ་འཇུག་པའི་སྒོ་སྐྱབས་འགྲོ་སྒྲུང་བ་ཞེས་པ་ལས་འཕྲོས་ཏེ་བཤད་པར་བྱ་བ་ལ་སྤྱིའི་དོན་དང་སྐབས་སུ་བབ་པའི་དོན་གཉིས་ཡོད་པར་བཤད་དེ། སྤྱིར་སྒོ་ཞེས་པའི་ཐ་སྙད་མང་པོ་ཡོད་དེ། བསྟན་པ་ལ་འཇུག་པའི་སྒོ་སྐྱབས་འགྲོ། ལམ་རིམ་ལ་འཇུག་པའི་སྒོ་བཤེས་གཉེན་བསྟེན་པ། ཐར་ལམ་ལ་འཇུག་པའི་སྒོ་བདག་མེད་རྟོགས་པ། ཐེག་ཆེན་ལ་འཇུག་པའི་སྒོ་སེམས་བསྐྱེད། གསང་སྔགས་ལ་འཇུག་པའི་སྒོ་དབང་བསྐུར་བ་སོགས་བཤད་ཅིང་། སྐྱབས་འགྲོ་བསྟན་པའི་འཇུག་སྒོར་གསུངས་པ་ནི་བའུ་བུམ་སྟོན་པོ་ལས། ཆོས་ཀུན་རྩ་བ་དད་པ་ཡིན་ལ། དེ་ཡང་སངས་རྒྱས་དྲན་ལ་རག

ལས། ཞེས་གསུངས་པ་ལྟར་དད་པ་ཆོས་ལ་འཇུག་པའི་སྒོ་ཡིན་ཞིང་དེ་སངས་རྒྱས་རྗེས་སུ་དྲན་པ་ལ་རག་ལས་པའི་རྒྱུ་མཚན་གྱིས་སྐྱབས་འགྲོ་བསྟན་པའི་འཇུག་སྒོར་གསུངས་པ་ཡིན་ནོ།། མདོར་ན་སྐྱབས་འགྲོ་བསྟན་པའི་འཇུག་སྒོར་གསུངས་པ་དེ་ལ་གོ་བ་ལེགས་པར་ཆགས་དགོས་ཏེ། ཕྱི་ནང་གི་ཁྱད་པར་ཡང་དཀོན་མཆོག་གསུམ་ལ་སྐྱབས་འགྲོ་ཡང་དག་ཡོད་མེད་ཀྱིས་འབྱེད་པས་སྐྱབས་འགྲོ་ཚིག་ཙམ་ལས་མེད་ན་ནང་པ་སངས་རྒྱས་པ་ཡང་ཚིག་ཙམ་དུ་ཟད་པས་དེ་ལ་དཀོན་མཆོག་གི་བྱིན་རླབས་ཞུགས་ཚབས་ཆུང་བའི་ཕྱིར་ཏེ། བུ་སྟོན་གྱི་ལས་ཆོས་དྲི་མེད་ཕྲེང་བའི་ཞར་བྱུང་ལས། སྐྱབས་འགྲོ་མ་བྱས་པར་ནང་པའི་ཆོས་ལ་ཞུགས་ན་ཆོས་ལ་ཉན་བཤད་ཆོས་སྤྱོད་ལ་སོགས་པ་བྱས་ཀྱང་ཁྱིམ་པ་རྐུ་ཐབས་སུ་གནས་པ་དང་འདྲ་སྟེ། བསྟན་པ་ལ་མཐོ་འཚམ་ཞིང་བྱིན་རླབས་མེད་པས་ཐེག་པ་གསུམ་གྱི་བྱ་བ་གང་ཡང་མི་འགྲུབ།① ཅེས་གསུངས་པའི་ཕྱིར། བོད་བརྒྱུད་ནང་བསྟན་གྱི་གསུང་རབ་ལས་གནས་སྐབས་དང་མཐར་ཐུག་གི་བདེ་ལེགས་ཐམས་ཅད་ཀྱི་རྩ་བ་སྐྱབས་འགྲོ་ཡིན་ཞིང་སྐྱབས་སུ་འགྲོ་བའི་ཚུལ་ལ་ལུང་རིག་པས་འགྲེལ་བ་མང་པོ་བརྩམས་ཡོད་ཅིང་། སྐྱབས་སུ་འགྲོ་བའི་ཚུལ་ལས་བརྩམས་པའི་གཏམ་འདོད་དགུ་འཛོ་བའི་རིན་ཆེན་བུམ་བཟང་ལས།② ལམ་རིམ་ཆེ་ཆུང་ལས་དངོས་སུ་བསྟན་པའི་སྐྱབས་སུ་འགྲོ་ཚུལ་དང་ལས་དང་པོ་བས་སྐྱབས་སུ་འགྲོ་ཚུལ་གཉིས་སུ་བཀར་ནས་ལམ་རིམ་ཆེ་ཆུང་དངོས་སུ་བསྟན་པ་གང་ལ་བརྟེན་ནས་སྐྱབས་སུ་འགྲོ་བའི་རྒྱུ་དང་། སྐྱབས་སུ་འགྲོ་བའི་ཡུལ། ཇི་

① 《སྐྱབས་འགྲོའི་སྐོར་ཆོས་ལྟུང་བཤགས་བཅས་ཀྱི་འཁྲིད་ཡིག་》གི་ཤོག་ངོས་༤ན་གསལ། བསྟན་དར་ལྷ་རམས་པ་སོགས་ཀྱིས་མཛད།(སེར་གཙུག་དཔར་མ)

② 《སྐྱབས་འགྲོའི་སྐོར་ཆོས་ལྟུང་བཤགས་བཅས་ཀྱི་འཁྲིད་ཡིག་》གི་ཤོག་ངོས་༢༨ན་གསལ། བསྟན་དར་ལྷ་རམས་པ་སོགས་ཀྱིས་མཛད།(སེར་གཙུག་དཔར་མ)

ལྟར་སྐྱབས་སུ་འགྲོ་བའི་ཚུལ། སྐྱབས་འགྲོའི་ངོ་བོ། སྐྱབས་སུ་འགྲོ་བའི་ཚད། སྐྱབས་དེ་དག་གིས་ཇི་ལྟར་སྐྱོབ་པའི་ཚུལ་བཅས་དྲུག་དང་། གཉིས་པ་ལས་དང་པོ་བས་སྐྱབས་སུ་འགྲོ་བའི་ཚུལ་ལ་གང་ལ་སྐྱབས་སུ་འགྲོ་བའི་ཡུལ་དང་དེ་ལ་སྐྱབས་སུ་འགྲོ་བའི་ཚུལ། སྐྱབས་སུ་སོང་བའི་བསླབ་བྱ། སྐྱབས་སུ་སོང་བའི་ཕན་ཡོན་བཅས་བཞི་གསུངས་ཡོད་ཅིང་། འདིར་གསར་སྦྱོང་པ་རྣམས་གོ་བ་ལེན་བདེ་བའི་ཆེད་དུ་རྗེ་ཕ་བོང་ཁས་མཛད་པའི་རྣམ་གྲོལ་ལག་བཅངས་སུ་གཏོད་པའི་མན་ངག་ཟབ་མོ་ཚང་ལ་མ་ནོར་བ་མཚུངས་མེད་ཆོས་ཀྱི་རྒྱལ་པོའི་ཐུགས་བཅུད་བྱང་ཆུབ་ལམ་གྱི་རིམ་པའི་ཉམས་ཁྲིད་ཀྱི་ཟིན་བྲིས་གསུང་རབ་ཀུན་གྱི་བཅུད་བསྡུས་གདམས་ངག་བདུད་རྩིའི་སྙིང་པོ་ལས་བསྟན་པའི་སྐྱབས་སུ་འགྲོ་བ་ལྟ་ངོ་སྤྲོད་རགས་ཙམ་བྱ་སྟེ། བསྟན་པ་ལ་འཇུག་པའི་སྒོ་དམ་པ་སྐྱབས་འགྲོ་བྱ་བ་ལ་དང་པོ་རྒྱུ་གང་ལ་བརྟེན་ནས་སྐྱབས་སུ་འགྲོ་བ་སྟེ། རང་འཁོར་བ་དང་ངན་སོང་གི་སྡུག་བསྔལ་ལ་འཇིགས་ཤིང་སྐྲག་པ་དང་། དེ་ལས་སྐྱོབ་པའི་ནུས་པ་དཀོན་མཆོག་གསུམ་ལ་ཡོད་པར་ཡིད་ཆེས་པ་སྟེ། སྐྱབས་འགྲོའི་ངོ་བོ་ཨེ་ཐེ་བ། རང་ཉིད་ལྷག་པར་འཇིགས་པ་དང་། དཀོན་མཆོག་སྐྱོབ་པའི་ནུས་ལྡན་དུ། ཤེས་ལས་བྱུང་བའི་སྐྱབས་འགྲོ་ལ། ཐམས་ཅད་མཁྱེན་པ་ཁྱེད་ཉིད་བཞེད། ཅེས་དྲི་བ་ལྷག་བསམ་རབ་དཀར་གྱི་དྲིས་ལན་བློ་བཟང་བཞད་པའི་སྒྲ་དབྱངས་ལས་གསུངས་པ་ལྟར་རང་འཁོར་བ་དང་ངན་སོང་གི་སྡུག་བསྔལ་ལ་ཡིད་འཇིགས་པ་དང་རང་གི་བློ་འགེལ་ནུས་ན་འཇིགས་པ་དེ་ལས་སྐྱོབ་པའི་ནུས་པ་དཀོན་མཆོག་གསུམ་ལ་ཡོད་པར་ཡིད་ཆེས་པ་གཉིས་ཡིན་པས་རྒྱུ་དེ་གཉིས་ཀ་ཚང་དགོས། དེ་མིན་སྐྱབས་འགྲོ་རྣམ་དག་མི་འོང་སྟེ། སྡུག་བསྔལ་ལ་འཇིགས་ཤིང་སྐྲག་པ་མེད་ན་སྐྱབས་འཚོལ་འདོད་ཀྱི་བློ

མི་སྐྱེ། སྐྱབས་ཡུལ་ལ་ཡིད་ཆེས་མེད་ན་སྐྱབས་སུ་བསྟེན་རྒྱུ་མི་དྲན་པའམ་དྲན་ཀྱང་ཚིག་ཙམ་ལས་སྙིང་ནས་བློ་འགེལ་པ་མི་འོང་། དེ་ཡང་རང་ཉིད་ངན་སོང་ལ་འཇིགས་པ་དང་འཁོར་བ་ལ་འཇིགས་པ་དང་གཞན་འཁོར་བར་མནར་ཚུལ་ལ་མི་བཟོད་པའི་སྙིང་བརྗེ་བ་གསུམ་རིམ་བཞིན་སྐྱེས་བུ་ཆུང་འབྲིང་ཆེན་པོ་སོ་སོའི་སྐྱབས་འགྲོའི་རྒྱུ་ཡིན། གཉིས་པ། ཡུལ་གང་ལ་སྐྱབས་སུ་འགྲོ་བ་ལ་གཉིས། གང་ཞིག་ལ་ནི་ཉེས་པ་ཀུན། །གཏན་ནས་ཡོང་ཡེ་མི་མངའ་ཞིང་། །གང་ལ་རྣམ་པ་ཐམས་ཅད་དུ། །ཡོན་ཏན་ཐམས་ཅད་གནས་གྱུར་པ། །གལ་ཏེ་སེམས་ཤིག་ཡོད་ན་ནི། །དེ་ཉིད་ལ་ནི་སྐྱབས་འགྲོ་ཞིང་། །དེ་བསྟོད་དེ་ཉིད་བཀུར་བ་དང་། །དེ་ཡི་བསྟན་ལ་གནས་པར་རིགས། །ཞེས་བསྟོད་པ་ལྔ་བརྒྱ་བཅུ་པ་ལས་གསུངས་པ་བཞིན་རང་ཉིད་ལ་སྐྱབས་དང་སྐྱབས་མ་ཡིན་པ་འབྱེད་པའི་སེམས་ཤིག་ཡོད་ན་ནི་ནང་པ་སངས་རྒྱས་པའི་སྟོན་པ་དང་། དེའི་བསྟན་པ་དང་། བསྟན་པ་དེ་ལ་གནས་པ་རྣམས་ལ་སྐྱབས་སུ་འགྲོ་བ་དགོས་པ་ལས། འཇིག་རྟེན་པའི་རྒྱལ་པོ་དང་ལྷ་ཀླུ་བཙན་སོགས་དང་ཕྱི་རོལ་པའི་ཚངས་པ་དང་བརྒྱ་བྱིན་སོགས་ཁོ་ཚོ་རང་ཡང་འཁོར་བ་ཡིན་པས་སྐྱབས་སུ་མི་འོས་པ་ཤེས་དགོས་པ་དེ་སྐྱབས་ཡུལ་ངོས་འཛིན་པ་དངོས་ཡིན་ལ། སྟོན་པ་སྐྱབས་སུ་འོས་པའི་རྒྱུ་མཚན་ལ་བཞི་སྟེ། དང་པོ་རང་འཇིགས་པ་ཐམས་ཅད་ལས་གྲོལ་བ་སྟེ། དེ་མིན་ན་ཆུས་ཁྱེར་བ་ནང་ཕན་ཚུན་དང་། འདམ་དུ་བྱིངས་པ་ནང་ཕན་ཚུན་དེ་ལས་འདོན་མི་ནུས་པ་བཞིན་དུ་འདྲེན་མཁན་སྐྱབས་ཡུལ་རང་ཉིད་འཇིགས་པ་ཐམས་ཅད་ལས་མ་གྲོལ་ན། གཞན་འཇིགས་པ་ཐམས་ཅད་ལས་གྲོལ་མི་ནུས། སྟོན་པ་སངས་རྒྱས་ནི་འཇིགས་པ་ཐམས་ཅད་ལས་གྲོལ་བ་ཡིན་པའི་ཕྱིར་རོ།། གཉིས་པ་གཞན་འཇིགས་པ་ཐམས་ཅད་ལས་གྲོལ་བའི་ཐབས་ལ་

མཁས་པ་སྟེ། རང་འཇིགས་པ་ཐམས་ཅད་ལས་གྲོལ་ཀྱང་གཞན་སྐྱོབ་སྟངས་ཤེས་པའི་ཐབས་ལ་མི་མཁས་ན། མ་ལག་རྟུམ་མའི་བུ་ཆུས་ཁྱེར་བ་བཞིན་གཞན་སྐྱོབ་མི་ནུས་སོད་སངས་རྒྱས་བཅོམ་ལྡན་འདས་ནི་གདུལ་བྱ་འདུལ་བའི་ཐབས་ལ་མཁས་པའོ།། གསུམ་པ་ཀུན་ལ་ཐུགས་རྗེ་ཆེན་པོ་ཉེ་རིང་མེད་པར་འཇུག་པ་སྟེ། དེ་མེད་ན་གཉེན་གྱི་དོན་མཛད་ལ་དགྲའི་དོན་མི་མཛད་ཀྱང་། སངས་རྒྱས་ལ་ནི་འགྲོ་བ་ཀུན་ལ་ཉེ་རིང་མི་མངའ་བས་སྐུ་ལ་བདོ་བའི་དགྲ་ལྷའི་བྱིན་དང་། རང་གི་རིགས་ཀྱི་སྲས་སྒྲ་གཅན་འཛིན་གཉིས་ལ་ཐུགས་ཉེ་རིང་དང་ཕན་བཏགས་མ་བཏགས་ཀྱི་ཁྱད་པར་མེད་དོ།། བཞི་པ་ཕན་བཏགས་མ་བཏགས་ཐམས་ཅད་ཀྱི་དོན་མཛད་པ་སྟེ། དེ་མེད་ལ། དཔེར་ན་རང་རེ་ད་ལྟ་སྟོབས་འབྱོར་ཅུང་ཟད་ཆེ་རུ་སོང་བའི་ཚེ་ཉམ་ཐག་དག་ལ་ཕན་འདོགས་པ་ལྟ་ཅི། དེ་དག་ལ་གཏམ་ཙམ་ཡང་བཤད་ཉན་མི་འོས་པའི་ཚོད་དུ་བྱེད་པ་ལྟར་རང་ལ་ཚུར་ཕན་བཏགས་པའི་དོན་མཛད་ལ། མ་བཏགས་པའི་དོན་མི་མཛད་པས་ཉམ་ཐག་རྣམས་ལ་སྐྱབས་སུ་མི་མཛད་ཀྱང་། སངས་རྒྱས་ནི་དེ་ལྟར་མིན་པར་ཕན་བཏགས་མ་བཏགས་ཐམས་ཅད་ཀྱི་དོན་མཛད་དོ།། དེའི་ཕྱིར་སངས་རྒྱས་ནི་ཀུན་ལ་ཐུགས་རྗེ་ཆེན་པོ་ཉེ་རིང་མེད་པར་མ་ཟད། ཕན་བཏགས་མ་བཏགས་ཐམས་ཅད་ཀྱི་དོན་མཛད་ཅིང་། འགྲོ་བ་ཉམ་ཐག་པ་ལ་ལྷག་པར་བརྩེ་བ་ཡིན། གསུམ་པ། ཇི་ཙམ་གྱིས་སྐྱབས་སུ་སོང་བའི་ཚད་ལ་བཞི་སྟེ། དང་པོ་ཡོན་ཏན་ཤེས་པའི་སྒོ་ནས་སྐྱབས་སུ་འགྲོ་དགོས་པས་སངས་རྒྱས་ཀྱི་ཡོན་ཏན་དང་ཆོས་ཀྱི་ཡོན་ཏན། དགེ་འདུན་གྱི་ཡོན་ཏན་ནོ།། དཔེར་ན་སངས་རྒྱས་ཀྱི་ཡོན་ཏན་ལ་སྐུ་གསུང་ཐུགས་འཕྲིན་ལས་ཀྱི་ཡོན་ཏན་བཞི་ཡོད་པ་ལས་སྐུའི་ཡོན་ཏན་ལ་མཚོན་ན་མངོན་རྫོགས་རྒྱན་ལས། ཕྱག་ཞབས་འཁོར་ལོའི་མཚན་དང་རུས

སྤྲུལ་ཞབས། སོགས་ལྟར་མཚན་སོ་གཉིས་དང་དཔེ་བྱད་བརྒྱད་བཅུས་བརྒྱན་པ་སོགས་སོ།། གཉིས་པ་ཁྱད་པར་ཤེས་པའི་སྒོ་ནས་སྐྱབས་སུ་འགྲོ་བ། དེ་ལ་ཡང་དྲུག་ཡོད་དེ། མཚན་ཉིད་ལས་གྱུར་པའི་ཁྱད་པར་དང་འཕྲིན་ལས་ཀྱི་ཁྱད་པར། མོས་པའི་ཁྱད་པར། སྒྲུབ་པའི་ཁྱད་པར། རྗེ་དྲན་གྱི་ཁྱད་པར། བསོད་ནམས་འཕེལ་བ་ལས་གྱུར་བའི་ཁྱད་པར་བཅས་སོ།། གསུམ་པ་ཁས་བླངས་པའི་སྒོ་ནས་སྐྱབས་སུ་འགྲོ་བ་ལ་སངས་རྒྱས་ལ་སྐྱབས་སྟོན་པ་པོ་དང་ཆོས་ལ་སྐྱབས་དངོས་དང་དགེ་འདུན་ལ་སྐྱབས་སྒྲུབ་པའི་ཟླ་གྲོགས་སུ་ཁས་ལེན་དགོས་པ་སྟེ། དཔེར་ན་ནད་པས་སྨན་པ་དང་སྨན་དང་ནད་གཡོག་གསུམ་ལ་རེ་བ་བཅོལ་ལུགས་མི་འདྲ་བ་གསུམ་བྱེད་པ་ལྟར་ཡིན། བཞི་པ་གཞན་དུ་མི་སྨྲ་བའི་སྒོ་ནས་སྐྱབས་སུ་འགྲོ་བ་ནི། སྔོན་རྒྱ་གར་ན་སློབ་དཔོན་མཐོ་བཙུན་གྲུབ་རྗེ་སྤུན་གཉིས་ཡོད་པ་སྔོན་ཕྱི་རོལ་པ་ཡིན་ཀྱང་རྗེས་ནང་པའི་སྟོན་པ་ལ་སྐྱབས་སུ་བཟུང་ནས་ཐེག་ཆེན་གྱི་སློབ་དཔོན་ཆེན་པོར་གྱུར་པ་དེས་སངས་རྒྱས་ཀྱི་ཆེ་བའི་ཡོན་ཏན་བརྗོད་པ་ཁྱད་པར་འཕགས་བསྟོད་མཛད་པ་ལས། བདག་ནི་སྟོན་པ་གཞན་སྤངས་ནས། བཅོམ་ལྡན་ཁྱེད་ལ་སྐྱབས་སུ་མཆི། དེ་ཅིའི་སླད་དུ་ཞེ་ན་ཁྱོད་སྐྱོན་མི་མངའ་ལ་ཡོན་ཏན་ལྡན། ཞེས་དང་། མུ་སྟེགས་གཞན་གྱི་གཞུང་ལུགས་ལ། ཇི་ལྟ་ཇི་ལྟར་རྣམ་བསམས་པ། དེ་ལྟ་དེ་ལྟར་མགོན་ཁྱོད་ལ། བདག་གི་སེམས་འདི་དད་པར་གྱུར། ཞེས་གསུངས་པས་མཚོན་ནོ།། བཞི་པ། སྐྱབས་སུ་སོང་བའི་ཕན་ཡོན་ལ། ནང་པ་སངས་རྒྱས་པར་ཚུད་པ་དང་སྡོམ་པ་ཐམས་ཅད་ཀྱི་རྟེན་བྱེད་པ། སྔོན་བསགས་པའི་ལས་ཀྱི་སྒྲིབ་པ་རྣམས་ཟད་པར་གྱུར་པ། བསོད་ནམས་རྒྱ་ཆེན་པོ་བདེ་བླག་ཏུ་གསོག་པ། མི་དང་མི་མ་ཡིན་གྱི་གནོད་པས་མི་ཚུགས་པ། ངན་སོང་དུ་མི་ལྟུང་བ་བཅས་ཕན་ཡོན་ཆེན་པོ་

བརྒྱད་མཆིས་པར་གསུངས་སོ།། ལྔ་པ། སྐྱབས་སུ་སོང་བའི་བསླབ་བྱ་ལ། དགག་པའི་བསླབ་བྱ་གསུམ་དང་སྒྲུབ་པའི་བསླབ་བྱ་གསུམ། ཐུན་མོང་གི་བསླབ་བྱ་གསུམ་བཅས་ཡོད་དེ། དགག་པའི་བསླབ་བྱ་གསུམ་ནི་ངེས་པར་དུ་སྤང་དགོས་པའི་བསླབ་བྱ་སྟེ། སངས་རྒྱས་ལ་སྐྱབས་བཅོལ་ནས་འཇིག་རྟེན་གྱི་ལྷ་འདྲེ་སོགས་ལ་སྐྱབས་སུ་བཅོལ་མི་རུང་པ་དང་ཆོས་ལ་སྐྱབས་སུ་སོང་ནས་སེམས་ཅན་གཞན་ལ་གནོད་འཚེ་མི་བྱེད་པ། དགེ་འདུན་ལ་སྐྱབས་སུ་སོང་ནས་སངས་རྒྱས་ཆོས་ལུགས་པའི་ལྟ་བ་དང་མི་མཐུན་པའི་མི་ལ་བློ་གཏད་བཅོལ་མི་རུང་བ་བཅས་ཡིན། སྒྲུབ་པའི་བསླབ་བྱ་གསུམ་ནི་ངེས་པར་དུ་ལག་བསྟར་བྱ་དགོས་པའི་བསླབ་བྱ་སྟེ། སངས་རྒྱས་ལ་སྐྱབས་སུ་སོང་ནས་སངས་རྒྱས་ཀྱི་སྐུ་གཟུགས་རྒྱུ་ཆ་དང་བཟོ་དབྱིབས་ངན་པ་དང་སྐུ་གཟུགས་ཞིག་རལ་སོང་འདྲ་ཡན་ཆད་ལ་སངས་རྒྱས་དངོས་ཀྱི་འདུ་ཤེས་འཛིན་དགོས་པ་དང་ཆོས་ལ་སྐྱབས་སུ་སོང་ནས་ཆོས་ཀྱི་ནང་དོན་ལྡན་པའི་ཡིག་འབྲུ་གཅིག་ཡན་ཆད་ལ་ཆོས་དཀོན་མཆོག་དངོས་ཀྱི་འདུ་ཤེས་འཛོག་དགོས་པ། དགེ་འདུན་ལ་སྐྱབས་སུ་སོང་ནས་དགེ་འདུན་གྱི་རྟགས་ཙམ་འཛིན་པ་ཡན་ཆད་ལ་ཡང་མ་གུས་པ་སྤོང་བ་བཅས་ཡིན། ཐུན་མོང་གི་བསླབ་བྱ་གསུམ་ནི་དཀོན་མཆོག་སྤྱིའི་བསླབ་བྱ་སྟེ། དཀོན་མཆོག་གསུམ་གྱི་ཡོན་ཏན་དྲན་པའི་སྒོ་ནས་ཉིན་མཚན་དུས་དྲུག་ཏུ་སྐྱབས་སུ་འགྲོ་བ་དང་དཀོན་མཆོག་གསུམ་གྱི་བཀའ་དྲིན་དྲན་པའི་སྒོ་ནས་ཅི་ཟ་ཅི་འཐུང་གི་ཕུད་ནས་མཆོད་པ་འབུལ་བ། སྐྱབས་འགྲོའི་ཕན་ཡོན་དྲན་པའི་སྒོ་ནས་རང་ཉིད་ཀྱིས་སྐྱབས་སུ་འགྲོ་ཞིང་གཞན་སྐྱབས་འགྲོ་ལ་འགོད་པ་མ་ཟད། བྱ་བ་ཆེ་ཆུང་གང་བྱེད་ཀྱང་དཀོན་མཆོག་གསུམ་ལ་བློས་བཀལ་ནས་བྱེད་པ་བཅས་ཡིན། དེ་ཡང་སློབ་དཔོན་པདྨའི་ཞལ་ནས། སྐྱབས་འགྲོ་ལ་ཕྱི་ནང་གསང་

གསུམ་ཡོད་དེ། ཕྱིའི་སྐྱབས་འགྲོའི་གནས་སངས་རྒྱས་ཆོས་དང་དགེ་འདུན་གསུམ། ནང་གི་སྐྱབས་འགྲོའི་གནས་བླ་མ་ཡི་དམ་མཁའ་འགྲོ་གསུམ། གསང་བའི་སྐྱབས་འགྲོའི་གནས་ལྟ་བ་སྤྱོད་པ་སྒོམ་པ་གསུམ། ཅེས་གསུངས་པ་བོད་བརྒྱུད་ནང་བསྟན་གྱི་སྐྱབས་འགྲོའི་ནང་དོན་གཙོ་བོ་ཡིན་པ་སྟེ་མདོར་བསྡུས་ནས་བསྟན་ན་ཕྱོགས་བརྒྱད་ཀྱི་གྲུབ་ཆ་ཡོད་པར་འདོད་དེ། དང་པོ་སྐྱབས་འགྲོ་བླ་མ། དཀོན་མཆོག་གསུམ། ཡི་དམ་དཔའ་བོ་མཁའ་འགྲོ་སོགས་ཕྱོགས་བཅུ་དུས་གསུམ་གྱི་སངས་རྒྱས་དང་བྱང་ཆུབ་སེམས་དཔའ། ཆོས་སྐྱོང་སྲུང་མ་བཅས་ལ་ལུས་ངག་ཡིད་གསུམ་གྱི་ཐོག་ཁས་ལེན་པ་དང་སྐྱབས་སུ་ཞུ་བ། གཉིས་པ་སྐྱབས་འགྲོ་དང་སེམས་བསྐྱེད་ཟུང་དུ་འབྲེལ་བ། གསུམ་པ་བཤགས་པ་དང་རྗེས་སུ་ཡི་རང་བ་བྱང་ཆུབ་སེམས་དཔས་སྤྱད་པ་སྤྱོད་པར་ཁས་ལེན་པ། བཞི་པ་བསྔོ་བ།① ལྔ་པ་སེམས་བསྐྱེད་ཚད་མེད་བཞི། དྲུག་པ་དབུ་མའི་ལྟ་བའི་ཐོག་ནས་སྟོན་པ་ལ་བསྟོད་པ་སྟེ་རྩ་བ་ཤེས་རབ་གསུང་གི་ཟབ་མོའི་ལམ་རིམ་དང་མངོན་རྟོགས་རྒྱན་གྱི་ཕར་ཕྱིན་རྒྱ་ཆེ་བའི་ལམ་རིམ། བདུན་པ་ཚད་མ་རྣམ་འགྲེལ་གྱི་ཐོག་ནས་ལམ་དེ་གཉིས་ཀྱི་འབྲས་བུའི་སྒོ་ནས་སྟོན་པ་ལ་བསྟོད་པ། བརྒྱད་པ་བཅོམ་ལྡན་འདས་འཁོར་བཅས་གདན་དྲངས་སྟེ་ཁྲུས་གསོལ་མཆོད་སྟོན་བཤམས། དུས་འཁོར་དང་མཛོད་ལུགས་ཀྱི་རི་རབ་སོགས་ཀྱི་ཞིང་དུ་དམིགས་ཏེ་མཎྜལ་ཕུལ་ནས་གསོལ་འདེབས་བྱས་ཏེ་མཇུག་བསྡུ་བ་ལགས་སོ།།

① སྨོན་ལམ་ཞེས་པའི་ཁྱད་པར་ནི་བསྔོ་བྱའི་རྫས་ཡོད་མེད་ཀྱིས་བཞག་སྟེ། ཡོད་ན་བསྔོ་བ་དང་། མེད་ན་སྨོན་ལམ་ཡིན་ནོ།། ཞེས《སྐྱབས་འགྲོའི་སྦྱོར་ཆོས་ལྟུང་བཤགས་བཅས་ཀྱི་འགྲེལ་ཡིག》གི་ཤོག་ངོས་༢༤ན་གསལ། བསྟན་དར་ལྷ་རམས་པ་སོགས་ཀྱིས་མཛད།(སེར་གཙུག་དཔར་མ)

གསུམ་པ། སྐྱབས་འགྲོའི་ཁྱད་ཆོས་སྐོར།

བོད་བརྒྱུད་ནང་བསྟན་གྱི་སྐྱབས་འགྲོ་དེ་ཐེག་ཆུང་སྐྱབས་འགྲོ་དང་རྒྱ་བརྒྱུད་ནང་བསྟན་སྐྱབས་འགྲོ་ལས་ཆ་ཚང་ཞིང་ནང་དོན་ཕུན་སུམ་ཚོགས་པ་མ་ཟད་ཐུན་མོང་མ་ཡིན་པའི་ཁྱད་ཆོས་མངོན་གསལ་མང་པོ་མཆིས་ཤིང་དེའི་ནང་དུ་ཆེས་གསལ་པོ་དང་གླེང་ཚོག་པའི་ཁྱད་ཆོས་ནི་བོད་ཀྱི་སྐྱབས་འགྲོ་ལ་དཀོན་མཆོག་བཞི་ཡོད་ཟེར་བ་སྟེ། མདོ་སྔགས་ཀྱི་གཞུང་གང་ལ་བལྟས་པ་དང་སྤྱང་བ། ཐ་ན་རྒྱུན་འདོན་གང་ཡིན་རུང་ཐོག་མར་བླ་མ་ལ་སྐྱབས་སུ་མཆིའོ། སངས་རྒྱས་ལ་སྐྱབས་སུ་མཆིའོ། ཆོས་ལ་སྐྱབས་སུ་མཆིའོ། དགེ་འདུན་ལ་སྐྱབས་སུ་མཆིའོ། ཞེས་སྐྱབས་སུ་ཉེ་ཡུལ་དཀོན་མཆོག་གསུམ་གྱི་སྔོན་དུ་བླ་མ་ཡོད་ཅིང་ངེས་པར་དུ་བླ་མ་ལ་སྐྱབས་སུ་མ་མཆིས་ན་སྐྱབས་སུ་ཉེ་སྲོལ་མེད་པས་བོད་བརྒྱུད་ནང་བསྟན་སྐྱབས་འགྲོ་ལ་དཀོན་མཆོག་བཞི་ཡོད་པ་འདུག་ཞེས་བཤད་སྲོལ་དར་དང་དར་བཞིན་ཡོད། འདི་ལ་དེང་སྐབས་འགྲེལ་བ་གསར་བའམ་དེ་ཙམ་སླན་པོ་ཞིག་ཡོད་པ་ནི་བོད་བརྒྱུད་ནང་བསྟན་ནི་མདོ་སྔགས་ཟུང་དུ་འབྲེལ་བ་དང་གསང་སྔགས་སྤྱོད་པའི་སྐབས་སུ་བླ་མ་ལ་བརྟེན་དགོས་པས་སྐྱབས་སུ་འགྲོ་བ་བཞི་ཡོད་དོ་ཞེས་པ་དེ་ཡིན། བོད་ཀྱི་ནང་ཆོས་ལ་སྐྱབས་སུ་མཆི་བའི་དཀོན་མཆོག་བཞི་ཡོད་ཅེས་པ་དེ་རྒྱུ་མཚན་གཉིས་ཀྱི་སྒོ་ནས་བྱུང་བ་ཡིན་པར་འདོད་དེ། རྒྱུ་མཚན་དང་པོ་ནི་བླ་མ་བྱ་བའི་གོ་བ་ཡག་པོ་མ་ལོན་པའམ་ལོག་པར་གོ་བ་བླངས་པ་སྟེ། གོང་ནས་ཞུས་པ་བཞིན་བོད་ཀྱི་ཆོས་ནི་བླ་མའི་ཆོས་ལུགས་ཟེར་ཞིང་བླ་མ་བྱ་བ་ནི་ལོ་རྒྱུས་ཐོག་རིག་གནས་གསར་བརྗེ་ཆེན་པོ་བྱ་བའི་

ལས་འགྲུལ་ནང་རྫོངས་དད་དང་རྗེས་ལུས། སོག་སྤྱོད། བྲན་གཡོག་བདག་པོ་བཅས་ཀྱི་མིང་གི་ཚབ་ཡིན་ལ། ད་ལྟའི་སྤྱི་ཚོགས་ནང་དུའང་བླ་མའི་མིང་ཁྱེར་བའི་གྲྭ་པ་དང་སྤྲུལ་སྐུ་ཡིན་ཟེར་བ་ཡོན་ཏན་མེད་པ། སྡོམ་པ་མེད་པ། ངོ་ཚ་མེད་པ། ཀུན་སློང་ཞན་པ་བཅས་དམ་པའི་ཆོས་ལ་ཁ་གཡར་ནས་ཟང་ཟིང་ཁོ་ནའི་དོན་ལ་དམིགས་པའི་སྐྱེ་བོ་དེ་ཚོ་དང་། བོད་ཀྱི་སྤྱི་ཚོགས་ནང་དངོས་སུ་གནས་པའི་ཁྱད་པར་ཅན་གྱི་སྐྱེ་བོ་སྐོར་ཅིག་སྟེ། མགྲིན་པ་སོངས་སྤྱོད་འཁོར་ལོ་ནས། གསུང་པ་ཐམས་ཅད་རྒྱལ་བའི་བཀའ། སྙིང་ཁ་ཆོས་ཀྱི་སྣོ་མོ་ནས། སེམས་པ་ཐམས་ཅད་རང་གི་ནོར། འཇིག་རྟེན་ཆོས་བརྒྱད་གསེར་ཁྲིའི་སྟེང་། བཞུགས་པའི་སྐུ་དེ་ངོ་མཚར་རོ། ཞེས་པའི་སྐུ་དེ་ཚོ་མཐོང་བའི་ལམ་དུ་གྱུར་པ་དང་སྟོན་གྱི་དྲིལ་བསྒྲགས་ངན་པའི་ཤུགས་རྐྱེན་གྱིས་བླ་མ་བྱ་བ་དེ་དཀོན་མཆོག་གསུམ་གྱི་སྟོན་དང་སྐྱབས་སུ་མཆི་བའི་དཀོན་མཆོག་ཁྲིད་དུ་བཞུགས་པར་མ་འཐད་པའམ་མ་དགའ་བའི་རྟགས་ཚུལ་ཡིན་པར་སྣང་། རྒྱུ་མཚན་གཉིས་པ་ནི་བོད་ཀྱི་ཆོས་ལ་ཟབ་མོ་མ་ཞུགས་པ་དང་སྦྱང་བའི་སྲོལ་བཟང་པོ་མ་ཤེས་པ། བོད་བརྒྱུད་ནང་བསྟན་ལ་བླ་ན་མེད་པའི་ཁྱད་ཆོས་མང་འབ་ཤེས་མ་ཐུབ་པ་ལ་རག་ལས་པར་བསམ། དེ་ལ་ཡང་གཉིས་ཏེ་སྐྱབས་འགྲོའི་གོ་རིམ་གྱི་འདོན་ཚུལ་དེ་སྲོལ་དུ་གྱུར་པ་དང་བླ་མ་ལ་སྐྱབས་སུ་མཆི་བ་དེ་སངས་རྒྱས་བསྟན་པའི་གཞུང་དང་འགལ་མེད་པར་སྟོན་པ་ཤཀྱ་ཐུབ་པའི་འགྲོ་བ་རིགས་དྲུག་འཁོར་བའི་སྡུག་བསྔལ་ལས་སྒྲོལ་བའི་མཐར་ཐུག་གི་བདེ་ལམ་ཐེག་པ་ཆེན་པོ་གསུམ་གྱི་ལུང་མན་ངག་ཉམས་ལེན་ཆ་ཚང་པར་འཛིན་སྐྱོང་སྤེལ་གསུམ་བྱ་དགོས་ན་བླ་མ་ལ་མ་བརྟེན་པའི་ལམ་གཞན་པ་མེད་པས་སོ།། དང་པོ་ལ་བོད་ཀྱི་ནང་པ་སངས་རྒྱས་བསྟན་པའི་སྣོ་ལ་ཞུགས་པ་དང་ཆ་རྒྱུས་ཅུང་ཙམ་ཡོད་པ་ཚང་མའི་ཤེས་

གསལ་ལྟར། སྐྱབས་འགྲོ་ཞལ་འདོན་སྐབས་སུ་ངེས་པར་དུ་ཕྱོགས་བཅུ་དུས་
གསུམ་གྱི་དེ་བཞིན་གཤེགས་པ་ཐམས་ཅད་ཀྱི་སྐུ་གསུང་ཐུགས་ཡོན་ཏན་
འཕྲིན་ལས་ཐམས་ཅད་ཀྱི་ངོ་བོར་གྱུར་པ། ཆོས་ཀྱི་ཕུང་པོ་སྟོང་ཕྲག་བརྒྱད་
བཅུའི་འབྱུང་གནས། འཕགས་པའི་དགེ་འདུན་ཐམས་ཅད་ཀྱི་མངའ་
བདག་དྲིན་ཆེན་རྩ་བ་དང་བརྒྱུད་པར་བཅས་པའི་དཔལ་ལྡན་བླ་མ་དམ་པ་
རྣམས་ལ་སྐྱབས་སུ་མཆིའོ། ཞེས་འགོ་བརྩམས་རྗེས། སངས་རྒྱས་དང་ཆོས།
དགེ་འདུན་ལ་སྐྱབས་སུ་མཆིའོ་ལན་གསུམ་འདོན་དགོས་པ་དེ་སྲོལ་དུ་གྱུར་
ནས་རྒྱུན་སྤྱོད་ཞལ་འདོན་སྐྱབས་བཞིའི་སྲོལ་ཆགས་པར་བསམ། གཉིས་པ་
བླ་མ་ལ་སྐྱབས་སུ་མ་མཆིས་ན་ཆོས་ཀྱི་ཕུང་པོ་བརྒྱད་ཁྲི་བཞི་སྟོང་གི་སྒོ་ལ་
འཇུག་མི་ཐུབ་པ་སྟེ། དེ་ཡང་འཇིག་རྟེན་ན་ཤིང་བཟོ་ལྷ་བཟོ་རྗེ་བཟོ་སོགས་
མིག་གིས་བལྟས་ཏེ་བྱས་ཆོག་པའི་ལས་ལའང་། དང་པོར་སློབ་མཁན་ལ་
བརྟེན་དགོས་ན། ཚེ་རབས་གཏན་གྱི་འདུན་མ་སྒྲུབ་བྱེད་ཀྱི་སངས་རྒྱས་ཀྱི་
སར་བགྲོད་པའི་ལམ་གྱི་ཚུལ་ཤེས་པ་ལ། བཤེས་གཉེན་ལ་བསྟེན་དགོས་པ་
ལྟ་སྨོས་ཀྱང་ཅི་དགོས། ཁ་ཅིག་གིས་བླ་མ་མེད་ཀྱང་དཔེ་ཆ་ལ་བལྟས་ན་
ཤེས་ཐུབ་སྙམ་ཡང་དེས་མི་ཆོག་པར་བླ་མ་མཚན་ཉིད་དང་ལྡན་པ་ཞིག་
བསྟེན་དགོས་ཏེ། དཔེར་ན་བོད་ནས་རྒྱ་གར་ལྟ་བུར་འགྲོ་དགོས་པའི་ཚེ་ས་
མཁན་ཞིག་ངེས་པར་བཙལ་དགོས་ལ། དེ་ཡང་གང་བྱུང་གི་མི་ཆོག་པར་
ཕར་འགྲོ་འོང་བ་སོགས་ས་རྒྱུས་ཡོད་པ་ཅིག་ལ་བརྟེན་དགོས་པ་བཞིན་དུ་
ལམ་སྟོན་མཁན་གྱི་དགེ་བའི་བཤེས་གཉེན་དེ་ཡང་སངས་རྒྱས་སུ་བགྲོད་པའི་
ལམ་དེར་འཁྲིད་ཐུབ་པ་ཞིག་དགོས། གཞན་སྡིག་གྲོགས་སོགས་གང་བྱུང་ལ་
བརྟེན་ན། ལམ་ཇི་ལྟ་བར་མི་བགྲོ་ཞིང་། ལོག་པར་གོལ་བར་འགྱུར་བ་ཡིན་
པས་ཐོག་མར་བཤེས་གཉེན་བསྟེན་པ་འདི་གལ་ཆེ། དེ་ལ་ཐོག་མར་བཤེས་

གཉེན་བསྟེན་པའི་ཚུལ་ལ་བཞི་ཡོད་པ་རྣམ་གྲོལ་ལག་བཅངས་སུ། བཤེས་གཉེན་བསྟེན་པའི་ཕན་ཡོན། མ་བསྟེན་པ་དང་བསྟེན་ཚུལ་ལོག་པའི་ཉེས་དམིགས། བསམ་པས་བསྟེན་ཚུལ། སྦྱོར་བས་བསྟེན་ཚུལ་བཅས་དབྱེ་བ་ཕྱེ་སྟེ་གསལ་པོར་གསུངས་ཡོད། སྤྱིར་སྐྱབས་འགྲོའི་ནང་གི་བླ་མ་བྱ་བ་ནི་དགེ་བའི་བཤེས་གཉེན་དམ་པ་རང་གི་ལམ་ཁྲིད་སློབ་དཔོན་ལ་བསྟན་པ་ཡིན་ཞིང་། དེ་ལ་ཚ་རྐྱེན་ཏ་ཙང་མཐོ་བ་དང་དཀའ་བ་མང་པོ་འབྱོར་དགོས་པ་སྟེ། མཁས་པ་ལ་འཇུག་པའི་སྒོ་ལས། སློབ་དཔོན་གྱི་མཚན་ཉིད་གང་ཞེ་ན། གཙང་མཁས་གཞན་ལ་ཕན་པར་འདོད། ཅེས་པ་སྟེ། ཚུལ་ཁྲིམས་དག་པས་ལུས་ངག་གཙང་བ། ཤེས་རབ་དག་པས་ལུང་རིགས་མཁས་པ། ལྷག་བསམ་དག་པས་གཞན་ལ་ཕན་པའོ།① ཞེས་པ་དང་ད་དུང་མདོ་རྒྱུད་བསྟན་བཅོས་དང་མཐུན་པའི་ལུང་། སྒྲ་ཚད་དངོས་སྟོབས་དང་མཐུན་པའི་རིགས་པ། མདོ་རྒྱུད་བསྟན་བཅོས་དང་མི་འགལ་བའི་རྗེས་སུ་གདམས་པ་གསུམ་གཞུང་བཤད་པར་བྱ་བའི་ཆོས་དང་། ཚུལ་ཇི་ལྟར་བཤད་ཉན་བྱ་སྒོ་གསུམ་ཀུན་སྤྱོད་རྣམ་དག་པས། བསྟན་པ་སྲུང་ཕྱིར་གུས་པས་སྒྲུབ་ཞེས་པ་སྟེ། སློབ་དཔོན་གྱི་ལུས་ཉལ་བ་དང་འཕྲེས་པ་དང་བརྐྱང་པ་ལ་སོགས་པ་སྤངས་ཏེ། ཤཱཀྱའི་རྒྱལ་པོས་ཆོས་ཀྱི་འཁོར་ལོ་བསྐོར་བའི་ཚུལ་དུ་བྱ། ངག་སྒྲ་མང་བ་དང་ཟློས་པ་དང་སྐད་གདངས་ཞན་པ་དང་སྒྲ་གསང་མཐོ་དམན་ཅན་ལ་སོགས་པ་སྤངས་ཏེ། དབྱངས་ཀྱི་ཡན་ལག་ཕྱུན་སུམ་ཚོགས་པས་གསལ་ལ་དག་པར་བྱེད་པ། ཡིད་ཆགས་སྡང་སྤངས་ཏེ་ཡི་དམ་གྱི་ལྷའི་ང་རྒྱལ་དང་ལྡན་པས་སེམས་ཅན་ཐམས་ཅད་ཕན་བདེ་ལ་དགོད་པའི་བསམ་པས་ཆོས་ཀྱི་

① 《རིན་ཆེན་གཏེར་མཛོད་》ཀྱི་ཤོག་ངོས་༢༠༥ན་གསལ།(དགོན་སྡེའི་དཔར་མ)

ཆར་པ་ཆེན་པོ་དབབ་སླམ་པར་བྱའོ།།① སྤྱིར་བླ་མ་མཁས་ཤིང་ཆོས་བཞིན་བྱེད་པ་མཁས་པར་གྲགས་པ་ཅིག་ལ་མ་ཉན། མི་མཁས་ན་ཐེ་ཚོམ་གཅོད་མི་ནུས། མི་བཙུན་ན་སློབ་མའི་སྤྱོད་པ་རྒྱུད་འཛའ། མཁས་པར་མ་གྲགས་ན་སློབ་དཔོན་ན་མེད་པར་ཁྱོད་ལ་གར་ཡོད་ཅེས་བརྙས་པར་འགྱུར་ཏེ། མདོ་སྡེ་རྒྱན་ལས། དེ་ལྟར་བློ་བཟང་སྐྱོ་བ་མེད་ལྡན་བརྩེ་བ་ཅན། སྙན་པར་རབ་གྲགས་ཚོ་ག་བཟང་ཤེས་ལྡན་པ་ཡི། བྱང་ཆུབ་སེམས་དཔའི་ལེགས་པར་སྨྲ་བ་ཡིན་པ་དེས། བཤད་པ་སྐྱེ་བོའི་ནང་དུ་ཉི་མ་བཞིན་དུ་ལྷམ། ཞེས་གསུངས་པ་ལྟར། འཆད་རྩོད་རྩོམ་གསུམ་གྱིས་བསྟན་པའི་གཞུང་ལ་མཁས་པའི་རྒྱང་བཙུགས། ཐོས་བསམ་སྒོམ་གསུམ་གྱིས་བསྟན་པའི་གཞུང་གི་ཉམས་ལེན་མཐར་ཕྱིན་པ་མཛད་དེ་མཁས་བཙུན་བཟང་གསུམ་གྱི་སྐྱེས་བུ་དམ་པ་དགེ་བའི་བཤེས་གཉེན་བླ་མའི་གོ་འཕང་ལ་བསླེགས་པ་དེ་དག་ནི་སྐྱབས་འགྲོའི་ལམ་འཁྲིད་བླ་མ་ཡིན་པར་རྟོགས་དགོས་ཤིང་། དེ་ལྟ་བུའི་བླ་མ་ལ་ཀློང་ཆེན་མཛོད་བདུན་ལས་བསྟན་པ་བཞིན་མཚོག་གི་རྟགས་དྲུག་མཆིས་ཏེ། ༡ བསྙེན་ཚེ་བག་ཏུ་ཆོས་ལ་བློ་འགྲོ་ན། བསླབས་པའི་བྱིན་རླབས་སྲིན་ཕུང་ཡོད་པའི་རྟགས། ༢ སློབ་མ་སྒྲུབ་བརྩུག་ཡོན་ཏན་སྣ་མང་ན། ཟབ་མོའི་སྙན་བརྒྱུད་གདམས་པ་ཆེ་བའི་རྟགས། ༣ འཁོར་དང་ཡོ་བྱད་གཞན་ཤོར་ཕྲག་དོག་མེད། འཇིག་རྟེན་མངོན་ཞེན་འདོད་བློ་ཟད་པའི་རྟགས། ༤ བློ་རིག་གང་ཡང་ལམ་དུ་འཇུག་ཤེས་ན། འགྲོ་དོན་ཐབས་མཁས་ཐུགས་རྗེ་ཡོད་པའི་རྟགས། ༥ སྡུག་བསྔལ་བ་ལ་ཕན་འདོགས་རྒྱ་ཆེ་ན། ཚད་མེད་སེམས་བསྐྱེད་སྙིང་རྗེ་འབྱོངས་པའི་རྟགས། ༦ ཁོང་ཡངས་

---

① 《མཁས་པ་འཇུག་པའི་སྒོའི་》ཤོག་ངོས་༧༦ནང་གསལ། ས་པཎ་ཀུན་དགའ་རྒྱལ་མཚན་གྱིས་མཛད། མི་རིགས་དཔེ་སྐྲུན་ཁང་གིས་པར་དུ་བསྐྲུན། ༡༩༨༡ལོའི་ཟླ་༦པར།

སློབ་བདེ་བྱ་བ་བྲལ་བ་ན། གནས་ལུགས་རྟོགས་པའི་གདེང་དང་ལྡན་པའི་རྟགས། དེ་འདྲའི་མཚན་ལྡན་བླ་མ་བཙལ་ནས་བསྟེན་ཞེས་གསུངས་ལ། དེ་བས་བླ་མ་དང་སངས་རྒྱས་གཉིས་དབྱེར་སུ་མ་མཆིས་པ་སྟེ། སྐྱབས་འགྲོའི་འཁྲིད་ཡིག་འདོད་དགུ་འཛོ་བའི་རིན་ཆེན་བུམ་བཟང་ལས། ད་ལྟ་སངས་རྒྱས་དངོས་སུ་མི་བཞུགས་པས་སྐྱབས་སྟོན་པ་པོ་དེ་གང་ལ་བྱ་ཞེ་ན། དེ་ཡོད་དེ། ད་ལྟ་ལམ་རིམ་དང་སྐྱབས་འགྲོ་སོགས་ཀྱི་ཁྲིད་འདོགས་པའི་བླ་མ་དེ་སངས་རྒྱས་ཀྱི་དོད་ཡང་དག་པ་ཐུབ་པའི་ཕྱིར། དེ་མིན་ཡང་དེའི་ལུས་ལ་ཞུགས་ནས་ཆོས་འཆད་དུ་བཙུག་པ་ཡང་ཡོད། ལུས་ལ་མ་ཞུགས་ཀྱང་དེའི་ལུས་ངག་ཡིད་གསུམ་བྱིན་གྱིས་རླབས་ནས་ཆོས་འཆད་དུ་བཙུག་པ་ཡང་ཡོད་པའི་ཕྱིར། དང་པོ་གྲུབ་སྟེ། ཏིང་ངེ་འཛིན་དམ་པའི་མདོ་ལས། དེ་ཡང་ཕྱི་མའི་དུས་ན་ང་ཉིད་དགེ་བའི་བཤེས་གཉེན་དུ་སྤྲུལ་ནས་ཏིང་ངེ་འཛིན་འདི་དག་སྟོན་པར་འགྱུར་ཏེ། དེའི་ཕྱིར་དགེ་བའི་བཤེས་གཉེན་ནི་ཁྱོད་ཀྱི་སྟོན་པ་ཡིན་པས་བྱང་ཆུབ་ཀྱི་སྙིང་པོ་ལ་ཐུག་གི་བར་བསྟེན་ཅིང་བཀུར་སྟི་གྱིས་ཤིག། ཅེས་དང་། ཛ་བོ་ཆེ་མདོ་ལས། སྨྲི་ཐུགས་མ་འདོན་ཀུན་དགའ་བོ། །ང་ནི་ཕྱི་མའི་དུས་ཀྱི་ཚེ། །དགེ་བའི་བཤེས་གཉེན་ཉིད་སྤྲུལ་ནས། །ཁྱོད་ལ་སོགས་པའི་དོན་བྱེད་འགྱུར། །ཞེས་དང་། རྡོ་རྗེ་གུར་ལས་ཀྱང་། གང་ཉིད་རྡོ་རྗེ་སེམས་དཔའ་ཞེས། །དེ་ཉིད་སློབ་དཔོན་གཟུགས་སུ་འཛིན། །སེམས་ཅན་ཕན་འདོགས་དམིགས་ནས་ནི། །ཐ་མལ་པ་ཡི་གཟུགས་སུ་འཛིན། །ཞེས་གསུངས་པའི་ཕྱིར། གཉིས་པ་གྲུབ་སྟེ། སློབ་དཔོན་ཡེ་ཤེས་ཞབས་ཀྱིས་མཛད་པའི་འཇམ་དཔལ་ཞལ་ལུང་ལས། དེ་ཡི་དོན་ལྡན་འགའ་ཞིག་ལ། །ང་ནི་དེ་ཡི་ལུས་གནས་ཏེ། །སྒྲུབ་པོ་གཞན་ལ་མཆོད་པ་ལེན། །ཞེས་དང་དམ་པ་གསང་བ་འདུས་པའི་འགྲེལ་པ་ལས་

ཀྱང་། སངས་རྒྱས་རྣམས་རྡོ་རྗེ་སློབ་དཔོན་གྱི་ལུས་ལ་ཞུགས་ནས་སེམས་ཅན་གྱི་དོན་མཛད་དོ།། ཞེས་གསུངས་པའི་ཕྱིར། གསུམ་པ་གྲུབ་སྟེ། མདོ་སྡུད་པ་ལས། རྒྱལ་བའི་ཉན་ཐོས་པ་དག་ཇི་སྙེད་ཆོས་སྟོན་དང་། །འཆད་དང་རིགས་པ་དག་དང་ལྡན་པར་བརྗོད་པ་དང་། །མཆོག་ཐོབ་བདེ་བ་བྱེད་དང་དེ་ཡི་འབྲས་ཐོབ་པ། །དེ་དག་ཀུན་ཀྱང་དེ་བཞིན་གཤེགས་པའི་སྐྱེས་བུའི་མཐུ། །ཞེས་གསུངས་པའི་ཕྱིར། དེས་ན་ཆོས་འཆད་པ་པོ་དེ་སྐྱོན་དུ་མ་དང་ལྡན་ནའང་གཞན་ལ་ཕན་གདགས་ནུས་པ་སངས་རྒྱས་ཀྱི་བྱིན་རླབས་དང་ནུས་མཐུ་བསམ་གྱིས་མི་ཁྱབ་པས་བྱས་པ་ཡིན་ནོ།། དེའི་ཕྱིར་བླ་མ་དེ་ནི་ངོ་བོའི་ཆ་ནས་སངས་རྒྱས་དང་མཉམ་པ་ཡིན་ཏེ། གསང་བ་འདུས་པ་ལས། ཁམས་རྣམས་དང་ནི་འཕྲིན་ལས་དག །རང་བཞིན་མཉམ་པ་ཉིད་ཀྱི་ཕྱིར། །སངས་རྒྱས་ཀུན་དང་བླ་མ་མཉམ། །ཞེས་གསུངས་པའི་ཕྱིར། ཐུགས་རྗེ་ཆ་ནས་སངས་རྒྱས་ལས་བཀའ་དྲིན་ལྷག་པ་ཡིན་ཏེ། དེ་ཉིད་ལས། འགྲོ་བ་ཀུན་ལ་ལམ་སྟོན་ཕྱིར། །སངས་རྒྱས་ཀུན་ལས་མཆོག་ཏུ་བསྔགས། །① ཞེས་དང་། ནམ་མཁའ་དྲི་མ་མེད་པའི་མདོ་ལས། ཀུན་དགའ་བོ། དེ་བཞིན་གཤེགས་པ་རྣམས་ནི་སེམས་ཅན་ཐམས་ཅད་ལ་སྣང་བ་མ་ཡིན་གྱི། དགེ་བའི་བཤེས་གཉེན་ནི་དངོས་སུ་སྣང་ནས་ཆོས་སྟོན་ཅིང་ཐར་པའི་ས་བོན་འདེབས་པའི་ཕྱིར། དེ་བཞིན་གཤེགས་པ་རྣམས་ལས་དགེ་བའི་བཤེས་གཉེན་ལྷག་པར་བཟུང་ཤིག་ཅེས་གསུངས་པའི་ཕྱིར། དེ་བས་སྐྱབས་འགྲོ་ཞུ་ཡུལ་བླ་མ་ནི་དགེ་བའི་བཤེས་གཉེན་ལ་གོ་བ་ལེན་དགོས་ཤིང་། སྐྱབས་མཆི་བའི་བླ་མ་དམ་པ་རྣམས་ལ་སྐྱབས་ཚོས་པའི་ཁྱད་པར་བཞི་ལྡན་དགོས་པ་སྟེ།

① 《ཀློང་ཆེན་མཛོད་བདུན་མན་ངག་མཛོད་》ཀྱི་ཤོག་ངོས་༨༨ན་གསལ། (དགོན་སྡེའི་དཔར་མ)

གདུལ་བྱ་འདུལ་བའི་ཐབས་ལ་མཁས་པ་དང་། ཐབས་དེ་དཔེ་མཚུངས་མེད་པར་གཞན་ལ་འདོམས་པ་དང་། ཟང་ཟིང་གིས་མི་མཉེས་སྒྲུབ་པས་མཉེས་པ་ཞིག་དགོས་ངེས་ཡིན་ནོ།། གོང་དུ་དྲངས་པའི་སྟོན་པའི་གསུང་རབ་ཀྱི་ལུང་དང་མཁས་པ་རྣམས་ཀྱི་རིག་པའི་རྣམ་དཔྱོད་ལས་ཐོན་པའི་གནས་ལུགས་ཀྱིས་བོད་བརྒྱུད་ནང་བསྟན་གྱི་སྐྱབས་འགྲོའི་ཁྱད་ཆོས་གསལ་པོར་མངོན་ཐུབ་པར་འདོད་དོ།།

བཞི་པ། སྐྱབས་འགྲོའི་ཁྱད་པར་གྱི་གོ་གནས་བརྗོད་པ།

དེ་ཡང་ཆོས་ཕུང་བརྒྱད་ཁྲི་བཞི་སྟོང་དགོངས་འགྲེལ་དང་བཅས་པ་གསུང་རབ་ཡན་ལག་བཅུ་གཉིས། མདོ་སྔགས་ཟུང་འབྲེལ་གྱི་ཟབ་གནད་ཡོངས་སུ་རྫོགས་པ་ཉམས་ལེན་དང་བཅས་པ་སྐྱབས་འགྲོར་འདུ་ཞིང་སྐྱབས་འགྲོ་ནི་ནང་པ་སངས་རྒྱས་པའི་ལམ་ཁྲིད་བདེ་ལམ་ཁོ་ན་ཡིན་པ་བོད་བརྒྱུད་ནང་བསྟན་གྲུབ་མཐའ་ཀུན་གྱི་གསུང་གཅིག་ཏུ་མཐུན་ཞིང་སྐྱབས་འགྲོའི་ནང་བསྟན་གྱི་ཆོས་གཞུང་དུ་གོ་གནས་ཁྱད་དུ་འཕགས་པ་བཟུང་ཡོད་པས། བོད་དུ་རྒྱལ་བའི་བསྟན་པ་དར་བ་ནས་བཟུང་སྐྱབས་འགྲོའི་ནུས་པ་བརྗོད་པ་ཧ་ཅང་གལ་ཆེ་བར་འཛིན་པ་ཏུན་ཧོང་གཏེར་ཡིག་སོགས་སུ་གསལ་ལ། བསྟན་པ་ཕྱི་དར་འགོ་བཙམས་པ་ནས་མཁས་པ་རིམ་བྱོན་གྱིས་སྐྱབས་འགྲོ་ངོ་སྤྲོད་དང་དེ་ལ་ཞིབ་འཇུག་གནང་བ་མཐོང་ཆེན་བྱས་ཡོད་དེ། སློབ་དཔོན་ཆེན་མོ་དཔལ་ལྡན་མར་མེ་མཛད་ཡེ་ཤེས་ཀྱིས་མཛད་པའི་བྱང་ཆུབ་ལམ་གྱི་སྒྲོན་མ་རུ་དཀོན་མཆོག་གསུམ་ལ་རབ་དད་ཅིང་། །ཕུས་མོའི་ལྷ་ང་སར་བཙུགས་ནས། །ཐལ་མོ་སྦྱར་བར་བྱས་ནས་ནི། །དང་པོ་སྐྱབས་འགྲོ

ལན་གསུམ་བྱ། །དེ་ནས་སེམས་ཅན་ཐམས་ཅད་ལ། །བྱམས་པའི་སེམས་ནི་སྔོན་འགྲོ་བས། །ངན་སོང་གསུམ་དང་སྐྱེ་སོགས་དང་། །འཆི་འཕོ་སོགས་ཀྱིས་སྡུག་བསྔལ་བའི། །འགྲོ་བ་མ་ལུས་ལ་བལྟས་ཏེ། །སྡུག་བསྔལ་གྱིས་ནི་སྡུག་བསྔལ་བ། །སྡུག་བསྔལ་སྡུག་བསྔལ་རྒྱ་མཚོ་ལས། །འགྲོ་བ་ཐར་བ་འདོད་པ་ཡིས། །ཕྱོག་པ་མེད་པར་དམ་བཅའ་བའི། །བྱང་ཆུབ་སེམས་ནི་བསྐྱེད་པར་བྱ། །ཞེས་གསུངས་ཤིང་། མཉམ་མེད་ཇོ་བོ་ཆེན་པོ་བོད་ཀྱི་བླ་དཔོན་རྣམས་ཀྱིས་དཀའ་ཚེགས་ཆེན་པོས་སྤྱན་དྲངས་སྐབས་ཀྱང་བོད་སྟོན་རྣམས་ལ་གསང་སྔགས་ཟབ་མོའི་ཆོས་འདི་ལས་ལྷག་པ་མེད་ཟེར་བའི་ཁ་བོ་ཅན་ཞིག་གསུང་བར་རེ་བ་ཞུས་ཀྱང་། ཇོ་བོ་ཆེན་པོས་མ་མཛངས་ཀྱིས་བུ་གསོ་བའམ། ནད་པ་ལུས་ཟུངས་གསོ་བ་བཞིན་སློབ་མའི་རྒྱུད་ཚོད་དང་འཚམ་པ་ཞིག་དགོས་པར་གཟིགས་ནས་སྐྱབས་འགྲོ་ལས་འབྲས་ཀྱི་ཆོས་སྐོར་ཁོ་ན་གསུང་བས་མཚན་ལའང་བླ་མ་སྐྱབས་འགྲོ་བ་དང་ལས་འབྲས་པར་གྲགས་པ་བྱུང་། ཁོང་གིས་མཛད་པའི་བྱང་ཆུབ་ལམ་སྒྲོན་དེ་བསྟན་པ་ཕྱི་དར་ལ་མཇུབ་སྟོན་གནང་བའི་ལམ་སྟོན་སྒྲོན་མེ་ཏུ་གྱུར། རྒྱལ་ཚབ་དར་མ་རིན་ཆེན་གྱི་ཞལ་ནས་སྐྱབས་འགྲོ་འདི་ལ་གོ་བ་ལེགས་པར་ཆགས་ན་གསུང་རབ་དགོངས་འགྲེལ་དང་བཅས་པ་མ་ལུས་པ་སྐྱབས་འགྲོ་བྱས་པའི་ཡན་ལག་ཏུ་ཤེས་པར་འགྱུར་རོ་ཞེས་གསུངས་ཤིང་། བསྟན་དར་ལྷ་རམས་པས་མཛད་པའི་སྐྱབས་སུ་འགྲོ་བའི་ཚུལ་ལས་བརྩམས་པའི་གཏམ་འདོད་དགུ་འཇོ་བའི་རིན་ཆེན་བུམ་བཟང་ལས་རྒྱལ་བས་ཇི་སྙེད་གསུངས་པ་ཐམས་ཅད་སྐྱེས་བུ་གསུམ་གྱི་ལམ་རིམ་དུ་འདུ་ཞིང་། དེ་དག་ཀྱང་སྐྱབས་འགྲོའི་ཁོངས་སུ་ལེགས་པར་འདུ་སྟེ། དལ་འབྱོར་རྙེད་དཀའ་འཆི་བ་མི་རྟག་པ་ངན་སོང་གི་སྡུག་བསྔལ་བསམ་པའི་སྒོ་ནས་སྐྱབས་དམ་པ་ལ་ཡིད་ཆེས་ཏེ་མི་དགེ་བཅུ

སྤྱོད་འདོད་ཀྱི་སྐྱེས་བུ་ཆུང་ངུའི་ཆོས་སྐོར་ནི་སྐྱབས་འགྲོའི་བསམ་པ་རྣལ་མ་ཡིན་པའི་ཕྱིར་དང་། སངས་རྒྱས་ལ་ཡིད་ཆེས་པའི་དབང་གིས་དེས་ཇི་སྐད་བསྟན་པའི་ལས་འབྲས་ལ་ཡིད་ཆེས་ཏེ་དགེ་སྡིག་གི་འཇུག་ལྡོག་ལ་དོན་གཉེར་གྱི་འདུན་པས་ཉམས་སུ་བསྟར་པ་ནི་སྐྱབས་སུ་འགྲོ་ཚུལ་དངོས་ཡིན་པས་སྐྱེས་བུ་འབྲིང་གི་ཆོས་སྐོར་ཀྱང་དེ་ལས་གཞན་དུ་མེད་པའི་ཕྱིར། དེ་ཐམས་ཅད་ཀྱང་ཐེག་ཆེན་ལ་དགོངས་པ་ཡིན་ཏེ། ཐེག་ཆེན་གྱི་བསམ་པ་ནི་གཞན་དོན་དང་བྱང་ཆུབ་ལ་གཞོལ་བ་ཡིན་ལ། དེ་ཡང་སྐྱབས་འགྲོ་ལས་ལོགས་སུ་མེད་དེ། ཕར་ཕྱིན་བསྡུ་བ་ལས། སེམས་ཅན་རྣམས་ལ་སྙིང་བརྩེ་ཞིང་། །བདེ་གཤེགས་ཡོན་ཏན་ཐོབ་མོས་ན། །དེ་བཞིན་གཤེགས་པ་ཐམས་ཅད་ལ། །མདོར་བསྡུ་སྐྱབས་སུ་སོང་བ་ཡིན། །ཞེས་གསུངས་སོ།། གཞན་ཡང་དཔལ་ལྡན་རྙིང་མ་པ་དང་ས་སྐྱ་པ། བཀའ་བརྒྱུད་པ། རི་བོ་དགེ་ལྡན་པ་བཅས་གྲུབ་མཐའ་ཁག་གི་སྐྱེས་བུ་དམ་པ་རྣམས་ཀྱིས་མཛད་པའི་ལམ་རིམ་ནང་དུ་སྐྱབས་འགྲོའི་གལ་ཆེན་གྱི་རང་བཞིན་དང་ཁྱད་པར་གྱི་ནུས་པ་བསྟན་ཡོད་ལ། སྐྱབས་འགྲོའི་ཁྲིད་ཡིག་སྣ་ཚོགས་མཛད་ཡོད་པ་དཔེར་ན། དཀོན་མཆོག་བསྟན་པའི་སྒྲོན་མེ་མཛད་པའི་བསྟན་པའི་འཇུག་སྒོ་སྐྱབས་འགྲོའི་ཁྲིད་ཡིག་ཕན་བདེའི་ལམ་བཟང་གསལ་བའི་སྒྲོན་མེ། དབལ་མང་པཎྜི་ཏས་མཛད་པའི་སྐྱབས་འགྲོའི་ཁྲིད་ཡིག་ཐུབ་བསྟན་སྒོ་འབྱེད། བསྟན་དར་ལྷ་རམས་པས་མཛད་པའི་སྐྱབས་སུ་འགྲོ་བའི་ཚུལ་ལས་བརྩམས་པའི་གཏམ་འདོད་དགུ་འཇོ་བའི་རིན་ཆེན་བུམ་བཟང་། དགེ་ལེགས་རྒྱ་མཚོས་མཛད་པའི་སྦྱོར་ཆོས་སྐལ་བཟང་མགྲིན་རྒྱན་གྱི་ཟབ་ཁྲིད་མན་ངག་བླ་མའི་ཞལ་ལུང་དགེ་ལེགས་ཆར་འབེབས། དཔལ་ལྡན་ཤེས་རབ་ཀྱིས་མཛད་པའི་བྱང་ཆུབ་ལྟུང་བཤགས་དང་སྤྱི་བཤགས་གཉིས་ཀྱི་ཟིན་བྲིས་ཐར་འདོད་སྙིང་

གི་དགའ་སྟོན། ཇོ་ཤེས་རབ་རྒྱ་མཚོས་མཛད་པའི་སྲིད་རྒྱུད་ལུགས་ཀྱི་བླ་མའི་རྣལ་འབྱོར་དགའ་ལྡན་ལྷ་བརྒྱ་མའི་དམིགས་རིམ་བརྗེད་བྱང་དུ་བཀོད་པ་ཟབ་ལམ་ནོར་བུའི་གན་མཛོད་སོགས་དང་སངས་རྒྱས་ཆོས་ཚོགས་མ་དང་དེའི་འགྲེལ་བ་སོགས་སོ།། ད་རུང་ངེས་པར་དུ་གསལ་པོར་སྟོན་དགོས་པ་ཞིག་ནི་ནང་པ་སངས་རྒྱས་པའི་མདོ་སྔགས་ཀྱི་ཉམས་ལེན་ཐམས་ཅད་སྐྱབས་འགྲོའི་ཁོངས་སུ་འདུ་བ་ཡིན་ཏེ། མདོ་ཕྱོགས་ཀྱི་ཉམས་ལེན་ཐམས་ཅད་འབྲས་བུ་སྐུ་གཉིས་ཐོབ་པའི་ཆེད་དུ་གཞན་རྒྱུད་ཀྱི་དཀོན་མཆོག་གསུམ་ལ་བརྟེན་ནས་རྒྱུ་ཕ་རོལ་དུ་ཕྱིན་པ་དྲུག་ལ་འཇུག་པ་ཤས་ཆེ་བས་རྒྱུ་སྐྱབས་ཀྱི་ཚུལ་དུ་སྐྱབས་སུ་འགྲོ་བ་དང་། སྔགས་ཕྱོགས་ཀྱི་ཉམས་ལེན་ཐམས་ཅད་ཐོབ་བྱའི་འབྲས་བུ་ལམ་བྱེད་ཀྱི་ཚུལ་དུ་འབྲས་དུས་ཀྱི་ཡོངས་དག་བཞི་དང་རྣམ་པ་མཐུན་པར་སྒོམ་པས་འབྲས་སྐྱབས་ཀྱི་ཚུལ་དུ་སྐྱབས་སུ་འགྲོ་བའི་ཁོངས་སུ་འདུ་བ་ཡིན་ཞེས་མཁས་པའི་གསུང་མཐུན་པ་ཡིན་ཞིང་། དེ་ཡང་མདོ་སྔགས་གཉིས་ཀྱི་གཞུང་གང་ལ་སྦྱངས་ཀྱང་སྐྱབས་འགྲོ་ཀློག་པ་དང་སྒོམ་པ་ལ་བྲལ་ཐབས་མེད་ཅིང་སྐྱབས་འགྲོ་ནི་ལམ་ཡིག་ཡིན་པ་དཔེར་ན་སྐྱབས་འགྲོའི་མཇུག་བསྡུ་དུས་ངེས་པར་དུ་བླ་མའི་ཚོགས་ཞིང་ལ་གསོལ་འདེབས་མཆོད་འབུལ་དངོས་བཤམས་དང་དམིགས་པའམ་ཤར་སྒོམ①དུ་རང་གི་མདུན་གྱི་ཐད་དྲང་གི་ནམ་མཁའི་གནས་སུ་སེང་གེ་ཆེན་པོ་བརྒྱད་ཀྱིས་བཏེགས་པའི་རིན་པོ་ཆེའི་ཁྲི་མཐོ་ཞིང་ཡངས་པའི་སྟེང་ཁར་སྣ་ཚོགས་པད་ཟླ་ཉི་མའི་དཀྱིལ་འཁོར་གྱི་གདན་ལ་ངོ་བོ་རང་གི་དྲིན་ཆེན་རྩ་བའི་བླ་མ་ཡིན་པ་ལ་རྣམ་པ་རྒྱལ་བ་ཤཱཀྱ་ཐུབ་པ་སྐུ་མདོག་གསེར་བཙོ་མ་ལྟ་བུ། ཞལ་

① 《སྔོན་འགྲོ་ཁྲིད་ཆེན་བཞིའི་》ཤོག་ངོས་༤༧ན་གསལ།(སྐུ་འབུམ་དགོན་པའི་དཔར་མ)

གཅིག་ཕྱག་གཉིས་གཡས་ས་གནོན་དང་གཡོན་མཉམ་བཞག་གི་སྟེང་ན་བདུད་རྩིས་གང་བའི་ལྷུང་བཟེད་བསྣམས་པ། སྐུ་ལ་ཆོས་གོས་ངུར་སྨྲིག་གི་མདོག་ཅན་གསུམ་མཛེས་པར་གསོལ་བ། མཚན་དཔེས་བརྒྱན་པའི་དྭངས་གསལ་འོད་ཀྱི་རང་བཞིན་ཅན། སྐུ་ལས་འཕྲོས་པའི་འོད་ཀྱི་ཕུང་པོའི་དབུས་ན་ཞབས་རྡོ་རྗེའི་སྐྱིལ་ཀྲུང་གིས་བཞུགས་པ། དེའི་མདུན་དུ་རང་གི་བཀའ་དྲིན་གསུམ་ལྡན་གྱི་རྩ་བའི་བླ་མ་དེ་ཉིད་ཤེས་རབ་རྒྱས་པའི་ཕྱིར་དུ་རྗེ་བཙུན་འཇམ་པའི་དབྱངས་ཀྱི་རྣམ་པ་ཅན་དང་། དད་གུས་བཅོས་མིན་སྐྱེ་བའི་ཕྱིར་དུ་ཞལ་མཛལ་དུས་ཀྱི་རྣམ་པ་ཅན། ཚེ་རྒྱས་པའི་ཕྱིར་ཚེ་དཔག་མེད་དང་། ནད་ཞི་བའི་ཕྱིར་སྨན་བླའི་རྣམ་པར་གསལ་གདབ་པ་སོགས་སྐབས་དང་སྦྱར་ལ། དེའི་མཐའ་སྐོར་དུ་ཆོས་འབྲེལ་དངོས་ཐོབ་ཀྱི་བླ་མ་རྣམས་གསལ་གདབ། དེ་དག་གི་མཐའ་སྐོར་དུ་རྒྱུད་སྡེ་བཞིས་བསྡུས་པའི་ཡི་དམ་དཀྱིལ་འཁོར་གྱི་ལྷ་ཚོགས། བསྐལ་བཟང་གི་སངས་རྒྱས་སྟོང་ལ་སོགས་པའི་སངས་རྒྱས། ཉེ་བའི་སྲས་ཆེན་བརྒྱད་ལ་སོགས་པའི་བྱང་སེམས། རང་རྒྱལ་བཅུ་གཉིས་ལ་སོགས་པའི་རང་རྒྱལ། གནས་བརྟན་བཅུ་དྲུག་ལ་སོགས་པའི་ཉན་ཐོས། ཡུལ་ཉེར་བཞི་སོགས་ན་བཞུགས་པའི་འཇིག་རྟེན་ལས་འདས་པའི་དཔའ་བོ་དང་མཁའ་འགྲོ། མྱུར་མཛད་ཡེ་ཤེས་ཀྱི་མགོན་པོ་སོགས་པའི་འཇིག་རྟེན་ལས་འདས་པའི་ཆོས་སྐྱོང་སྲུང་མའི་ཚོགས་ཀྱིས་བསྐོར་བ་དང་། དེ་དག་རང་རང་གི་མདུན་ན་གདན་ཁྲི་ཕུན་སུམ་ཚོགས་པ་ལ་རང་རང་གི་གསུངས་པའི་ལུང་གི་ཆོས་རྣམས་འོད་ཀྱི་རང་བཞིན་གྱི་པོ་ཏིའི་རྣམ་པར་གསལ་གདབ། རང་གི་མཐའ་སྐོར་དུ་ཚེ་འདིའི་ཕ་མ་ལ་སོགས་པའི་གཉེན། གདོན་བགེགས་ལ་སོགས་པའི་གནོད་བྱེད། ཐོག་མ་ནས་མར་གྱུར་པའི་སྡེ་བརྒྱད་རིགས་དྲུག་གིས་བསྡུས་པའི་སེམས་ཅན་

ཐམས་ཅད་འཁོར་བར་བསམ་ལ། ཡུལ་གསལ་བཏབ་པ་ལྟར་གྱི་སྐྱབས་འགྲོའི་རྒྱུ་དྲན་པ་བྱས་ནས་བླ་མ་ལ་སྐྱབས་སུ་མཆིའོ་ཞེས་བསྟུས་པ་གང་རིགས་མང་དུ་བརྗོད་པས་ཚོགས་ཞིང་སྤྱི་དང་བླ་མ་རྣམས་ཀྱི་སྐུ་ལས་བདུད་རྩིའི་རྒྱུན་བྱུང་། རང་གཞན་གྱི་ལུས་སེམས་ལ་ཞུགས་པས་སྡིག་སྒྲིབ་སྤྱི་དང་བླ་མ་ལ་བརྟེན་པའི་སྡིག་སྒྲིབ་ཐམས་ཅད་དག བླ་མ་རྣམས་ཀྱི་སྐྱབས་འོག་ཏུ་ཚུད་པར་བསམ། སངས་རྒྱས་ལ་སྐྱབས་སུ་མཆིའོ་ཞེས་མང་དུ་བརྗོད་པས། རྒྱུད་སྡེ་བཞི་དང་སངས་རྒྱས་སྟོང་ལ་སོགས་པའི་སྐུ་ལས་བདུད་རྩིའི་རྒྱུན་བབས། སྡིག་སྒྲིབ་ཐམས་ཅད་ཁྱད་པར་སངས་རྒྱས་ལ་བརྟེན་ནས་བསགས་པའི་སྡིག་སྒྲིབ་ཐམས་ཅད་དག སངས་རྒྱས་དཀོན་མཆོག་གི་སྐྱབས་འོག་ཏུ་ཚུད་པར་བསམ། ཆོས་ལ་སྐྱབས་སུ་མཆིའོ་ཞེས་མང་དུ་བརྗོད་པས། ཆོས་པོ་ཏི་རྣམས་ལས་བདུད་རྩིའི་རྒྱུན་བྱུང་། ཆོས་ལ་བརྟེན་པའི་སྡིག་སྒྲིབ་ཐམས་ཅད་དག ཆོས་དཀོན་མཆོག་གི་སྐྱབས་འོག་ཏུ་ཚུད་པར་བསམ། དགེ་འདུན་ལ་སྐྱབས་སུ་མཆིའོ་ཞེས་པའི་སྐབས་སུ་དཔའ་བོ་མཁའ་འགྲོ་ཉན་རང་ཆོས་སྲུང་རྣམས་ཀྱི་སྐུ་ལས་བདུད་རྩིའི་རྒྱུན་བྱུང་། དགེ་འདུན་ལ་བརྟེན་པའི་སྡིག་སྒྲིབ་ཐམས་ཅད་དག་ནས་དགེ་འདུན་དཀོན་མཆོག་གི་སྐྱབས་འོག་ཏུ་ཚུད་པར་བསམ།① དེ་ནས་ཚད་མེད་བཞི་སྒོམ་ནས་སྐྱབས་ཡུལ་རྣམས་འུབས་ཀྱིས་བསྟུས་ནས་རང་གི་སྙིང་མཚམས་སུ་བཞུགས་པ་དེ་རང་ལ་ཐིམ་པས་རང་སེམས་དང་དབྱེར་མེད་དུ་སོང་བར་མོས་པ་ནན་ཏན་བསྐྱེད་དེ་ཚོགས་ཞིང་བསྟུ་བའོ།། གོང་དུ་དྲངས་པའི་རྒྱུ་མཚན་དང་དཔེ་དག་གིས་སྐྱབས་འགྲོའི་ཁྱད་པར་གྱི་གོ་གནས་དང་ནུས་པ་མཐོང་ཐུབ་

① 《སྐྱབས་འགྲོའི་སྐོར་ཆོས་ལྟུང་བཤགས་བཅས་ཀྱི་འཁྲིད་ཡིག་》གི་ཤོག་ངོས་༡༨༡ན་གསལ། བསྟན་དར་ལྷ་རམས་པ་སོགས་ཀྱིས་མཛད།(སེར་གཙུག་དཔར་མ)

པར་བསམ་ལ། དེས་ན་བསྟན་པ་མཐའ་དག་གི་འཇུག་སྒོ་དང་གཞུང་ཤིང་དམ་པར་གྱུར་པ་བྱ་སླ་ལ་དོན་ཆེ་བའི་གདམས་པའི་སྙིང་པོ་སྐྱབས་འགྲོ་འདི་ལྷ་བུ་ལ་ཉམས་ལེན་གྱི་མཐིལ་དུ་བྱེད་པ་ནི་དལ་བའི་རྟེན་བཟང་དོན་ལྡན་དུ་སྒྲུབ་པའི་ཐབས་ཀྱི་ཡང་རྩེ་རྒྱལ་བ་སྲས་བཅས་ཀྱིས་བསྔགས་པའི་ཡུལ་དུ་གྱུར་བ་ཡིན་ནོ་ཞེས་མཁས་དབང་དཀོན་མཆོག་བསྟན་པའི་སྒྲོན་མེའི་གསུང་ལ། སྤྲུལ་སྐུ་བྲག་དཀར་བློ་བཟང་དཔལ་ལྡན་བསྟན་འཛིན་སྙན་གྲགས་ཀྱིས་གསང་སྔགས་ཀྱི་བཟླས་བརྗོད་དང་བསྐྱེད་རྫོགས་སོགས་ཆོས་མཐོ་མཐོ་མ་རྣམས་ལ་མཐོ་བསྙེགས་མི་བྱ་བར་དང་པོར་ཁང་པའི་རྨང་རྡོ་ལྷ་བུ་ཆོས་སྙིང་ནས་དྲན་ཏེ་སྐྱབས་འགྲོ་སེམས་བསྐྱེད་དང་བསགས་སྦྱོངས་ཀྱི་གནད་འདི་ཁོ་ན་ལ་འབད་པ་མཛོད་དང་རང་རྒྱུད་འདུལ་བ་ལ་ཤིན་ཏུ་ཉམས་ཚག་ཐན་པ་ཞིག་ཡིན་ནོ་ཞེས་གསུང་པའི་ཚིག་གིས་སྤྱི་བསྡོམས་ཙམ་བྱས་ན་ཏ་ཙང་འཚམ་པར་བསམ་མོ།།

ལྔ་པ། སྐྱབས་འགྲོའི་སེམས་བསྐྱེད་བཏང་སྙོམ་ལས་ཐོན་པའི་འདྲ་མཉམ་གྱི་བསམ་པ།

བོད་བརྒྱུད་ནང་བསྟན་གྱི་སྐྱབས་འགྲོའི་གཞུང་དང་ནང་དོན་གྱི་ཐད་གསོལ་འདེབས་དང་དམ་བཅའ། སེམས་བསྐྱེད་ཀྱིས་གོ་གནས་ཏ་ཙང་གལ་ཆེན་པོ་བཟུང་ཡོད་དེ། སྐྱབས་སེམས་ཀྱི་ཁྱིད་བསྡུས་སངས་རྒྱས་ཆོས་ཚོགས་མའི་འགྲེལ་པ་ལས། ཐར་པའི་ལམ་ཐམས་ཅད་ཀྱི་གཞི། སྡོམ་པ་ཐམས་ཅད་ཀྱི་རྟེན། ཡོན་ཏན་ཐམས་ཅད་ཀྱི་འབྱུང་གནས། ཕྱི་དང་ནང་པའི་ཁྱད་པར་འབྱེད་པ་དཀོན་མཆོག་གསུམ་ལ་སྐྱབས་སུ་འགྲོ་བ་ཡིན་ལ།

རྫོགས་པའི་སངས་རྒྱས་ཀྱི་གོ་འཕང་སྒྲུབ་པའི་གཞི་མ། སྲིད་ཞིའི་ལེགས་ཚོགས་ཐམས་ཅད་ཀྱི་འབྱུང་གནས་ནི་བྱང་ཆུབ་མཆོག་ཏུ་སེམས་བསྐྱེད་པ་ཡིན་ཞེས་གསུང་ཞིང་། སྤྱིར་སེམས་བསྐྱེད་ལ་ཀུན་རྫོབ་སེམས་བསྐྱེད་དང་དོན་དམ་སེམས་བསྐྱེད་གཉིས་ཡོད་ཅིང་། དེ་ནི་མདོ་སྔགས་ཀྱི་གཞུང་ཉམས་སུ་ལེན་པའི་ཐབས་དང་ནུས་པ་ཁྱད་དུ་འཕགས་པ་ཞིག་ཡིན་ཞིང་དཀོན་བརྩེགས་འཕགས་པ་བློ་གྲོས་མི་ཟད་པས་ཞུས་པའི་མདོ་ལས་སེམས་བསྐྱེད་བཅུ་ཡོད་པར་གསུང་སྟེ། རི་རབ་ཀྱི་ཚུལ་དུ་དགེ་བའི་རྩ་བ་ཐམས་ཅད་ཀྱིས་ཡང་དག་པར་འཕགས་པའི་སེམས་དང་པོ་སྐྱེ་སྟེ། དེ་ལ་རྒྱུ་ནི་སྦྱིན་པའི་ཕ་རོལ་ཏུ་ཕྱིན་པའོ།། སེམས་བསྐྱེད་གཉིས་པ་ནི་ཆོས་ཐམས་ཅད་ཀྱི་བྱ་བའི་གནས་ཀྱི་ཚུལ་གྱིས་ས་ལྟ་བུར་བལྟ་སྟེ། དེ་ལ་རྒྱུ་ནི་ཚུལ་ཁྲིམས་ཀྱི་ཕ་རོལ་ཏུ་ཕྱིན་པའོ།། སེམས་བསྐྱེད་གསུམ་པ་ནི་འཇིགས་པ་མེད་པ་དང་བག་ཚ་མེད་པ། སྐྲག་པ་མེད་པའི་ཚུལ་གྱིས་རི་དྭགས་ཀྱི་རྒྱལ་པོ་སེང་གེ་རལ་པ་ཅན་གྱི་རྩལ་ལྟ་བུར་བལྟ་སྟེ། དེ་ལ་རྒྱུ་ནི་བཟོད་པའི་ཕ་རོལ་ཏུ་ཕྱིན་པའོ།། སེམས་བསྐྱེད་བཞི་པ་ནི་ཕྱིར་མི་ལྡོག་པའི་ཚུལ་གྱིས་སྲིད་མེད་ཀྱི་བུའི་མཐུ་དང་སྟོབས་དང་ཤུགས་དང་བརྩོན་འགྲུས་དང་བརྟུལ་བ་ལྟ་བུར་བལྟ་སྟེ། དེ་ལ་རྒྱུ་ནི་བརྩོན་འགྲུས་ཀྱི་ཕ་རོལ་ཏུ་ཕྱིན་པའོ།། སེམས་བསྐྱེད་ལྔ་པ་ནི་བསོད་ནམས་ཀྱིས་ཚིག་མི་ཤེས་པའི་ཚུལ་གྱིས་དགེ་བ་སྣ་ཚོགས་ཀྱིས་ཡང་དག་པར་འཕགས་པ་ལྟ་བུར་བལྟ་སྟེ། དེ་ལ་རྒྱུ་ནི་བསམ་གཏན་གྱི་ཕ་རོལ་ཏུ་ཕྱིན་པའོ།། སེམས་བསྐྱེད་དྲུག་པ་ནི་མུན་པ་མུན་ནག་ཆེན་པོ་སེལ་བའི་ཚུལ་གྱིས་ཉི་མའི་དཀྱིལ་འཁོར་འོད་གསལ་བ་ལྟ་བུར་བལྟ་སྟེ། དེ་ལ་རྒྱུ་ནི་ཤེས་རབ་ཀྱི་ཕ་རོལ་ཏུ་ཕྱིན་པའོ།། སེམས་བསྐྱེད་པ་བདུན་པ་ནི་དེད་དཔོན་མཛད་ཆེན་པོ་ཕྱུག་པ་ལྟར་འཁོར་བའི་འབྲོག་དགོན་པ་ལས་སྒྲོལ་བའི་ཚུལ་

གྱིས་བསམ་པ་ཐམས་ཅད་ཡོངས་སུ་རྫོགས་པར་བྱེད་པས་ལེགས་པར་བརྒྱན་པར་བལྟ་སྟེ། དེ་ལ་རྒྱུ་ནི་ཐབས་མཁས་པའི་ཕ་རོལ་ཏུ་ཕྱིན་པའོ།། སེམས་བསྐྱེད་བརྒྱད་པ་ནི་ཟླ་བ་ཉ་བའི་དཀྱིལ་འཁོར་རྣམ་པར་དག་པའི་དཔེའི་ཚུལ་གྱིས་སྒྲུབ་པ་ཐམས་ཅད་རྣམ་པར་དག་པ་ཡོངས་སུ་རྫོགས་པར་བལྟ་སྟེ། དེ་ལ་རྒྱུ་ནི་སྨོན་ལམ་གྱི་ཕ་རོལ་ཏུ་ཕྱིན་པའོ།། སེམས་བསྐྱེད་དགུ་པ་ནི་སངས་རྒྱས་ཀྱི་ཞིང་ཡོངས་སུ་དག་པའི་སེམས་ཡོན་ཏན་གྱི་རྒྱན་བཀོད་པ་ཐམས་ཅད་ཀྱི་དཀྱིལ་འཁོར་གྱི་ཚུལ་གྱིས་བསམ་པ་ཡོངས་སུ་རྫོགས་པར་བྱེད་པར་བལྟ་སྟེ། དེ་ལ་རྒྱུ་ནི་སྟོབས་ཀྱི་ཕ་རོལ་ཏུ་ཕྱིན་པའོ།། སེམས་བསྐྱེད་པ་བཅུ་པ་ནི་ཡོན་ཏན་དང་ཡེ་ཤེས་དང་ཆོས་ཐམས་ཅད་ལ་དབང་བསྒྱུར་བར་དབང་བསྐུར་བ་ཐོབ་པས་འཁོར་ལོས་བསྒྱུར་བའི་མཆན་གྱི་དཔེའི་ཚུལ་གྱིས་ནམ་མཁའ་དང་མཚུངས་པར་བལྟ་སྟེ། དེ་ལ་རྒྱུ་ནི་ཡེ་ཤེས་ཀྱི་ཕ་རོལ་ཏུ་ཕྱིན་པའོ།།① དེ་ལས་སྐྱབས་འགྲོའི་ནང་དུ་སངས་རྒྱས་ཆོས་དང་ཚོགས་ཀྱི་མཆོག་རྣམས་ལ། བྱང་ཆུབ་བར་དུ་བདག་ནི་སྐྱབས་སུ་མཆིའོ། བདག་གིས་སྦྱིན་སོགས་བགྱིས་པ་འདི་དག་གིས། འགྲོ་ལ་ཕན་ཕྱིར་སངས་རྒྱས་འགྲུབ་པར་ཤོག་ཅེས་སེམས་བསྐྱེད་པ་ནས་ཚད་མེད་བཞིའི་སྐབས་སུ་སེམས་བསྐྱེད་ཀྱི་དམིགས་རྣམ་དེ་ཉིད་ཇེ་རྒྱས་སུ་གཏོང་བ་ཡིན་ཏེ། སེམས་ཅན་ཐམས་ཅད་བདེ་བ་བདེ་བའི་རྒྱུ་དང་ལྡན་པར་གྱུར་ཅིག སེམས་ཅན་ཐམས་ཅད་སྡུག་བསྔལ་དང་སྡུག་བསྔལ་གྱི་རྒྱུ་དང་བྲལ་བར་གྱུར་ཅིག སེམས་ཅན་ཐམས་ཅད་སྡུག་བསྔལ་མེད་པའི་བདེ་བ་དང་མི་འབྲལ་བར་གྱུར་ཅིག སེམས་ཅན་ཐམས་ཅད་ཉེ་རིང་གཉིས་དང་བྲལ་བའི་བཏང་སྙོམས་ལ་གནས་

① 《སྔོན་འགྲོ་ཁྲིད་ཆེན་བཞིའི་》ནང་དུ་གསལ། （སྐུ་འབུམ་དགོན་པའི་དཔར་མ）

པར་གྱུར་ཅིག་བྱ་བ་དེ་བྱམས་པ་ཚད་མེད་དང་སྙིང་རྗེ་ཚད་མེད། དགའ་བ་ཚད་མེད། བཏང་སྙོམས་ཚད་མེད་བཞི་རུ་བགར་ཞིང་དེ་རེ་རེ་ལའང་ནང་དོན་གསུམ་འདུས་པར་གསུངས་ཏེ། བྱམས་པ་ཚད་མེད་ལ་མི་རྟག་པ་དང་བདེན་མེད་གང་གིས་ཀྱང་ཁྱད་པར་དུ་མ་བྱས་པའི་སེམས་ཅན་ཐམས་ཅད་ལ་དམིགས་ནས་བདེ་བ་ཐམས་ཅད་དང་ལྡན་ན་སྙམ་པ་ནི་སེམས་ཅན་ཙམ་ལ་དམིགས་པའི་བྱམས་པ་དང་། མི་རྟག་པས་ཁྱད་པར་དུ་བྱས་པའི་སེམས་ཅན་ཐམས་ཅད་ལ་དམིགས་ནས་བདེ་བ་དང་ལྡན་ན་སྙམ་པ་ཆོས་ལ་དམིགས་པའི་བྱམས་པ། བདེན་མེད་ཀྱིས་ཁྱད་པར་དུ་བྱས་པའི་སེམས་ཅན་ཐམས་ཅད་ལ་དམིགས་ནས་བདེ་བ་དང་ལྡན་ན་སྙམ་པ་དམིགས་མེད་ལ་དམིགས་པའི་བྱམས་པའོ།། སྙིང་རྗེ་ཚད་མེད་ལ་མི་རྟག་པ་དང་བདེན་མེད་གང་གིས་ཀྱང་ཁྱད་པར་དུ་མ་བྱས་པའི་སེམས་ཅན་ཐམས་ཅད་སྡུག་བསྔལ་དང་བྲལ་བར་འདོད་པ་ནི་སེམས་ཅན་ཙམ་ལ་དམིགས་པའི་སྙིང་རྗེ། སྐད་ཅིག་རེ་རེར་འཇིག་པ་མི་རྟག་པས་ཁྱད་པར་དུ་བྱས་པའི་སེམས་ཅན་ལ་དམིགས་ནས་མི་རྟག་པར་རྟག་པར་འཛིན་པའི་སེམས་ཅན་རྣམས་སྙིང་རེ་རྗེ་སྙམ་པ་ཆོས་ལ་དམིགས་པའི་སྙིང་རྗེ། བདེན་པས་སྟོང་པའི་ཁྱད་པར་དུ་བྱས་པའི་སེམས་ཅན་ལ་དམིགས་ནས་བདེན་མེད་ལ་བདེན་པར་འཛིན་པའི་སེམས་ཅན་སྙིང་རེ་རྗེ་སྙམ་པ་ནི་དམིགས་མེད་ལ་དམིགས་པའི་སྙིང་རྗེའོ།། དགའ་བ་ཚད་མེད་ལ་སེམས་ཅན་ཐམས་ཅད་བདེ་བ་དམ་པ་དང་མི་འབྲལ་བར་གྱུར་ན་ཅི་མ་རུང་སྙམ་པ་ནི་འདུན་པ་ཚད་མེད། སེམས་ཅན་ཐམས་ཅད་སྡུག་བསྔལ་མེད་པའི་བདེ་བ་དམ་པ་དང་མི་འབྲལ་བར་གྱུར་ཅིག་སྙམ་པ་སྨོན་པ་ཚད་མེད། སེམས་ཅན་ཐམས་ཅད་བདེ་བ་དམ་པ་དང་མི་འབྲལ་བར་བདག་གིས་བྱའོ་སྙམ་པ་ནི་ལྷག་བསམ་ཚད་མེད་དོ།། བཏང་སྙོམས

ཚད་མེད་ལ་སེམས་ཅན་ཐམས་ཅད་བདེ་སྡུག་གི་རྒྱུ་ཉེ་རིང་གཉིས་དང་བྲལ་བའི་བཏང་སྙོམས་ལ་གནས་ན་ཅི་མ་རུང་སྙམ་པ་ནི་འདུན་པ་ཚད་མེད། སེམས་ཅན་ཐམས་ཅད་བདེ་སྡུག་གི་རྒྱུ་ཆགས་སྡང་གཉིས་དང་བྲལ་བའི་བཏང་སྙོམས་ལ་གནས་པར་གྱུར་ཅིག་སྙམ་པ་ནི་སྨོན་པ་ཚད་མེད། སེམས་ཅན་ཐམས་ཅད་བདེ་སྡུག་གི་རྒྱུ་ཉེ་རིང་ཆགས་སྡང་གཉིས་དང་བྲལ་བའི་བཏང་སྙོམས་ལ་གནས་པར་བདག་གིས་བྱའོ་སྙམ་པ་ནི་ལྷག་བསམ་ཚད་མེད་དོ།།① ཚད་མེད་བཞི་སེམས་བསྐྱེད་སྐབས་སེམས་ཅན་ཐམས་ཅད་ཀྱི་དོན་བྱའོ་སྙམ་པའི་དོན་ནི་སྡུག་བསྔལ་སེལ་བ་དང་བདེ་བ་སྒྲུབ་པ་གཉིས་ལས་མ་འདས་ཤིང་། སྡུག་བསྔལ་སེལ་བར་འདོད་པ་ལ་སྙིང་རྗེ། བདེ་བ་སྒྲུབ་པར་འདོད་པ་ལ་དགའ་བ། བདེ་བའང་ཟག་བཅས་ཀྱི་བདེ་བ་ཙམ་ལ་ཡིད་བརྟན་མེད་པ་མཐར་སྐྱུ་བའི་ཆོས་ཅན་ཡིན་པས་ཟག་མེད་ཀྱི་བདེ་དགའ་ནམ་ཡང་མི་ཉམས་པ་ཞིག་ལ་འགོད་པར་འདོད་པ་དགའ་བ། ཕྱོགས་རིས་ཅན་མ་ཡིན་པར་དགྲ་གཉེན་བར་མ་ཀུན་ལ་སྙོམས་པ་ཞིག་དགོས་པས་བཏང་སྙོམས་ཏེ་བཞིར་ཕྱེ་བ་ཡིན། ཚད་མེད་བཞིའི་ནང་གི་བཏང་སྙོམས་ཚད་མེད་དེ་མཉམ་པའི་སེམས་སམ་སེམས་སྙོམས་ནི་ཏ་ཅང་གལ་ཆེ་བས་སྔོན་བྱོན་མཁས་པ་རྣམས་ཀྱིས་དཔྱད་འགྲེལ་མང་པོ་གནང་ཡོད་པ་མ་ཟད། སྤྱི་གཞུག་གི་གོ་རིམ་སྒྲིག་ཚུལ་ལ་བཞེད་པ་མི་མཐུན་པའང་ཁ་ཤས་མཆིས་པར་སྣང་སྟེ། བསྟན་པའི་འཇུག་སྒོ་སྐྱབས་འགྲོའི་ཁྲིད་ཡིག་ཕན་བདེ་ལམ་བཟང་དུ་བཏང་སྙོམས་ནི་དཀོན་མཆོག་བརྩེགས་པའི་ཆོས་ཀྱི་རྣམ་གྲངས་བྱང་ཆུབ་སེམས་དཔའི་སྡེ་སྣོད་ལས་འབྱུང་བ་ལྟར་རྒྱ་ཆེ་བས་མཇུག་ཏུ

① 《ཆོས་རྣམ་ཀུན་བཏུས》ཀྱི་ཤོག་ངོས་༢༣༨༠ན་གསལ། ནོར་བྲང་ཨོ་རྒྱན་གྱིས་བསྒྲིགས། ཀྲུང་གོའི་བོད་རིག་པ་དཔེ་སྐྲུན་ཁང་གིས་པར་དུ་བསྐྲུན། ༢༠༠༨ལོའི་ཟླ་༨པར།

བཞག་པ་ཡིན་ཀྱང་། ཤེར་ཕྱིན་གྱི་མདོ་དང་མངོན་པར་རྟོགས་པའི་རྒྱན་ལས་རྣམ་རྫོགས་སྦྱོར་བའི་དྲོད་ཀྱི་སྐབས་སུ་མཉམ་པའི་སེམས་སོགས་བཅུ་གསུངས་པ་ལྟར་རྗེ་བོའི་མན་ངག་གིས་སེམས་སྙོམས་པ་སྔོན་དུ་འགྲོ་དགོས་པས། ངག་ཏུ་བརྗོད་སྐབས་ཀྱང་སེམས་ཅན་ཐམས་ཅད་ཉེ་རིང་ཆགས་སྡང་གཉིས་དང་བྲལ་བའི་བཏང་སྙོམས་ལ་གནས་པར་གྱུར་ཅིག་ཅེས་པ་སྔོན་དུ་བླངས་ནས་འདོན་པའི་ཕྱག་བཞེས་ཀྱང་ཡོད་པས་གང་མོས་བྱ།① ཞེས་གསུང་པའི་ཕྱིར། གང་ལྟར་ཀྱང་ཚད་མེད་བཞིའི་སྔོན་འགྲོ་དང་རྨང་གཞི་ནི་བཏང་སྙོམས་ཀྱི་བསམ་པ་ཡིན་པ་མཁས་པའི་བཞེད་ཚུལ་མཐུན་ཞིང་དེ་ནི་ནང་པ་སངས་རྒྱས་ཀྱི་རྩ་བའི་རིན་ཐང་དང་བླ་ན་མེད་པའི་ལྟ་བ་འདྲ་མཉམ་བསམ་པའི་འདུ་ཤེས་ཀྱི་རིག་པའི་གཞུང་ལུགས་དང་ལག་ལེན་མཛུབ་སྟོན་ཡིན། དེ་ཡང་ཉེ་རིང་དང་ཆགས་སྡང་མེད་པའམ་བྲལ་བའི་བཏང་སྙོམས་ཀྱི་སེམས་ཏེ། སེམས་ཅན་ཐམས་ཅད་འགྲོ་བ་རིགས་དྲུག་འདྲ་མཉམ་གྱི་འདུ་ཤེས་འབྱུང་བའི་རྨང་གཞི་ཡིན་པ་ནི་དང་པོ་འགྲོ་བ་རིགས་དྲུག་དེ་འཁོར་བའི་སྡུག་བསྔལ་གྱི་རྒྱ་མཚོར་གནས་ཡོད་པའི་ངོས་འཛིན་དགོས་པ་དང་། གཉིས་པ་དེ་རྣམས་ཐར་བའི་བདེ་བ་ལ་འདྲེན་པ་དཀོན་མཆོག་གསུམ་ཁོ་ནར་སྐྱབས་སུ་ཞུ་དགོས་པའི་དད་པ། གསུམ་པ་འགྲོ་བ་རིགས་དྲུག་ལ་གཏན་གྱི་བདེ་བ་བྱང་ཆུབ་མཆོག་གི་གོ་འཕང་ཐོབ་པར་དགྲ་དང་གཉེན། ཉེ་དང་རིང་གི་ཆགས་སྡང་དོར་ནས་འདྲ་མཉམ་གྱི་འདུ་ཤེས་ཆགས་དགོས་པ། འདུ་ཤེས་དེ་འབྱུང་བའི་ཁུངས་ནི་སེམས་ཅན་ཐམས་ཅད་རང་གི་མ་རུ་བརྩེ་བའམ་བཀུར་བའི་རིགས་པའི་གཞུང་ལུགས་ལ་ཐུག་པར་

① 《ཀློང་རྡོལ་གསུང་འབུམ་གླེགས་བུམ་དང་པོའི་》ཤོག་ངོས་༤༥༧ན་གསལ།（དགོན་སྡེའི་དཔར་མ）

འདོད་དེ། དལ་འབྱོར་གྱི་མི་ལུས་རིན་པོ་ཆེ་གནང་མཁན་ཕ་མ་ནི་ཧ་ཅང་བཀའ་དྲིན་ཆེ་བས་དྲིན་ལན་འཇལ་ཐབས་མེད་པ་ནང་བཞིན་འགྲོ་བ་རིགས་དྲུག་གི་སེམས་ཅན་ཀུན་ཚེ་རབས་སྔ་མ་རྣམས་སུ་ཕ་མ་མ་བྱས་པ་གཅིག་ཀྱང་མེད་པས་མ་རྒན་སེམས་ཅན་འདི་རྣམས་ཐོག་མ་མེད་པ་ནས་བདེ་བ་ཁོ་ན་འདོད་ཀྱང་དེའི་རྒྱུ་མ་བསྒྲུབས་པས་བདེ་བ་རྣལ་མ་གཅིག་དང་མ་ཕྲད་པར་འདུག ད་ལྟ་བདེ་བ་རྙོམ་པ་བག་རེ་ཡོད་ཀྱང་མྱུར་དུ་སྡུག་བསྔལ་དུ་འགྱུར་ནས་འགྲོ་བ་དང་། འདི་རྣམས་ཀྱིས་ཐོག་མ་མེད་པ་ནས་ཕན་ཚུན་དུ་འགའ་ཞིག་ལ་ཉེ་བར་བཟུང་། འགའ་ཞིག་ལ་རིང་བར་བཟུང་ནས་ཆགས་སྡང་གི་ལས་ངན་སྣ་ཚོགས་བསགས་པའི་དབང་གིས་སྲིད་འཁོར་བ་དང་ཁྱད་པར་དུ་ངན་འགྲོའི་སྡུག་བསྔལ་དཔག་མེད་མྱོང་བར་འདུག་པས་འདི་རྣམས་ཕན་ཚུན་ལ་ཉེ་རིང་དུ་བཟུང་སྟེ་ཆགས་སྡང་གི་སེམས་དང་བྲལ་ནས་བཏང་སྙོམས་ལ་གནས་པར་གྱུར་ཅིག བདག་གིས་ཀྱང་འདི་རྣམས་ལས་ཁ་ཅིག་ལ་ཉེ་བ་དང་ཁ་ཅིག་ལ་རིང་བར་བཟུང་ནས་ཆགས་སྡང་མི་བྱེད་པར་ཐམས་ཅད་ལ་སེམས་སྙོམས་པར་བྱའོ།། ཞེས་པའི་བསམ་བློའི་འབྱུང་ཁུངས་ཧ་ཅང་བརྟན་པའི་གཞུང་ལུགས་ཡོད་པ་དེ་བྱང་ཆུབ་ལྷུང་བཤགས་ཉམས་སུ་ལེན་ཚུལ་སྡིག་ལྷུང་མྱུན་སེལ་ལས་དང་པོ་རང་གི་མདུན་དུ་རྩ་བའི་མ་དང་རང་ལ་ཤིན་ཏུ་ཡིད་མི་འོང་བའི་དགྲ་ལྟ་བུ་གཉིས་གསལ་བཏབ་ནས་བསམ་ན་རང་གི་དེ་ལ་ཡིད་དགའ་ཞིང་། དགྲའམ་ཡིད་དུ་མི་འོང་བའི་སེམས་ཅན་དེ་ལ་ཙུང་མི་དགའ་བ་ཞིག་སྐྱེ་བ་ན། ག་རེ་བདག་གི་སེམས་ཅན་འདི་གཉིས་ལ་ཉེ་རིང་ཆགས་སྡང་བྱ་བ་འདི་དོན་མེད་དེ། དགྲ་འདི་ལྟ་བུ་རང་ཉིད་སྣང་བ་འཁྲུལ་པའི་དབང་གིས་དགྲ་ལྟ་བུ་ཞིག་སྣང་བ་ལས་དོན་ལ་ཚེ་སྔོན་རབས་རྣམས་སུ་དགྲ་འདིས་བདག་གི་མ་བྱས་པ་གྲངས་ཀྱི་མི་ཚད། མ་

ནམ་བྱས་དུས་སུ་ད་ལྟར་རང་གི་མ་འདིས་རང་ལ་དྲིན་ཆེན་པོ་བྱས་པ་ལྟར་དྲིན་གྱིས་བསྐྱངས་པའི་དྲིན་ཆེན་གྱི་མ་ཡིན་པར་ཐག་ཆོད། དེས་ལ་འདི་གཉིས་མ་ཡིན་ལུགས་འདྲ་བ་ལ་བདག་གི་ཉེ་རིང་ཆགས་སྡང་བྱ་བའི་དོན་མེད་སྙམ་དུ་སྒོམ། དེ་བཞིན་དུ་གཉེན་དང་སེམས་ཅན་དམྱལ་བ་པ་སོགས་ཐམས་ཅད་ཀྱང་ཕ་མ་གྲངས་མེད་བྱས་ཤིང་དྲིན་གྱིས་བསྐྱངས་པར་འདྲ་བས་སེམས་ཅན་རེ་རེ་ལ་སྡང་བ་དང་རེ་རེ་ལ་ཆགས་པ་བྱ་བའི་དོན་མེད་སྙམ་ནས་བཏང་སྙོམས་ཚད་མེད་ལ་རང་གནས་ཤིང་སེམས་ཅན་ཐམས་ཅད་ཀྱང་བཏང་སྙོམས་ཚད་མེད་ལ་གནས་པར་གྱུར་ཅིག་ཅེས་བཏང་སྙོམས་ཚད་མེད་བསྒོམ་པར་བྱའོ་①ཞེས་གསུངས་པ་བཞིན་ནོ།། དེ་བས་སྐྱབས་འགྲོའི་སེམས་བསྐྱེད་བཏང་སྙོམས་བསམ་པ་ནི་བོད་བརྒྱུད་ནང་བསྟན་གྱི་འདྲ་མཉམ་འདུ་ཤེས་ཀྱི་རིག་པའི་གཞུང་ལུགས་ཡིན་པ་དང་བོད་བརྒྱུད་ནང་བསྟན་ནི་བྱམས་སེམས། སྙིང་རྗེ། གཞན་ཕན། འདྲ་མཉམ་བཅས་ཀྱི་ནང་པ་སངས་རྒྱས་པའི་གཞུང་ཕུན་སུམ་ཚོགས་པ་ཞིག་ཡིན་པ་ལུང་དང་རིག་པ། ཉམས་ལེན་བཅས་ཀྱི་སྟེང་ནས་ར་སྤྲོད་བྱས་ཡོད་པར་འདོད་དོ།།

① 《སྐྱབས་འགྲོའི་སྦྱོར་ཆོས་ལྟུང་བཤགས་བཅས་ཀྱི་འཁྲིད་ཡིག་》གི་ཤོག་ངོས་༢༤༠ན་གསལ། བསྟན་དར་ལྷ་རམས་པ་སོགས་ཀྱིས་མཛད།(སེར་གཙུག་དཔར་མ)

从甘丹赤巴的选任看藏传佛教对佛教平等思想的弘扬

王维强

世界几大宗教教义中都有关于平等思想的内容。平等思想是宗教文明最重要的内容之一，在宗教发展史上起过至关重要的作用，对于人类社会的进步也产生了积极促进的作用。如基督教平等博爱的思想在历史上推动了人类平等化进程；佛教首戒“不杀生”敬畏生命之理念，就是主张世间万物平等，反对贪欲；道教“道生万物”说实质的主张即人与人、人与物的平等；基督教、伊斯兰教、犹太教从人的同源性来说明人类在权利上的平等，认为人们在生命价值上是平等的。这些理念对宣扬平等思想、推动人类社会的公平和正义，有其积极意义。

佛教最初即是以争取平等而出现在历史舞台上的，释迦牟尼开创佛教时的平等思想，是对当时印度社会现实中的不平等（如出身、种姓、性别）的折射和反抗。佛教经典中关于平等思想的阐释随处可见。《金刚般若波罗经》中说："诸法平等，无有高下，是名阿耨多罗三藐三菩提"；《大般涅槃经·狮子吼菩萨品》中说："一切众生皆有佛性，乃至一阐提等亦有佛性"；南宋时期汇编的佛教禅僧语录《古尊宿语录》中，宋代僧人清远所言"若论平等，无过佛法。惟佛法最平等"，是对佛教平等思想最直接、最简洁的评述，对我们认识、评价佛教平等思想极有助益。佛教平等思想，主要基于"众生平等""众生皆具佛性""种姓平等""男女平等""物我平等"的佛教平等观。众生平等，故众生皆有佛性；物我平等，则我心与万物了无差别；众生皆具佛性，因而人人都可能成佛。因此,佛教的平等观,不仅是佛教义理的基本内容,而且也是对佛教所行实践的现实性要求。

作为佛教重要流派的藏传佛教，一脉相承地继承了佛教的基本教义及其道德伦理，将佛教平等思想在青藏高原发扬光大。藏传佛教对佛陀思想的继承是全方位的，尤其是经宗喀巴整顿、改革后，最能体现"佛性平等""一切众生悉皆平等""一切众生皆有佛性"等平等思想的是藏传佛教格鲁派的学经制度，其对学经内容、学级和学程的规定，以及最终学位的授予与获得的所有规定，意味着所有众生都能凭借自身的修行达到与佛平等的地位，都可以通过其自身的努力而最终获得道德人格的完善，最终"即人而成佛"。本文以拥有藏传佛教格鲁派教主地位的甘丹赤巴的选任为例，说明藏传佛教对佛陀平等思想的继承和弘扬。

一

甘丹赤巴，系藏语དགའ་ལྡན་ཁྲི་པ།之译音，“甘丹”是位于拉萨东约60公里处的达孜县境内旺固尔山上之藏传佛教格鲁派首寺甘丹寺的简称，“赤巴”意为寺主或住持，故而“甘丹赤巴”即为“甘丹寺寺主（或住持）”。1409年藏历正月宗喀巴·洛桑扎巴（1357—1419年）在拉萨召集规模宏大的祈愿大法会并于当年建成甘丹寺（这两件大事被认为是藏传佛教格鲁派正式创立的标志）后，亲任该寺住持(赤巴),故而历史上有视甘丹赤巴为格鲁派教主之传统。1419年宗喀巴圆寂前,将自己的衣钵传给了大弟子贾曹杰·达玛仁钦，之后贾曹杰继承了宗喀巴的职位，成为第二任甘丹赤巴。贾曹杰在他1432年圆寂的前一年即1431年委任宗喀巴的另一个大弟子克珠杰·格勒白桑担任甘丹寺住持，为第三任甘丹赤巴。1438年克珠杰圆寂后，由宗喀巴另一个弟子夏鲁瓦·勒巴坚赞继任。一脉相承，甘丹寺一直以格鲁派中佛教学问最好的僧人担任赤巴,到1954年就任的赤钦·土登衮噶①时，甘丹赤巴已经是第九十六任了。

---

① 赤钦·土登衮噶（ཁྲི་ཆེན་ཐུབ་བསྟན་ཀུན་དགའ།），拉萨地区人，最早在色拉寺切扎仓出家，学完各部大论后进入下密院，先后任翁则喇嘛、堪布，甘丹寺强孜法王。1956年中国佛教协会西藏分会成立时任会长，1964年圆寂。之后，甘丹寺没有根据惯例在甘丹寺强孜法王（或夏孜法王）中选任继任者，至此甘丹赤巴法脉断续。据说，流亡在外的十四世达赖喇嘛及其“流亡政府”在印度建立了“三大寺”，而在其“甘丹寺”继续推举“甘丹赤巴”，目前已经逾一百任。

甘丹赤巴被视为宗喀巴衣钵的继承者，在格鲁派中有很高的地位：可以成为活佛，可以转世①，还有资格代替达赖喇嘛成为西藏地方政府“摄政”的候选人。甘丹赤巴在藏族社会中也享有很高的地位，受到极大的尊敬：人们布施供养甘丹赤巴，并认为这样做是在积“功德”；甘丹赤巴出行时有人开道，仪仗中有香炉、黄伞，在旧西藏除了达赖喇嘛、班禅额尔德尼和萨迦法王之外，只有甘丹赤巴享有这种待遇。不同于活佛转世，也不同于大贵族的世袭，甘丹赤巴的传承是一种比较特殊的形式，有别于其他寺院寺主的传承方式，主要体现在只重视佛学学识，而不重出身，通过层层考试、选拔，能成为甘丹赤巴者，均不愧为藏传佛教一代宗师。

关于甘丹赤巴的产生，恰白·次丹平措等先生说：

甘丹寺的法台是宗喀巴大师法位的继承者，因

① 据笔者粗略统计，自宗喀巴以后，从甘丹赤巴转世的活佛系统有26个（其中数任为同一活佛转世系统，如第六十一、七十三、八十七三任甘丹赤巴即同为策墨林活佛系统），在建立寺院、弘扬教法方面做出了重要的贡献。著名的由甘丹赤巴传出的活佛系统，到今天还耳熟能详的有热振活佛、达札活佛、策墨林活佛、贡塘仓活佛、经师林仁波且活佛、塔尔寺及拉卜楞寺的色赤活佛，以及阿里活佛、达擦活佛、德柱呼图克图、木里法王等。另外，有数任甘丹赤巴据称系藏族历史上著名人物的转世，如第二十九任甘丹赤巴西念扎巴据称为热琼巴之转世、三十五任甘丹赤巴衮乔曲培为班钦强巴林巴转世、六十八任甘丹赤巴洛桑格勒为喇嘛洛萨瓦之转世，甚至出生于墨竹拉罗一个牧民家的第二十七任甘丹赤巴桑杰仁钦是五髻文殊菩萨的转世，而第四十四任甘丹赤巴嘉那巴·洛周嘉措则被认为是宗喀巴大师的转世，等等。

> 此和其他寺院的法台职位不同，担任此职务需要具备特别的条件，不论是不是转世活佛，也不论出生地区和出身的寺院以及年龄大小、贵贱高低、声望大小等，担任甘丹赤巴的首要条件是要精通显密经论及讲经听法的知识。①

这段话将出任甘丹赤巴的基本条件说得非常清楚，不讲出身、财富与地位，唯学识是取。正如藏族谚语说：“小孩你若有学问，甘丹赤巴没有主” ཨ་ལོ་ཡོན་ཏན་ཡོད་ན། དགའ་ལྡན་ཁྲི་ལ་བདག་པོ་མེད།。② 话虽这么说，但真正要坐上甘丹赤巴法座必须要经过常人难以想象的努力和岁月的煎熬。成书于1698年的《黄琉璃》这样记载关于一个普通僧人甘丹赤巴升任的过程：

> 登上依怙法王金座的过程，与修法证果的十地的形式相同。首先要成为我等众人的教法之宝，即出家为僧，发愿努力学法，遵守教规，进入法苑中学习。然后广泛听闻各部大论，巡回辩经，达到合

① 恰白·次旦平措等著，陈庆英等译：《西藏通史·松石宝串》，西藏藏文古籍出版社，1996年，第541页。

② 还有两种说法与此大同小异：ཨ་མའི་བུ་ལ་ཡོན་ཏན་ཡོདཔ་ན། དགའ་ལྡན་གསེར་ཁྲིའ་བདག་པོ་མེད།：“阿妈（的）小孩有学问，甘丹金座没有主”；ཕོ་རང་གི་བྱས་ནས་འབྱོན་ན། དགའ་ལྡན་གསེར་ཁྲི་ལ་བདག་པོ་མེད།：“男子汉只要奋发努力，甘丹金座没有主”。历史文献中对此也有反映：第二十三任甘丹赤巴次丹嘉措（1520—1587）最初就是遵照母亲“刻苦学习，争取做甘丹赤巴”的教诲前往拉萨出家为僧，学习经典的［《东噶藏学大辞典》（藏文）第121页］。

格，然后进入观修，步入贤哲的行列。然后进入上下密院讲习密法，逐步升上甘丹赤巴的金座。[①]

这段文字虽然不长，但把成为甘丹赤巴的基本条件都明确地告诉了我们：发愿出家为僧[②]——遵守教规——学习显宗经论——达到一定程度及参加辩经，达到合格（考取格西）——进一步观修，成为贤哲——进入上密院或下密院学习密宗经续——出任甘丹赤巴。[③]

在长达600年的时间里，甘丹赤巴传承制度经历了师徒传承、选任程序惯例形成、甘丹赤巴制度最终确立等三个阶段。

1. 师徒传承阶段

从第一任至第九任甘丹赤巴洛桑尼玛，甘丹赤巴以师徒传承为主。这一阶段还没有强调甘丹赤巴出家寺院的背景和必须经过甘丹寺两个扎仓法王升补的程序，而是从宗喀巴的亲传弟子和再传弟子中选择佼佼者担任甘丹赤巴。如第二任

---

① 恰白·次旦平措等著，陈庆英等译：《西藏通史·松石宝串》，西藏藏文古籍出版社，1996年，第493页。

② 我们注意到一点，此处并未强调三大寺，只要求“发愿出家为僧”。

③ 有研究者说，“三大寺也是格鲁派的发祥地，故规定，唯有三大寺之僧才有资格登上甘丹赤巴这一佛学宝座。若有志出任甘丹赤巴，就必须入色拉、哲蚌、甘丹三大寺中任意一寺为僧，经过寺庙系统的佛学教育和艰苦的习修……就有机会升任甘丹赤巴。”（周润年、刘洪记：《中国藏族寺院教育》，甘肃教育出版社，1998年，第253—254页）如此说法并不准确，一方面文献里并没有这样的记载；另一方面，就实际情况来看，刚开始的几任甘丹赤巴如宗喀巴及“后藏文殊七人”等都不是三大寺僧人，后来的甘丹赤巴中也有不是出自三大寺的。

贾曹杰·达玛仁钦和第三任克珠杰·格勒贝桑均为宗喀巴的亲传弟子，因此，前三任常被合称为“师徒三尊”①。第四任至第九任则均为宗喀巴再传弟子中出类拔萃者：第四任夏鲁哇·勒巴坚赞原为夏鲁寺僧人，后跟随宗喀巴，在建甘丹寺后出任甘丹寺第一任“格贵”（དགེ་བསྐོས།），后又任过宗喀巴的“却本”②。第五任洛追曲迥，原为后藏却隆措巴寺僧人，精通时轮经，1450年应邀担任甘丹赤巴，至1463年结束，共在位13年。第六任帕索·曲吉坚赞为第二任甘丹赤巴克珠杰之弟，1463年出任甘丹赤巴，至1473年，在位11年，是为达擦济隆呼图克图一世。第七任洛追丹巴，原为后藏乃宁寺僧人，1473—1479年任甘丹赤巴，共计7年。第八任默兰贝，为扎什伦布寺僧人，出任过哲蚌寺第七任法台(赤巴)，1480年出任甘丹赤巴至1489年，在任10年。第二任至第八任甘丹赤巴均出生于后藏，故被后人称为“藏巴七传”（གཙང་པ་བདུན་བརྒྱུད།），也称“后藏文殊七人”（འཇམ་དབྱངས་གཙང་པ་བདུན་བརྒྱུད།）。第九任洛桑尼玛为宗喀巴之侄孙，曾出任过哲蚌寺第四任法台，于1490—1492年间出任甘丹赤巴，共在任3年。

以上各任除宗喀巴师徒三尊外，并无一人出自甘丹寺的夏孜和强孜扎仓，也不是都出自格鲁派三大寺。可以说一至

---

① 据有的学者解释，甘丹赤巴、夏孜法王和强孜法王就象征着宗喀巴和他的这两名弟子。参见柳陞祺：《拉萨三大寺的学制》，《中国藏学》2005年第4期。

② （མཆོད་དཔོན།）主管设坛和祭品的僧官。

九任甘丹赤巴的选择只注重佛学等的造诣，看是否出自宗喀巴一门、与宗喀巴有无师徒关系，或者是否是宗喀巴再传、与宗喀巴有无较近的关系，并没有形成按固定寺院及递升次序升补的规则。这与格鲁派初步形成，教派各种规章不健全有关，也与各寺均建成不久，寺庙的各种教育还未规范、佛学人才的造就培养还未达要求等有关。

2. 选任程序惯例形成阶段

从第十任甘丹赤巴开始，甘丹赤巴传承逐渐形成从甘丹寺两扎仓法王中升补的惯例。一般是在入寺按部就班学习显宗经论、通过立宗答辩获取“拉然巴”格西学位后，进入上密院或者下密院，通过数年密宗经典学习及修行，考取学位后，“取得立宗辩经第一、二等次之后出任密宗院格贵四个月，随之数年后遇缺被任命担任翁责喇嘛三年、任堪布三年，再经若干年的卸任堪布之后，年龄最大的卸任堪布若出自于下密院则任甘丹强孜法王，若出自上密院则出任甘丹夏孜法王；再十四年后出任甘丹赤巴。但是，如果自己前面的甘丹赤巴或者夏孜、强孜法王在任上圆寂，则无需等待前述那么长的年头。”① 文献所说的是一般惯例，但在第三十五任前，夏孜法王与强孜法王轮流升补甘丹赤巴的定制执行并不严格，谁的威信高，经协商后谁就可以升补。如第十、十

① 《甘丹寺和查叶尔巴志》和《东噶藏学大辞典》关于此事的叙述文字基本相同。见拉萨市政协文史资料编写委员会编：《甘丹寺和查叶巴寺志》（藏文），第49—50页；东噶·洛桑赤列：《东噶藏学大辞典》（藏文），中国藏学出版社，2002年，第589页。

一任均出自夏孜扎仓，第十二任出自强孜扎仓。夏孜法王和强孜法王则是从拉萨上下密院升补的，这一惯例开始于1522年以后，即第十四任甘丹赤巴在任期间，后来出任第十五任甘丹赤巴的班钦·索朗扎巴（1478—1554）当时正在上密院担任第四任堪布，其在上密院共任堪布14年（1511—1524），此后入甘丹寺夏孜扎仓任夏孜法王，于1529—1535年就任甘丹寺第十五任赤巴，共在位7年。① 第十六任甘丹赤巴由强孜扎仓法王加热·曲迥嘉措（1473—1539）升补，而曲迥嘉措系下密院第八任堪布。此后，便形成了夏孜法王从上密院升补、强孜法王从下密院升补的惯例。

3. 甘丹赤巴传承制度最终确立

甘丹赤巴选任程序尽管已经形成惯例，但在五世达赖喇嘛之前，尚未形成定制。

据《黄琉璃》和《东噶藏学大辞典》载：第三十六任甘丹赤巴丹增勒协（1632—1638在任）时，甘丹寺内部因为甘丹赤巴的任职人选产生了争执：

> （丹增勒协）7年甘丹赤巴之任后，工布人认为甘丹赤巴是任意而为没有确定之规，所以该法台是孜（北院）、夏（东院）共属之人，所以他们看到此后东院法台没有一定能继任的可能性，于是东

① 据有关资料记载，班钦·索朗扎巴还出任过色拉和哲蚌两寺的法台。

院的人以武力强行抢夺甘丹法台之位，法台本人逃遁到了康区边坝地区，在朱拉圆寂。①

事情发生在丹增勒协任职后期的1638年，为格鲁派五世达赖喇嘛（1617—1682）和四世班禅罗桑·却吉坚赞（1567—1662）时期。由于两扎仓的纠纷引起地方政府重视，因此最后由第悉藏巴汗丹迥旺波做出由两扎仓轮流担任并做出7年一任的年限规定：

此前只有北院、东院轮流升座但无年限的规定，此后由第司藏巴以文告确定法台任职年限，从而成为定规。②

此后甘丹颇章政权统治时期，将此规定完全保留下来并落实到文字上，而且还提高了甘丹赤巴的地位，并给予其更多的物资供应。③ 从此甘丹赤巴由甘丹寺夏孜扎仓和强孜扎仓轮流递升、每任任期为7年的规定成为定制。

在甘丹赤巴传承制度最终确立之前，有14任甘丹赤巴的任期超过7年。此后只有第六十二任和九十三任因特殊情

① 第司桑杰嘉措：《黄琉璃》（藏文），中国藏学出版社，1989年，第91页；东噶·洛桑赤列：《东噶藏学大辞典》（藏文），中国藏学出版社，2002年，第364页文字与此基本相同。

② 《黄琉璃》（藏文），第91页；《东噶藏学大辞典》（藏文）第364页；《甘丹寺和查叶巴寺志》（藏文）第50页。

③ 《甘丹寺及查叶巴寺志》（藏文）第50页。

况任期超过7年。第六十二任在任职期满卸任后，第六十三任上任仅6个月即圆寂，因应出任第六十四任的洛桑扎西外出，不能马上接任，六十二任又兼任了将近一年。第九十六任土登衮噶1954年出任甘丹赤巴，因1959年西藏上层反动分子发动了武装叛乱，不少寺庙参加了叛乱，甘丹寺也在其中，所以正常的制度被打乱，土登衮噶甘丹赤巴的任期一直任到1964年其圆寂，等于在职11年。除此二人之外，第三十六任之后所有的甘丹赤巴任职均在7年之内。

此后甘丹赤巴传承制度更加完善，形成由拉萨三大寺（甘丹、哲蚌、色拉）学经僧人在考取“拉然巴”格西后，再进入上密院或下密院修习密宗，取得密宗格西“阿让巴”（སྔགས་རམས་པ།）学位，逐级担任密院职务到堪布后，再等待升补甘丹寺夏、强两扎仓的法王，进而登上甘丹赤巴法座这样一个完整的程序，并一直延续至1959年。

总之，由于甘丹赤巴宗教地位崇高，所以对其传承相应提出了有别于其他寺院寺主传承方式的要求，主要体现在甘丹赤巴的选拔只重佛学学识，而不重出身。因此通过层层考测、选拔能登上甘丹赤巴宝座者，均不愧为名副其实的佛学宗师。

二

格鲁派寺院教育制度成型于第一任甘丹赤巴宗喀巴大师，以后对后期整个藏传佛教寺院教育产生了巨大影响，对藏区学风的形成产生了深远影响。其最初形成时，与宗喀巴博学进取、遍访名师、究学显密经典的治学精神密切相关，也直接来自于其改革藏传佛教时弊、严格戒律，规定寺院学习循序渐进、先显后密的伟大工程。宗喀巴之所以成为显密兼通的一代佛学大师，有其智慧聪睿的成分，更是其刻苦好学的结果。在家乡的寺院里打下了一定基础后，1373 年，17 岁的宗喀巴来到西藏，开始了刻苦求学的过程。他曾先后师从仁达瓦、衮噶贝、顿桑瓦、顿珠仁钦、洛色瓦等著名学者，反复多次学习《现观庄严论》《庄严经论》《宝性论》《辨法法性论》《辨中边论》等经典，以及《俱舍论》《入中论》等五部论典籍。数年当中，他从仁达瓦和衮桑贝等人系统学过三遍《现观庄严论》、三遍《俱舍论》、四遍《入中论》。“1380—1381 两年之间，他在前后藏若干寺院以《俱舍论》《集论》《释量论》《戒经》四论立宗答辩，这说明他对这几部有代表性的经论已经学习完毕，如果用后来格鲁派教学习制度去比拟，宗喀巴此时（25 岁）已达到‘格西’的地位。这几部书，各代表着显宗的一个发展阶段，宗喀巴学完并掌握了这几部书，标志着他对佛家哲学有了通盘的了解，有了扎实的基础，也标志着显教学习阶段的结束。”“1390—1392 年，他从布顿的两位弟子和一位再传弟子，详细、系统地学习了密宗的经典注疏，并从布顿之再传弟子衮桑瓦学各部密续之事相仪轨，因而这几年也是宗喀巴密法学习的完成阶段。”“自 1393 年（明洪武二十六年，宗喀巴 37 岁）至 1399 年（建文元年，宗喀巴 43 岁），这几年是宗喀巴的思想体系逐渐形成，同时开始他的宗教社会活动的一个阶段。”①

1400—1409年，宗喀巴开始系统地传播自己的宗教主张。他著书立说号召重视戒律，创立格鲁派的理论基础。宗喀巴对寺院制度进行了一系列的改革，成功地革除了戒行废弛、追逐世俗名利、学经修行没有次第等“不善行”，使寺院恢复了正常的宗教生活，戒律得以严守，佛法的修习重新走上正轨，从此藏传佛教又空前地活跃起来。② 由于有了深厚的佛学造诣，宗喀巴对藏传佛教的革新是成功的，新教派的创立也是顺利的。可以说，正是由于其一代宗师的学识造就了他如日中天的声望。宗喀巴本人对这一点也是清楚的，因此，在选择接班人时宗喀巴就十分注重这一点。按宗喀巴的要求，担任甘丹赤巴者必须是先在某大寺院，按先显后密的次序学完显宗五部大论，取得“拉让巴”（lha-rams-pa）格西学位，然后进上密院或下密院修习密法，取得密宗学位，而后升任密院格贵、喇嘛翁则、堪布、堪苏等职，以及甘丹寺夏孜或强孜法王之后才可成为甘丹赤巴的候选人。这一规定自宗喀巴开始逐渐成为一种制度在格鲁派中实行，成型后沿袭数百年基本没有大的变动，故而我们说其对格鲁派（甚至藏传佛教其他教派）寺院教育制度的影响是深远的。

① 王森：《宗喀巴传论》，为《西藏佛教发展史略》附录，中国藏学出版社，2002年，第286—288页。

② 法王周加巷著，郭和卿译：《至尊宗喀巴大师传》，青海人民出版社，1988年；王森：《宗喀巴传论》《宗喀巴年谱》，为《西藏佛教发展史略》附录，中国藏学出版社，2002年。

格鲁派寺院的学经制度不是一蹴而就，而是逐步形成、逐步规范的。但是，所有的甘丹赤巴，在最终成为具有格鲁派教主地位的甘丹赤巴之前，无不都是经过十数年，甚至数十年的发奋苦读，而最终才有所成的。我们再来看看其后任者们的学习情况：

宗喀巴的两位大弟子都是幼年出家，跟随诸多大德学习各种经论，在经过一段时间的学习及讲经说法的实践后，在宗喀巴大师的感召下成为大师弟子的。他们（及其以后的几任甘丹赤巴）的学习过程，还没有严格按照宗喀巴大师关于学经程序的规定进行，这是当时的实际情况。第二任甘丹赤巴贾曹杰·达玛仁钦于10岁时出家于乃宁寺。在成为宗喀巴大师弟子前，分别在上师班衮巴座前学习文字写读；在贤哲衮噶贝座前学习《量理论注疏》《量抉择论》等；在日囊巴·仁钦多杰座前学习《般若》；在娘堆郑玛喀瓦·顿珠仁钦座前学习《俱舍论》。此外，他还跟从洛钦·嘉却贝桑和襄巴·贡钦等许多善知识大德学习了许多显密经论。特别是他后来以仁达瓦·宣努洛追为上师听习了般若、因明、戒律、中观等显宗方面的经论以及密集等密宗方面的大部分经咒，精通了各个教派的教法。这为其以后成为宗喀巴得意大弟子和得力助手打下了坚实基础。第三任甘丹赤巴克珠杰·格勒白桑幼年出家，以堪钦·森格坚赞贝桑布任堪布、甲玛瓦·云丹俄任轨范师学习，随后又以仁达瓦为师学习因明七论、上下对法、慈氏五论、中观理聚五论及戒律等，不久就成为著名学者，年轻时即在讲、辩、著等方面享有盛誉。①

我们再来看看略后一些的甘丹赤巴，也就是说在格鲁派的寺院学经制度基本规范化以后，他们学习、苦读的情况：

第十四任甘丹赤巴仁钦威色（1453—1540）出家于哲蚌寺，在恭如·仁钦强秋座前出家，跟从这位上师学习《现观庄严论》《中观论》；跟随邓玛·益西桑布学习《释量论》《戒律论》《俱舍论》等，成为大智者；在下密院，依止密宗上师楚陈桑波学习《密集注》《生圆次第》《胜乐》《大威德》《时轮》等。

第十五任甘丹赤巴班钦·索南扎巴（1478—1554）在泽当曲德寺、亚桑寺学习《现观庄严论》《释量论》后开始游学辩经。藏历水牛年（1493）16岁时进入色拉寺学经，依止遍知顿月白桑为经师，在12年里听闻《因明》《中观》论著，以及宗喀巴大师所传所有显密经论；依止聂敦班觉伦珠等善知识听闻无数的显密经论。另外，又在泽当勒钦衮噶坚赞、吞巴·克尊云丹嘉措等座前闻习众多的噶当教法。藏历第九饶迥土龙年（1508）31岁时入上密院学经，依止堪钦曲丹洛周为上师学习《密集》《胜乐》《大威德》等密续经论，以及所有的《生圆次第导引》《窍诀轨范》等。

第二十五任甘丹赤巴杰康则巴·班觉嘉措（1526—1599），1533年8岁时在二世达赖喇嘛根敦嘉措座前受居士

① 恰白·次旦平措、诺章·吴坚、平措次仁著，陈庆英、格桑益西、何宗英、许德存译：《西藏通史·松石宝串》，西藏藏文古籍出版社，2004年，第546—551页。

戒，1540 年 15 岁时在觉摩隆桑普林下院法王拉旺班觉座前出家受沙弥戒，在林下院法王曲吉札巴座前学习因明学；依止时任哲蚌寺堪布的班钦·索朗札巴学习《戒律论》《俱舍论》，以及诸多的显密经论；依止哲蚌寺郭芒扎仓上师洛桑额旺学习《现观庄严论》；依止廓芒扎仓卸任上师卓尼·乔勒南杰学习《中论》《俱舍论》等，得以通达。铁狗年（1550）年 25 岁时取得哲蚌寺林赛格西称号，但并不自满，又前往扎什伦布寺，跟时任堪布的乃宁曲吉坚赞，3 年间再次学习《释量论》《中论》等。之后前往刚坚曲培、江孜白居寺，以及前藏地方，跟随班钦尼玛桑波、班钦桑波扎西、堪钦顿月坚赞、赤钦·德瓦坚巴格勒班桑、赤钦·格顿丹巴达基、赤钦·次丹嘉措等，学习诸多经论，同时也培养了一些学法弟子。

第五十任甘丹赤巴格敦平措（1648—1725）幼年即出家进入寺院。水虎年（1662）15 岁时来到前藏，进入哲蚌寺郭芒扎仓恰哲康村，学习五部大论并得以精通。利用闲暇，拜五世达赖喇嘛、赤钦·洛周嘉措、甘珠尔瓦·金巴嘉措、藏巴·阿旺金巴、嘉扬协白多杰阿旺尊珠等为师，听闻诸多法流传承。参加拉然巴格西辩经时，没有对手。进入下密院学经，熟练掌握密续仪规、仪轨实践、导引保护等，先后任下密院翁则喇嘛、堪布。①

从上面的叙述我们可以看出，所有甘丹赤巴的成长道路基本都是一样的：在某个寺院出家为僧，拜师学习以五部大论为主的经典，分阶段的游学辩经（期间其中一些人还担任某寺讲修导师或者其他职务），考取格西学位，进入密宗院(上密院或下密院)，担任翁则喇嘛、堪布，然后进入甘丹寺，担任夏孜或强孜法王，待有空缺时依次轮流担任甘丹赤巴。而且，藏文文献在记述历任甘丹赤巴生平事迹时，叙述的模式也已经基本模式化了，可知其学经过程已经制度化、规范化。一般来讲，从入寺为僧到升任甘丹赤巴，要经过如下阶段："学字（2年至3年）学经（《对扎》部3年至5年、《般若》部7年、《中观》部4年、《俱舍》部4年、《戒律》部4年)，计22年至24年。待考格西1年至20年，修习密宗通过密宗立论考试5年，担任格贵4个月，喇嘛翁则3年、堪布3年、堪苏（若干年)、夏孜或强孜法王（14年)。最少需50余年。"②

综观历史上甘丹赤巴的学经、弘法过程，以及选任制

① 资料来源：色拉下院堪布扎巴克珠：《掌持甘丹金座圣贤士夫历任甘丹赤巴传·珍贵宝链》（藏文)，拉萨木刻本；第司桑杰嘉措《黄琉璃》(藏文)，中国藏学出版社，1989年；东噶·洛桑赤列：《东噶藏学大辞典》(藏文)，中国藏学出版社，2002年。

② 周润年、刘洪记：《中国藏族寺院教育》，甘肃教育出版社，1998年，第272页。这里所说的是一般情况下大部分僧人按部就班地学经所需要的时间，但也有特殊情况，比如学僧本身就是活佛的，或者家庭条件较好的富家子弟，由于能够请到著名的老师，学习时间相应地就不一定要那么长，在实际担任甘丹赤巴者当中也有实例可证。

度，可以说能登上甘丹赤巴法座者都经过了几十年的显密修习，通过了无数次的考试辩论，的确是名不虚传的饱学之士，均不愧为格鲁派的宗师。在这种体制之下，数百年间，培养了一大批理论经典功底深厚、修行实践力强的高僧大德，而且减少了教派领袖人物继承上的竞争和矛盾。

这种体制激励格鲁派普通僧人发奋学习、刻苦修行，影响到整个藏族社会风气，促进了藏族社会发奋学习、努力上进学风的形成。这一无形的影响，从长远意义上讲，对藏族社会的影响是深远而巨大的。

三

甘丹赤巴选任制度是格鲁派学经制度的缩影，是宗喀巴整顿格鲁派，改革、完善格鲁派学经制度的成功范例。其成功，不仅体现在对藏族社会风气、学风的影响这一方面，还体现在通过这样的学经制度为藏族社会培养了一大批学识精湛、造诣深厚的文化精英，这些精英不仅在藏传佛教发展史上起过重要作用，而且在整个藏族发展史上发挥了一定的作用，做出了一定的贡献。在这一制度下选出的甘丹赤巴，同样也在藏传佛教发展史上发挥了作用，[①] 在藏族社会发展进程中留下了或浓或淡的痕迹。比如，除负责甘丹寺住持、格鲁派教主分内的事务外，在一些特殊历史时期担任西藏地方

① 关于这一点，笔者有专文论及，请参阅王维强：《甘丹赤巴在藏传佛教发展史上的地位与作用》，载《中国藏学》2006 年第 2 期。

政府摄政。① 而甘丹赤巴选任制度中“不论是不是转世活佛，也不论出生地区和出身寺院，以及年龄大小、贵贱高低、声望大小”的思想，以及藏族民间“甘丹赤巴的法座没有（固定的）主人，小孩只要有学问（就有可能坐上甘丹法座）”的谚语，是藏族民间对甘丹赤巴选任制度的理解，也是藏传佛教格鲁派对甘丹赤巴选任制度的理解。这种不问出身，只论学识，使所有人都有通过自身努力、凭借个人修为达到与佛平等、当上甘丹赤巴的可能的选任办法，就是对佛教“佛性平等”“一切众生悉皆平等”理念最到位的理解和最彻底的阐释和弘扬！

---

① 历史上出任西藏地方政府摄政的甘丹赤巴一共五任六人次，他们是：第六十一任甘丹赤巴阿旺次成（第一世策墨林活佛，1721—1791，第一次出任摄政时间为1778—1786，第二次为1790—1791）；第七十三任甘丹赤巴阿旺绛白次成（第二世策墨林活佛，1792—1862，1819—1844的25年间任摄政）；第七十六任甘丹赤巴钦饶旺秋（第一世德柱呼图克图，1865—1871年间任摄政）；第八十六任甘丹赤巴洛桑坚赞（1904—1910年间任摄政）；第八十七任甘丹赤巴阿旺洛桑丹巴坚赞（第三世策墨林活佛，1863—1920，1910—1913年间任摄政）。

藏传佛教平等思想与和谐寺庙建设

李德成

平等是人类社会的普世价值，其实质内容是要求特定团体或区域内的成员均应享有平等的政治地位和社会地位。在当代社会中，平等理念不仅是一种政治追求，也是一种道德追求，具有重要的现实意义。

平等思想也是世界三大宗教的基本教义内容，在世界范围内产生了重要影响。基督教主张自由、平等、博爱，提出"人人生而平等""上帝面前人人平等"的思想，获得举世瞩目。受其影响，18世纪末的法国大革命提出了自由、平等、博爱的政治主张，孙中山先生则创立了民主、民权、民生的三民主义思想。伊斯兰教主张爱人爱己、为善弃恶、中道团结、平等宽容，认为信徒不管种族、贫富、贵贱的差异都是安拉的子民，都具有平等的地位，提出"一切穆斯林皆平等，都是亲兄弟"的观点，对于发挥伊斯兰教的积极作用产生了重要影响。佛教更是推崇平等思想的宗教，其所提倡的"众生平等"等主张符合人类社会的整体利益，符合人类社会要求和谐的道德规范，深得世人赞赏。藏传佛教继承和弘扬了佛教的平等思想，倡导人人平等、众生平等、怨亲平等、和合共生等理念，不仅丰富了世界平等思想的理论宝库，而且对于构建社会主义和谐社会具有积极影响，同时，对于藏传佛教自身发展也具有十分重要的现实意义。

一、佛教的平等思想

平等思想是佛教世界观、人生观和价值观的重要内容。释迦牟尼创立佛教，在某种意义上是顺应了当时印度反对婆罗门教森严的等级观念的民意潮流。佛陀由“业感缘起”而识得“无我”，由“无我”进而得出“四姓平等”，再进而宣称“一切众生悉皆平等”，意谓宇宙本质皆同一体，一切法、一切众生本无差别，故称“平等”。

与其他宗教相比，佛教的平等思想所包含的范围更加广泛，是指一切现象均平齐等，无本性、本质，乃至高下、深浅的差别。佛教的平等思想不仅包含人类的“人人平等”，而且也包含一切有生命的有情的“众生平等”，进而强调佛、法、僧三宝，以及心、佛、众生三法，于本质上均无差别，意即佛、菩萨等以及人类与其他一切众生本质上都是平等的，诸佛诸法亦平等无别，“一切平等，清净如水”。

佛教所说的“众生平等”，即“一切众生悉皆平等”，是在诸法实相基础上说的平等，也就是在真谛意义上强调一切众生平等，众生皆有如来智慧德相，皆有佛性，都可成佛。这主要有两种含义：一是一切众生都有佛性，都可凭借自身的努力而成就佛果，即“佛性平等”；二是一切众生都有自己的生存权利和生存价值，可以理解为“权益平等”。

佛与众生平等，所强调的是佛与众生本质上的无别。这也是佛家所言“佛看众生都是佛”的道理所在。故《佛说大乘无量寿庄严清净平等觉经》言“于一切万物随意自在，为诸庶类作不请之友”，号召“于诸众生，视若自己，拯济负荷，皆度彼岸”。

佛教的平等思想还强调“诸佛平等”“诸法平等”。佛佛道同，则佛佛平等；法法不二，则法法平等。是故诸佛平等，无有大小；诸法平等，无有高低。

佛教上讲，佛陀经常勉励菩萨，要有平等心，平等力，平等大悲，平等大慧，然后由平等观，平等觉，平等三业（身、语、意）证入平等性智，平等法身。

佛教的平等思想不是一句空洞的口号，它不仅具有广泛的涵盖性，而且具有较强的系统性。其思想界限突破了世俗和其他宗教的“生而平等”“人人平等”等思想观念的狭隘性，强调了佛与众生、人与万物的平等本质，使自己的平等思想更具彻底性和说服力，对于建构更为合理的自然观、生态观等具有积极的启示意义。其理论学说见诸于基本教义，遵守于戒律规范，践行于学修始终，成就于正觉圆满，具有强烈的实践性和使命感，对于信徒的正信、正见、正行，以及对于社会的行为规范和价值取向均有导向作用。

二、藏传佛教平等思想的主要内容

藏传佛教继承并弘扬了佛教主张平等的这一优良传统，强调学修佛法、普度有情必须持守平等思想。平等思想也成为藏传佛教的根本思想之一。

1. 人人平等

佛教平等思想是针对当时印度现实社会中的出身、种姓、性别和宗教信仰的许多不平等的社会现实而提出的。当时社会等级森严，极不平等的“种姓制度”盛行。在四种姓中婆罗门、刹帝利为最高种姓，吠舍、首陀罗被认为是最低种姓。而佛教提出“四姓平等”，指出一切众生都可以通过去除无明，平等地享有解脱的机会。佛教的“业感缘起”理论指出不论什么“种姓”，他们都因“业感”而起，都不具有永恒不变的自性，他们在本质上是平等的。

佛教主张“佛性平等”思想。在佛教看来，佛与人不存在不可逾越的鸿沟，人人可以成佛，体现了人与人最高层次上的平等。基督教的“平等”是一神之下的“人人平等”，基督教尽管主张“上帝面前人人平等”的平等思想，但是，人类是上帝造的，人的尊严、地位和基本权利都是上帝所赐予的；人与上帝之间绝对没有平等可言，上帝是至高无上的，人是渺小的。正是有了这种不平等的认识，基督教的观念中，人永远不可能成为上帝。而佛教中的佛有的只是平等的大慈大悲之心，是觉悟人天的导师，绝无主宰众生之意。

藏传佛教继承和弘扬了佛教“人人平等”“佛性平等”的主张，并特别强调“佛性平等”。如宁玛派提出“心性本净，自性元成，大悲周遍”思想，亦即这个灵明空寂之心，佛与众生同具。其核心思想是“一切众生悉有佛性，一切众生皆能成佛”。故人人均有缘修菩提心，行菩萨道，获得正果，进入涅槃境界。由此衍生出藏传佛教的两种义理、众生都可能成佛；以平等无差别之心去关爱和保护一切众生。“佛性平等”的思想意味着每一个人都能凭借自身的学修而最终达到“即人而成佛”的目的，达到与佛平等的地位。作为一种内在诉求，“佛性平等”不仅表达和抒发了个人高远的理想和精神追求，而且体现了一种彻底的、终究的平等理念，这就为藏传佛教从根本上确立了人人平等的理论。

2. 众生平等

继承佛教传统，藏传佛教对平等思想的理解亦十分广泛，也强调众生平等不仅是不同个人、不同人群、不同人种的平等，而且超越人类的范围，是宇宙间一切生命的平等。藏传佛教所讲的众生有十类，称为六凡四圣。“六凡”即“饿鬼、地狱、畜生、阿修罗、人、天”；“四圣”即“声闻、缘觉、菩萨、佛”。所谓“声闻”即指听闻佛陀声教而证悟的出家弟子；所谓“缘觉”即指独自悟道的修行者。在此基础上，藏传佛教强调众生平等。例如，宗喀巴大师强调，发菩提心的次第、一修舍心——平等心。若无平等心，对于众生，偏爱一部分、放弃一部分，纵有慈悲心，也只能慈悲一类众生，故应先修生起平等遍缘无贪嗔的心。宗喀巴大师所辑《皈依发心仪轨》强调发心“愿诸有情远离爱恶亲疏住平等舍”①。即强调从皈依发心开始，就须坚定舍下对仇敌的怨恨，对亲友的贪爱，对一切人和事物的执著，对于曾经在轮回中作过我们父母的一切众生，生起没有分别、平等的慈悲心。

藏传佛教的众生平等思想也强调众生与佛平等的思想。众生与佛平等思想在人类宗教思想中是绝无仅有的，这是佛教平等思想与其他宗教平等思想的主要区别所在。根据佛教理论，众生与佛在本质上都具有真如佛性，所谓“真如”，佛教上虽涵义丰富，但可理解为真实如如平等。无名的众生并不灭其真如佛性，觉悟的佛也并不增加其真如佛性，故“闻一切众生，皆当做佛”。在《阿含经》中，佛陀自称“我今亦是人数”，意思是佛与众生本来都是平等不二的，差别只是在于能否灭除烦恼。能灭除烦恼的是佛，反之，是众生。佛的真正含义是觉悟了的众生，释迦牟尼不是创造世界的神，而是一个觉悟了的众生，在佛教中人不是被神主宰的，同理人也不是万物的主宰，人也没有被赋予役使万物、征服自然的权利。佛教中没有救世主，佛不是人类的救世主，而是人天的导师，只教给人们脱离痛苦的方法。故藏传佛教亦强调以信为本，以戒为师，尊重知识，平等慈悲，深刻反映了众生平等的本质。

---

① 《皈依发心仪轨》，《藏汉蒙佛教日诵》，民族出版社，2000年，第7页。

藏传佛教众生平等思想还强调视众生如父母的思想。宗喀巴大师言教："对于曾经成为慈母的一切众生，应当产生坚定不移的知母念头。"藏传佛教是重视大慈大悲核心精神的教法，认为慈悲心产生的思想根源是自他平等、互换和"因果七诀"。自他平等和互换强调的是众生平等的理念。按照藏传佛教的自他平等和互换原则，要求信徒必须消弭"爱我执"，树立"爱他心"，不仅要以慈悲心、平等心平等对待众生、施爱予众生，而且主张自轻他重、爱他胜己。所谓"因果七诀"，也称"菩提心因果七诀之法"，指修行慈悲心和菩提心的七种方法，即知母、念恩、报恩、慈心、悲心、增上意乐和发菩提心。所谓"知母"，即懂得父母的恩德。强调知母，更要念恩、报恩。不仅强调知母报恩，而且强调视众生如父母，将众生平等思想演绎到了更高境界。例如，宗喀巴大师强调在修平等舍心时要作视众生如父母观，言教"无量轮回中父母即是众生；现在活我之父母即是众生；使我了知解脱之父母即是众生；作悲田使我成佛之父母即是众生"①。从不同层面强调了视众生如父母思想的重要性。

3. 怨亲平等

在佛教中，所谓"怨亲平等"，即对怨敌和亲人一视同仁，无有厚此薄彼的分别。相传佛陀住在罗阅只耆阇崛山中时，亲手解除了曾一直怀恨并欲伤害自己的比丘提婆达多因

① 《宗喀巴大师显密修行次第科颂》，《能海法师全集》第1册《戒定慧基本三学》，上海佛学书局，2005年，第33页。

服药过量的疼痛，并向弟子阿难等讲示怨亲平等思想，此事成为佛教主张怨亲平等思想的典范。藏传佛教重视并弘扬怨亲平等思想。例如，宗喀巴大师在《菩提道次第广论》中强调，对待诸有情不能有亲近远疏之分。言教“就有情者，谓念一切欣乐厌苦皆悉同故，缘于一类执为亲近而兴饶益，于他一类计为疏远，或作损恼或不饶益，不应道理”①。宗喀巴大师还强调在修平等舍心时要作怨亲平等观，言教“昔日之仇怨，闻名生憎怖，后复为良友，无彼反不乐；顺我者曰亲，逆我即为仇，或从无我观，或以仇为友”②，说明了仇敌可化为良友的道理，指出了克服“顺亲逆仇”不平等观的途径，揭示了藏传佛教怨亲平等思想的真谛。诚然，佛教的怨亲平等思想具有理想主义的色彩，但在理性和重视是非原则的前提下，对于现实社会追求公平、正义，尤其是反对“顺我者昌逆我者亡”等思想行为还是具有一定助益的。

4. 和合共生

佛教平等思想的最高境界就是“平等无别”“相互依存”“互即互入”“圆融互摄”的高超之境，深刻反映出现实世界是一个互相依存、彼此圆融、互不可缺的有机整体，世界万物是和合共生的。因此，佛教才主张“无缘大慈，同体大悲”。

---

① 宗喀巴大师著，法尊法师译：《菩提道次第广论》，载《宗喀巴大师集》第1卷，民族出版社，2001年，第224—225页。

② 《宗喀巴大师显密修行次第科颂》，《能海法师全集》第1册《戒定慧基本三学》，上海佛学书局，2005年，第33页。

和合精神是佛教信仰学修体系的内在要求，佛陀明确指出，无论是社会生活，还是佛教修行，其理想目标都应该是一种和谐的境界。《大般涅槃经》上记载，佛陀曾言教："汝等当知，有七种法，日就增进，而不减损：一者，欢悦和同，无相违逆；二者，共相晓悟，讲论善业；三者，护持禁戒，及持礼仪；四者，恭敬父母，及余尊长；五者，亲戚和睦，各相承顺；六者，国内支提，修理共养；七者，奉持佛法，亲敬比丘及比丘尼，爱护优婆塞及优婆夷。如是七法，若受行者，令人威德日就增进，国土炽盛，人民丰乐。汝等从今至尽形寿，当奉持之，无得懈怠。"佛陀言教的核心在于，众生若践行"欢悦和同"等七种行为准则，就能够"国土炽盛，人民丰乐"。因此，对佛教而言，和合精神、和谐理念的践行，对社会生活和修行实践都具有至关重要的作用。

佛教历来强调僧团和合思想，其中"六和敬"原则最具代表性。从释迦牟尼佛在鹿野苑引度阿若峤陈如等五比丘始，僧团聚众同修者愈来愈多，便有常随众一千二百五十人，形成僧团。众僧来历不同，经历不同，修为并非一致，岂能随时随地不犯过错。佛陀遂告诫规训僧团大众，集体修行生活，必须做到"身和同住、口和无诤、意和同悦、戒和同修、见和同解、利和同均"的"六和敬守则"。所谓"和"，就是"外同他善"；而所谓"敬"，则是"内自谦卑"。当初佛陀成立僧团，标举六和敬，以思想、法制、经济、语言、身行、心意为民主平等的原则，树立了佛法的平等风范。

藏传佛教崇尚和合共生思想。藏族地区，在寺院、民居等各种建筑上、建筑内经常可见“和合四喜图”。该图又称“和睦四瑞图”“善友本生图”，也有“和气四兄弟”“和气生财”之称，是藏传佛教传统的吉祥图案的一种。图中主要描绘的是，在一棵大树面前，大象让猴子爬到自己的背上，猴子又让小白兔站到自己的肩上，白兔又托起了白松鸡，显示出一幅祥和安乐的景象。在藏传佛教界，有人也把此故事作为持戒的象征，认为白松鸡倡议戒杀、戒偷、戒诳语、戒酒等，从此它们均持五戒，森林中的其他食肉动物也接受了五戒，共同生活在安全、幸福的世外桃源。但此图的核心是反映有情众生的平等相待与和睦共处，深刻反映了佛教的和合精神与和谐思想。

三、藏传佛教平等思想的当代价值

藏传佛教的平等思想有着丰富的内涵，并表现出不同的层面，不仅有助于确立尊重生命的伦理观，而且有利于确立生态和谐的自然观，尤其是对于调整人际关系、构建和谐社会等方面都具有一定的积极作用。

1. 有助于塑造互尊互爱的道德风尚

当前，培育和践行社会主义道德观，需要依托历史、立足现实，尊重过去、面向未来，通过挖掘整理和科学扬弃，使藏传佛教传统价值观的精神血脉得以延续和光大。因此，需要在对藏传佛教平等思想传统核心价值观的内涵进行深入解读的基础上，立足当代语境对其进行新的阐释，赋予其新的时代内涵，为构建社会主义道德观提供思想资源。宗教信仰具有一种积极的社会功能，即以道德戒律等形式使自己的信徒在宗教教义、社会规范允许的范围内从事活动，能够使自己的信徒自觉地约束自己的言行举止，进而起到社会的行为规范和价值导向作用。由于突出人人平等、众生平等，强调众生皆为父母、众人皆有佛性，倡导爱人利他、和睦相处，故藏传佛教的平等思想有助于推动社会形成相互尊敬、相互爱护的和谐氛围，塑造良好的道德风尚。

2. 有益于统筹协调社会利益关系

随着改革开放的深入，我国社会的利益格局也发生了很大变化，不同社会阶层、不同利益群体之间，不可避免地存在着利益纠纷和利益矛盾，这在很大程度上影响了我国和谐社会的建设。因此，平衡各社会群体的利益是保证经济持续发展、保障社会安定的关键所在。利益关系均衡，社会成员之间的利益矛盾与冲突就趋于减少，人们的心理就变得平和，人与人之间的关系就会融洽和睦，整个社会也就能实现平安与稳定。所以，利益协调在和谐社会建设中处于核心地位，起着关键性作用。只有统筹协调各方面的利益关系，对不同阶层、不同群体的合法利益一视同仁地予以尊重、保护，让全体人民在改革发展中都得到实实在在的好处，才能最广泛、最充分地动员和组织广大人民群众共同建设和谐社会。

藏传佛教的平等思想，强调对一切有情众生都应怀有温暖、善良的心，视有情众生同自己一样重要，对自己的爱也要同样施予一切有情众生；强调当自己遇到烦恼痛苦的时候，要想到众生也在遭受烦恼痛苦，故替众生承担烦恼痛苦，而将自己的福德施予众生。正像中国传统文化所倡导的“老吾老以及人之老，幼吾幼以及人之幼”那样，反映的是平等待人、平等施爱。同时，无我利他的平等理念，反映出了舍弃“小我”成就“大我”的高尚境界，与中国传统文化所倡导的“先天下之忧而忧，后天下之乐而乐”的伟大情怀不谋而合。平等施爱、舍“小我”顾“大我”，对于化解利益纷争、协调利益矛盾是具有一定积极意义的。

3. 有利于营造和谐社会氛围

按照藏传佛教的平等思想，信徒不仅要以慈悲心、平等心平等对待众生、施爱予众生，而且主张自轻他重、爱他胜己。如果宗教界和信众都持守如一，则教法清净，僧团和合，推动宗教和睦、社会和谐。如果大家都以这样的心境对待他人，那么社会将会充满友爱，消弭敌对情绪，消弭极端和暴力行为，抑制弱肉强食，实现童叟无欺，推动社会的公平正义、诚信友爱，促进社会的和谐。

四、藏传佛教平等思想在和谐寺庙创建活动中的作用

“佛教相信，当我们在各自的心田里播下平等的种子，

我们就会收获平等的果实；当我们心中获得平等的观念，我们就会慢慢用行动改变我们身边的环境，渐渐地我们也会慢慢地改变整个世界。”① 倡导和践行平等思想，功在当下，利在千秋。习近平总书记强调，“治国必治边，治边先稳藏”。为贯彻落实总书记的这一治国策略，西藏有关部门提出了“治藏先治寺、稳藏先稳僧”的工作思路，这一思路符合藏区实际，具有重要的现实意义。“千里之行始于足下。”藏传佛教界当下首先需要做好的是僧团内部的建设，“用行动改变我们身边的环境”，首先改变的环境应该是自己生活学修的寺庙，这也符合“治藏先治寺”的原则。因此，如何以平等思想创建和谐寺庙是摆在藏传佛教界面前的重要课题。

2012 年 6 月 6 日，中国佛教协会藏传佛教工作委员会向藏传佛教界广大僧尼发出《护国利民共创和谐——藏传佛教和谐寺庙创建活动倡议书》。

倡议书指出，“藏传佛教素有护国利民、慈济众生的优良传统。前辈高僧大德‘弘扬佛法度众生，无私奉献为祖国’，萨迦班智达、宗喀巴大师、五世热振活佛、十世班禅大师等堪称楷模。藏传佛教以崇尚和谐，维护和平，庄严国土，利乐有情享誉世间。作为生活在当代社会主义制度下的藏传佛教僧尼，我们既是佛门弟子，也是国家公民，理当护国利民，一心持戒，潜心修行，弘扬佛法，服务信众。”

---

① 唐忠毛:《佛教平等思想的现代意义》,载《和谐世界从心开始》(首届世界佛教论坛文集·征文获奖卷),宗教文化出版社,2006 年,第 123 页。

“在此，我们倡议，在西藏、青海、四川、甘肃、云南五省（区）藏传佛教寺庙开展和谐寺庙创建活动，希望广大僧尼积极参与，继承和弘扬藏传佛教爱国爱教的光荣传统，发挥藏传佛教在构建和谐社会中的积极作用，让藏传佛教成为护国护法、利乐众生的精神净土。”

倡议书号召广大僧尼，“做护国利民的传导人”，“自觉维护祖国统一，维护民族团结，维护社会和谐稳定，反对一切分裂言行和活动”；“遵守国家法律”，强调“只有遵守国家法律，依法从事宗教活动，才能保障藏传佛教健康发展”；“秉持教规戒律”，强调“作为藏传佛教僧团，护持释迦牟尼的教法，以教规戒律为基础，潜心精进闻、思、修，通达戒、定、慧三学圆满，方能维护、延续藏传佛教的生命和传承。倡议藏传佛教各寺院成为‘依律摄僧’，‘团体和合’，‘梵行久住’的清净道场，僧尼成为‘身要做好事，口要说好话，心要存善念’的身、语、意三圆满，‘学处遍学’，‘戒律清净’，‘行解相应’的佛陀具足弟子”；“服务社会和信众”，“身为佛门弟子和佛法行者，要弘扬慈悲济世精神，教化信众少贪嗔，离妒慢，净化心灵，知恩报恩，排除谣言，造福信众和社会。”①

随后，西藏和其他四省藏区佛教协会亦纷纷发出倡议，积极响应中国佛教协会藏传佛教工作委员会的倡议，号召广

① 中国佛教协会藏传佛教工作委员会：《护国利民共创和谐——藏传佛教和谐寺庙创建活动倡议书》，中国佛教协会藏传佛教工作委员会保存资料。

大藏传佛教寺院和僧尼积极行动起来，认真开展和谐寺庙创建活动。

从倡议书的要求来看，和谐寺庙创建活动的宗旨在于“让藏传佛教成为护国护法、利乐众生的精神净土”，使“藏传佛教各寺院成为‘依律摄僧’，‘团体和合’，‘梵行久住’的清净道场”，让僧尼成为身、语、意三圆满，有学识，守戒律，能够践行佛法真理，能够服务社会和信众的佛门弟子。其最终目标应为对内实现僧团和合，对外服务和谐社会建设。僧团和合离不开平等，因此，藏传佛教的平等思想在和谐寺庙创建活动中具有不可忽视的重要作用。

针对当前藏传佛教的实际，发挥平等思想在和谐寺庙创建活动中的作用，需要认真思考以下几个方面的问题。

1. 以平等促纯洁

众所周知，历史上，藏传佛教经历了“政教合一”制度。民主改革前，西藏社会仍然处于“政教合一”的上层僧侣和贵族联合专政的封建农奴制度统治之下，寺院与寺院中的上层僧侣构成了西藏的三大领主之一。作为三大领主之一的寺院上层僧侣即宗教封建领主集团，在封建农奴制社会中享有很多政治特权，他们不但通过“政教合一”的政治体制握有西藏政教大权，而且控制着法律、法庭、监狱和地方军队等。此外，寺院领主集团还有许多其他政治特权，如上层僧侣可以参加乃至左右西藏“代表大会”的决策活动；对寺院所属庄园、牧场可以直接委派各级官员，管理当地的行政事务；对所属分寺可以直接委派堪布、强佐，管理寺院的政教事务。至于寺院内部的一切权力，则完全掌握在上层僧侣的手中，所有内部事务均可由其自行处理。和平解放前，西藏的寺院领主集团不但拥有很多政治特权，而且占有大量的土地、牧场和农牧奴，对广大的农奴和奴隶进行残酷剥削，成为三大领主中的最大领主。

1959 年 3 月，在亲帝分裂势力的蛊惑下，以十四世达赖喇嘛为首的西藏地方政府和上层反动集团发动全面叛乱。叛乱平息后，西藏和其他藏区进行了包括宗教制度在内的民主改革，废除了“政教合一”的政治制度，废除了寺院的封建特权和压迫剥削制度，实行政教分离，宗教与政府的行政分离，宗教不得干涉国家行政事务。宗教必须遵守国家的法律法规，不得干涉司法和政府的教育、人事、民事等行政权力。住寺僧尼是国家公民，享有公民的权利，同时必须履行公民的义务，必须遵守政府的政策、法令，不得利用宗教干涉政治、妨碍生产建设等。实行寺庙民主管理，使宗教成为教徒自办的事业。这项改革完全符合藏族社会的发展需要，符合宗教本身的发展规律，也符合广大信教群众的根本利益，受到了广大僧俗人民的衷心拥护。

但社会的变革并不是人为改变即能奏效的，由于历史的惯性作用，“政教合一”的历史遗毒还没有彻底肃清。因此，藏传佛教的政治化倾向依然存在，有些寺庙和僧尼仍然迷恋过去的封建特权，向往恢复“政教合一”时的“宗教特权”。对失去的旧特权的怀念和对可能拥有的新特权的向往，使“政教合一”寺院集团的残余势力和深受其影响的新生代僧侣一旦遇到合适的机会或受到某些有影响的宗教上层人士的鼓动，就会萌发复辟的企图，甚至诉诸行动。如2008年的“3·14”事件，近几年发生在藏族聚居区的僧人自焚事件等都充分说明了这一点。同时“政教合一”制度下藏传佛教存在的特权思想和特权意识也很难在短期内消除。“政教合一”制度的遗毒不仅影响着藏传佛教正常秩序的建设，而且影响着藏传佛教清净纯洁的本来面貌。

2010年4月，在藏传佛教界开始进行教义阐释活动时，现任中国佛教协会副会长、甘肃省佛教协会会长、中国藏语系高级佛学院院长的嘉木样·洛桑久美·图丹却吉尼玛活佛提出了教义阐释工作的两个切入点：一是从揭批“政教合一”制度、巩固和发展民主改革伟大成果入手，在思想认识上正本清源；二是从藏传佛教各教派共同遵循的《戒律论》入手，对佛教戒律作出符合社会发展和文明进步要求的新阐释。说明藏传佛教界已清醒地认识到了“政教合一”制度遗毒对藏传佛教的危害。

嘉木样活佛还提出了藏传佛教界应树立“四个意识”的主张。2004年9月1日，他在《在中国藏语系高级佛学院首届高级学衔班、首届学衔班和本届活佛大专班开学典礼上的讲话》中要求学员们树立平等意识、公民意识、法律意识、奉献意识。[1] 2007年9月12日，他在《在甘南州第六次佛教代表会议上的讲话》中进一步强调，“我们藏传佛教

① 中国藏语系高级佛学院保存资料。

界人士应当进一步树立平等意识、公民意识、法律意识和奉献意识，为祖国、为人民多做贡献”①。

树立平等意识，实际上是对消除藏传佛教“政教合一”制度所遗留的不平等思想而提出的针对性措施，具有深远的历史意义和重要的现实意义，尤其是对和谐寺庙创建活动也无疑具有指导意义。因此，有必要在寺庙和僧尼中通过宣讲教义和持守戒律等途径大张旗鼓地贯彻落实平等思想，批判特权思想和特权意识，揭批“政教合一”制度的遗毒，正本清源，进一步恢复藏传佛教清净纯洁的本来面貌，在寺庙中真正形成人人平等、互敬互爱的和谐氛围。

2. 以平等促管理

寺庙实行民主管理也是宗教制度民主改革的重要举措，即由传统的寺主、活佛、堪布等宗教上层的管理改变为由寺院全体僧尼共同参与的现代的民主管理。1959 年 9 月《中共西藏工委关于三大寺若干问题的处理意见》明确提出了建立寺庙民主管理委员会的决议，并对寺庙民管会的性质、任务等作了具体规定。继而制订《寺庙民主管理试行章程》，明确了寺庙民主管理体制以及僧尼的权利和义务。民主改革基本完成后，各地藏传佛教寺庙都建立起了寺庙民主管理委员会。在西藏自治区，1987 年新的《西藏自治区佛教寺庙民主管理章程（试行)》正式实施，使寺庙民主管理的规范化、法制化进一步完善。继而寺庙爱国主义教育、寺庙法制

① 甘肃省佛教协会保存资料。

宣传教育将寺庙民主管理推向新阶段。民主管理是寺庙创新管理的成功实践，标志着当代藏传佛教寺庙民主管理的体制已经形成，有利于保障广大僧尼民主管理寺庙的权利和信仰自由的权利，有利于依法管理宗教事务，有效地保证了宗教活动的正常开展，有利于藏传佛教正常秩序的建设。

寺庙民主管理体制的确立，在藏传佛教发展史上具有里程碑式的意义，深刻反映出了藏传佛教的平等思想。民主管理，从根本上改变了宗教上层掌控寺院而贫苦僧尼处于被压迫被统治地位的局面，实现了由普通僧尼参加的民主管理，使广大僧尼取得了寺庙的主人翁地位，少数人的寺庙变成了全体僧尼共有的寺庙，实现了普通僧尼与上层僧侣的政治平等。同时，僧侣的平等管理地位是僧团和合的重要标志，民主管理是寺院和谐的重要保障。

寺庙民主管理虽然取得了不俗业绩，但“政教合一”制度的遗毒和藏传佛教的某些传统观念仍然影响和制约着民主管理的落实和深化。在有些寺庙中，存在着活佛、堪布、经师等影响或干预寺庙民主管理的现象，致使有些寺庙形成了明里民主管理、暗里上层管理的“两张皮”现象。究其思想根源，历史上形成的等级观念、不平等意识仍在影响着僧尼的思想和行为。寺庙民主管理的削弱，必然影响着和谐寺庙的建设。

因此，必须积极贯彻落实藏传佛教的平等思想，以平等促管理。正如章太炎所说的那样，“非谈平等，则不能去奴隶心，非示众生皆佛，则不能去退却心”①。众生皆有佛性、众生与佛平等这些观念，要求藏传佛教界必须树立正确的信仰观，摒弃不合理上师信仰、活佛信仰等意识，树立平等思想，不仅精进学修，更要勇挑重担，以主人翁姿态积极支持和参加寺庙民主管理，开创和保障寺庙和谐的生动局面。

3. 以平等促和合

寺庙和谐，不仅要僧尼平等和睦，更要僧团和合协调。十世班禅额尔德尼要求藏传佛教界管好寺庙和僧尼，提出了“寺庙要像寺庙，僧人要像僧人”的主张，这也可以视作是僧团和合的重要标准。强调“寺庙要像寺庙”，不仅要求寺庙要有完整的学经体系和讲经制度，还要有完善的管理制度、积极合理的服务保障体系，保障僧尼生活，服务社会和信众，形成学修体系精进和谐、服务管理顺畅融洽的良好局面。“僧人要像僧人”，最基本的就是要求僧人严守戒律和寺规，遵守国家的法律，在此基础上弘扬佛法，普度有情，造就互尊互爱、团结互助、平等和合、共同进步的良好风尚。

实现“寺庙要像寺庙，僧人要像僧人”的目标，必须坚持和弘扬藏传佛教的平等思想。根据藏传佛教的平等思想，平等心是学修佛法的前提和基础，没有平等，就难以形成合理的学修体系。平等观是真正实现寺庙民主管理的积极要素，没有平等，就难以建立完善的服务管理机制。同样的

① 《章太炎全集》第4册，上海人民出版社，1985年，第418页。

道理，没有平等心，也难以有僧尼的持戒精进；没有平等心，就不可能有僧尼和合、团结进步。

以平等促和合，在管好寺庙和僧尼的基础上，可以进一步发挥平等思想在统筹协调各种利益关系中的作用，使寺庙内部的不同阶层、不同人群都能和睦相处，增进和合共生，推动和谐寺庙建设。

总之，藏传佛教的平等思想是站在一个较高的视角看待宇宙万物而得出的结论，深刻反映着藏传佛教的世界观、价值观和人生观，它的当代价值是和谐寺庙创建活动的思想理论基础，对和谐寺庙建设具有重要的指导意义。

当前，我国已进入全面建成小康社会的决定性阶段和深化改革开放、加快转变经济发展方式的攻坚时期，社会主义和谐社会建设的任务更加迫切和繁重。藏传佛教的平等思想是建立在“缘起论”之上的，是“缘起论”的逻辑必然。在藏传佛教缘起论的解释系统中，世界上所有的现象都不是孤立存在的，而是在“此有故彼有，此无故彼无，此生故彼生，此灭故彼灭”的相互依存关系中。因此，藏传佛教界的和谐寺庙创建活动关乎着社会主义和谐社会建设。就当代社会而言，信众通过宗教信仰可以追求一种高尚的精神或生活境界，使社会充满和谐与友爱，善良和正义，这才是信仰的根本。以积极肯定的态度发掘藏传佛教平等思想的合理内涵与现实价值，促进和谐社会建设是藏传佛教与社会主义社会相适应的重要途径，也是藏传佛教服务社会、服务现实的重要方式。

藏传佛教界需要行动起来，续佛缘持戒以弘法，念国家守法以报恩，以平等思想内强素质，外塑形象，上求佛道，下化众生，为藏族地区经济社会的跨越式发展和长治久安，为构建社会主义和谐社会作出应有的贡献。

略论佛教平等思想在“菩萨戒”中的体现及其意义

德吉卓玛

“平等观”是佛教最基本的理念，作为释迦牟尼创立佛教的根本宗旨，具有丰富的伦理道德思想和价值内涵，它不仅贯穿于佛教思想体系之中，而且为现实政治、经济、法律等平等权利的诉求提供了深层的理论根据。以“菩萨戒”（བྱང་ཆུབ་སེམས་དཔའི་སྡོམ་པ།）为例，作为大乘菩萨行持的戒律，它从人性、人格以及道德层面确立了“众生平等”的价值理念，体现了佛教平等思想的伦理道德命题。

本文试图立足于藏传佛教“菩萨戒”经典，从伦理道德视阈阐发佛教平等思想的现代意义，这无疑对现代社会人与人之间建立平等、和谐关系有积极的启迪意义，对培育社会主义核心价值观也有一定的现实意义。

一、佛教平等观的含义

“平等观”是佛教立宗根本理念之一。在古代印度，种姓等级森严，在种姓制度下，古代印度人被分为婆罗门、刹帝利、吠舍、首陀罗四个种姓。在婆罗门经典《吠陀》中，印度种姓的产生伴随着神话传说，传说原始巨人普鲁沙死后，天神梵天用他的嘴造出婆罗门，用双手造出刹帝利，用双腿造出吠舍，用双脚造出首陀罗。其中，前三个种姓都是雅利安人，后者是达罗毗荼人。为了维护种姓制度，在《摩奴法典》中，对四种姓的司职、刑罚、婚姻等做出了规定：婆罗门是祭司贵族，人世间一切的主宰，掌握神权，垄断文化，有资格享有一切，在社会中地位最高；刹帝利是雅利安人的军事贵族，包括国王以下的各级官吏，掌握国家除神权之外的一切权力。婆罗门和刹帝利作为两个高级种姓，占有古代印度大部分财富，为统治阶级；吠舍是雅利安人的中下阶层，是古代印度社会的普通劳动者，包括农民、手工业者和商人，他们必须向国家缴纳赋税。首陀罗是古代印度原住民达罗毗荼人，被雅利安人征服而失去土地和自由，处于奴隶的地位。

按照《摩奴法典》的规定，四种姓之间等级极为森严，有严格的界限，下一等级种姓的人不能从事上一等级种姓的职业，不同种姓等级的人不得互相通婚，不得同桌而食、同井而饮、同席而坐和同街而居。在原始的四大种姓之外，还有一类特殊的人，被称为“贱民”，或叫不可接触者，也有人称之为第五种姓。贱民主要由被开除出种姓的人和不同种姓的男女婚配所生的子女构成，地位比首陀罗还低。不同种姓社会地位的差异，或不平等制度的出现，导致古代印度各种姓社会权利的截然不同，以至享有宗教生活的权利也不相同。在婆罗门、刹帝利、吠舍和首陀罗四种姓中，前三个种姓的雅利安人享有宗教生活的权利，他们能够通过宗教仪式而获得除父母所生第一生命外，还能够从宗教方面得到第二生命，因而称“再生族”。而首陀罗被剥夺宗教信仰以及政治的、人身的一切权利，他们不能为神所救，故称“一生族”。

出于对古代印度社会这种以出身来决定人的地位、权利的不公正、不平等制度的反抗，在佛陀在世的公元前6世纪前后，以颠覆婆罗门种姓制度为目标的沙门思潮在古代印度盛行，佛教作为沙门思潮的一种，在释迦牟尼创立之时，以倡导“四姓平等”，将平等思想作为佛教立宗的根本理念，提倡任何一个种姓的人都能够通过修行而得到解脱，证得阿罗汉果。如佛教早期经典《杂阿含经》中所说：

> 若黑若有白，若赤若有色，犁杂及金色，纯黄及鸽色，如是等牸牛，生犊姝好者，丁壮力具足，调善行捷疾，但使堪运重，不问本色生。人复亦如是，各随彼彼生，刹利婆罗门，吠舍首陀罗，旃陀罗下贱，所生悉不同，但使持净戒，离重担烦恼，纯一修梵行，漏尽阿罗汉，于世间善逝，施彼得大果。①

① 《大正新修大藏经》第2册No.0099，《杂阿含经》卷4（95），（宋）天竺三藏求那跋陀罗译。

这是佛陀对婆罗门复说的一段偈言，他告诉婆罗门无论是婆罗门、刹帝利、吠舍，还是首陀罗、旃陀罗，不论哪一个种姓的人，只要正信佛教，持净戒、修梵行，即可得解脱，成就阿罗汉，得大果报。由此可见，早期佛教的平等观主要强调的是人在修行和解脱上是平等的，没有生身、种姓之差别。“是故世尊说言：‘当断不善法，于佛法中，修诸梵行，平等尽苦，究竟苦边。’”① 释迦牟尼进一步明确了在佛法中，修诸梵行是平等的。

《增一阿含经》卷37云：

> 我法中有四种姓，于我法中作沙门，不录前名，更作余字，犹如彼海，四大江河皆投于海而同一味，更无余名。是谓第二未曾有之法。②

于此，释迦牟尼将“四种姓”比作“四大江河”，“于我法中作沙门”如同“四大江河皆投于海而同一味”，佛教沙门，如江河湖海，相融同味，平等一如，没有种姓、等级、高下、贵贱之别。佛教主张的四种姓平等的理念，体现了人权平等的思想，且成为佛教的特质之一，“是谓第二未

① 《大正新修大藏经》第2册No.0099，《杂阿含经》卷4（108），（宋）天竺三藏求那跋陀罗译。

② 《大正新修大藏经》第2册No.0125，《增一阿含经》卷37（4），（东晋）罽宾三藏瞿昙僧伽提婆译。

曾有之法”。即“于我法中有此八未曾有之法”的“第二未曾有之法。”因此，佛教在信仰和修行上体现的平等观，显示了其教理的公正性，从而打破了婆罗门教在宗教信仰上的等差观念，也极大地冲击了古代印度不平等的种姓制度。

二、佛教平等观丰富了藏传佛教的义理

佛教的平等观有着丰富的内涵，不仅只限于古代印度四种姓于佛法修行中的平等。伴随着佛教的发展，佛教的平等观随之更加丰富且表现于不同的层面。传入雪域藏地后，佛教的平等观作为藏传佛教的根本义理，也随之在雪域高原弘扬光大。

譬如，佛教以普度众生为旨趣，提出的“众生平等”之平等观，业已成为藏传佛教的根本义理之一。佛教的“众生平等”即指一切众生有情的平等，其涵盖性更加广阔。如《佛说长阿含经》卷第22中所说：

> 尔时，无有男女，尊卑，上下，亦无异名，众共生世，故名众生。①

释迦牟尼强调的“众生平等”，不仅仅局限于人类，乃“众共生世”的所有生命的平等。其“众生平等”的佛教平

---

① 《大正新修大藏经》第1册No.0001，《佛说长阿含经》卷22，（后秦弘始年）佛陀耶舍共竺佛念译。

等观“无有男女”之分，无有尊卑，无有上下，“亦无异名”，众生有情一律平等，体现了佛教平等观之所有生命之间平等共生的平等思想。

《佛说长阿含经》提出“平等信”，此即相信众生平等；[①] 在《增一阿含经》中提出：“菩萨所施心恒平等”[②]；在《大方广佛华严经》中提出，第四地菩萨“欲得第五地，当以十平等心”[③]；在《佛说园生树经》中提出：“声闻人断除一切忧苦喜乐住平等心，获得第四禅舍念清净定”[④]，“平等心”乃获得“清净定”之根基。如上所述，相信众生平等的“平等信”、公平对待众生平等的“平等心”，佛教倡导的平等观在藏传佛教教法义理中，有着广阔空间。

在《大方广佛华严经》《佛说宝云经》《佛说法集经》《大乘庄严经论》等经典中提出的“平等法界”之佛教平等观，对藏传佛教产生了深远的影响。

如《大方广佛华严经》卷1中说：

> 如是一切已修无相平等法界。悉在如来大众海

---

① 《大正藏》第1册，《佛说长阿含经》卷1，“第一分初大本经”第1，第1页。

② 《大正藏》第2册，《增一阿含经》卷45，“不善品第四十八入前品”，第792页。

③ 《大正藏》第9册，《大方广佛华严经》卷20，“五十地品第二十二之三”，第555页。

④ 《大正藏》第1册，《佛说园生树经》，第811页。

数。于一切众生悉行平等。无量妙色皆已成就。①

佛教认为“无尽平等妙法界，悉皆充满如来身”，对于一切众生“悉行平等”，能使“无量妙色”皆成就。进而又提出：

> 了三世法平等智身。普入一切世间之身。妙音遍至一切世界。不可穷尽。犹如虚空。平等法相智慧行处。犹如虚空。等心随顺一切众生。其身遍坐一切道场。悉知一切众生所行。智慧日光照除众冥。悉能显现诸佛国土。普放三世智海光明照净境界。无量光明充满十方。②

于此，提出“平等智身”“平等法相”，强调“了三世法”，以证得“平等智身”“平等法相智慧行处”“等心随顺一切众生”的平等思想。

“平等法界”“悉行平等”“平等智身”“平等法相”等佛教平等观，也是藏传佛教的重要理念。

《金刚般若波罗蜜经》指出：“是法平等，无有高下。”③

① 《大正藏》No. 0278，《大方广佛华严经》卷 1，“世间净眼品第一之一”，（东晋）天竺三藏佛驮跋陀罗译。

② 《大正藏》No. 0278，《大方广佛华严经》卷 1，“世间净眼品第一之一”，（东晋）天竺修持践行。三藏佛驮跋陀罗译。（东晋）佛驮跋陀罗译《大方广佛华严经》卷 60。

③ 《大正藏》第 8 册，《金刚般若波罗蜜经》，第 751 页下。

强调“诸法平等”，没有高下、平齐之平等观，为藏传佛教所重视。

如《大般若波罗蜜多经》卷1中所说：

> 无量无数菩萨摩诃萨众，一切皆得陀罗尼门、三摩地门、住空、无相、无分别愿，已得诸法平等性忍，具足成就四无碍解。①

强调了“诸法平等”，众菩萨行者皆能得陀罗尼、三摩地、住空、无相、无分别之行愿，证得“诸法平等性忍”，能“具足成就四无碍解”，明确了诸法具有“平等性”，即“法性平等”。

在《妙法莲华经》中提出如来“平等说法”；② 在《大乘入楞伽经》中提出“生死涅槃平等”；③ 在《大宝积经》中提出“如来住生死平等，住涅槃不动”，④ 即指“生死平等”“平等住”。可见，佛教平等观具有十分丰富的内涵，体现了佛教平等思想的宽广性。

佛教所倡导的“众生平等”“平等法界”“诸法平等”

---

① 《大正新修大藏经》第5册No.0220，《大般若波罗蜜多经》卷1，“初分缘起品第一中之一”。

② 《大正藏》第8册，《妙法莲华经》卷5，“安乐行品第十四”，第38页。

③ 《大正藏》第16册，《大乘入楞伽经》卷1，“集一切法品第二之一”，第594页。

④ 《大正藏》第11册，《大宝积经》卷27，“法界体性无分别会第八之二”，第147页。

“平等性”“平等智”“平等法相”“平等信”“平等心”“悉行平等”“平等住”“生死平等”等平等观对藏传佛教的影响至深至远。以体现众生有情一切生命之间平等关系的“众生平等”“悉行平等”，以及体现万物存在关系的“诸法平等”“法性平等”等佛教平等思想贯穿于藏传佛教教法义理当中，以至佛教平等观得到吐蕃赞普，乃至藏传佛教高僧大德的修持实践，并著书立说提出自己的见地并加以阐发。

比如，公元7世纪，松赞干布依大悲观音意趣演说的教诫《十言教二十三之教诫》（ཞལ་གདམས་བཅུ་ཚན་ཉི་ཤུ་རྩ་གསུམ།）中，也讲“十平等”（མཉམ་པ་བཅུ།），即：

> 有寂无别平等，乐苦无别平等，善恶无别平等，见行无别平等，执持无别平等，边中无别平等，行住无别平等，敌友无别平等，自他无别平等，金石无别平等。①

公元11世纪，玛久拉仲所著《施身法》（ཕུང་པོ་བཟན་བསྐྱུར།）等，演说“众生父母”，有情众生“无有怨亲”的“舍平等”“平等施”等“众生平等”观，其教法义理中贯穿了佛教平等思想。

公元14世纪，宁玛派高僧隆钦饶绛巴著述的《大圆满平等性自解脱论本颂》（རྫོགས་པ་ཆེན་པོ་མཉམ་ཉིད་རང་གྲོལ་ཞེས་བྱ་བ་

① 《十万嘛呢宝训》藏文，第464函，青海民族出版社，1991年。

བཞུགས་སོ།)，专门论证佛教的“平等性”,① 以证“诸法平等”“法性平等”“法界平等”“空不空平等”“轮回涅槃平等”“体性平等”“心识平等”（或自心平等）、“空明平等”“一界平等”“道平等”“果平等”“密意平等”“大圆满平等”“法性即在大圆满平等”“平等如虚空”等平等观，并提出自己的修行经验和对佛教平等义理之证悟，使佛教平等思想更加丰富。

公元15世纪,宗喀巴大师著述《善说金鬘》(ལེགས་བཤད་གསེར་ཕྲེང་།)、《缘起论颂》（རྟེན་འབྲེལ་བསྟོད་པ།）等阐述“诸法平等”“缘起性空”等平等观，注重因果平等，还有噶举派上师著述的《诸法心性平等·大乐道歌》（ཆོས་ཀུན་སེམས་ཉིད་མཉམ་ཉིད་བདེ་ཆེན་གྱི་གསུང་མགུར།）、多智·晋美丹贝尼玛（རྡོ་གྲུབ་འཇིགས་མེད་བསྟན་པའི་ཉི་མ།）著述的《大平等法性》(མཉམ་པ་ཆེན་པོའི་ཆོས་ཉིད།)，等等，从不同境域阐发佛教平等观，不仅发展和丰富了佛教平等观之内涵，而且使得佛教平等观在藏传佛教中进一步丰富而更加圆满。

三、佛教平等观于“菩萨戒”的体现

如前所言，佛教的平等观有着十分丰富的内涵，并体现于不同的教法层面。就藏传佛教行持的三戒之一“菩萨戒”而言，佛教平等思想可谓贯穿其中，而其伦理道德之命题和

① 隆钦饶绛巴：《实相宝藏论详释》，刘立千译。民族出版社，2007年，第64页。

价值观，是基于佛教“众生平等”“和合处世”思想的。可以说，“菩萨戒”中处处贯穿着佛教大力弘扬和提倡的“平等”理念，并在“菩萨戒”中作为人性、人格、伦理道德意义上的“平等”得到体现。

藏传佛教“菩萨戒”分为在家分戒与出家分戒，名“菩萨一切戒”。又即依此在家、出家二分净戒略为三种，谓“遮恶行戒”（ཉེས་སྤྱོད་སྡོམ་པའི་ཚུལ་ཁྲིམས།）又译“摄律仪戒”“摄善法戒”（དགེ་བ་ཆོས་སྡུད་ཀྱི་ཚུལ་ཁྲིམས།）和“饶益有情戒”（སེམས་ཅན་དོན་བྱེད་ཀྱི་ཚུལ་ཁྲིམས།），此三即“三聚净戒”（བྱང་ཆུབ་སེམས་དཔའི་ཚུལ་ཁྲིམས་གསུམ།）。如宗喀巴大师于《菩萨戒品释》中所说：“此三尽摄菩萨所护一切戒故”，为“菩萨戒”的核心内容。又说：

> 诸菩萨惟二所作，谓为成熟自内相续及他相续。初作所中，二事决定，远离恶行，摄集妙行，即律仪戒及摄善法。成熟他中，须饶益有情戒，故三决定。若作此说则为善哉！①

此说归纳了“菩萨戒”的价值内涵。其中涵摄佛教“诸恶莫作，诸善奉行，自净其意”（སྡིག་པ་ཅི་ཡང་མི་བྱ་ཞིང༑། དགེ་བ་ཕུན་སུམ་ཚོགས་པར་སྤྱོད༑། རང་གི་སེམས་ནི་ཡོངས་སུ་འདུལ༑།）的基本思想，以及利乐有情或利他行（སེམས་ཅན་དོན་བྱེད།）的伦理价值观。

---

① 宗喀巴大师：《菩萨戒品释》，法尊法师译，民族出版社，2001年，第172页。

重要的是其中体现了佛教平等思想，并在“菩萨戒”中作为人性、人格、伦理道德意义上的“平等”得到了体现。其特点是，菩萨行者借以平等心，依戒律规范个我的身、语、意而践行伦理道德，做“饶益有情”事，以实现人性、人格、道德意义上的“终极平等”。如言“菩提心者如功德瓶，满足一切众生心故。”[①]“菩萨戒”在伦理视阈下体现的平等理念，作为一种道德规范，从社会伦理而言不仅对修养人自身的心灵、品格，或者说人性的修养，造福于人类社会有着重要的意义，而且对积极培育社会主义核心价值观，提高人性修养发挥着积极作用。

从“菩萨戒”的核心内容“三聚净戒”来看，体现于“菩萨戒”伦理视阈下的平等思想，主要可归结为以下几个方面，笔者试从佛教平等观及其现代意义作一概要阐释。

（一）自律他律，修养“平等心”

“菩萨戒”分龙树之宗和无著之宗。然而，不论是龙树之宗还是无著之宗，“不失坏菩提心”是“菩萨戒”的根本学处，而菩提心又是以“平等”为根基的。如《大方广佛华严经》中说：“菩提心者如须弥山，于诸众生心平等故。”这是一种菩提心者的“平等”原则，表明“菩提心者”观待众生的“心”是平等的。由此展开来说，以“菩提心”为根本学处的“菩萨戒”，是持以“平等心”来观待一切众生有情的，从而明确了“菩萨戒”最基本的平等观。

---

① 《大方广佛华严经》卷78，《入法界品》第三十九之十九。

菩萨戒的核心是“三聚净戒”，而佛教平等观作为其重要原则具有独特的伦理特性。按照藏传佛教“菩萨戒”受持传统，即龙树之宗和无著之宗二传承，首先要受持“愿菩萨心”和“行菩萨心”，以“遮止恶行”“摄善法”“饶益有情”。若依龙树之宗，“遮止恶行”即守持十八根本戒，包括“国王之五定罪”“大臣之五定罪”与“初行住者之八定罪”。这十八根本罪的共通犯缘，是因为受持菩萨戒的行者持邪见、舍菩提心，而由此失坏了“平等心”，故而违反了十八根本罪。若依无著之宗，“愿菩提心”有四种不可毁犯的共戒，及八种不可轻弃之戒。“行菩提心”则有四根本堕及四十六种要遮禁的过染。不论是龙树之宗还是无著之宗，修养“平等心”是受持“菩萨戒”的重要伦理原则。

这里，以龙树之宗“无间邪见国王五定罪”（མཚམས་མེད་ལས་བྱེད་ལོག་ལྟ་ལྔ་རྒྱལ་པོ།）为例。第一根本罪“盗掠三宝财物”，即指国王自己或教他盗窃及抢夺三宝的财物；第二根本罪“舍正法”，即诽谤三乘所摄的一切教法，或受戒行者自己舍弃，或令他人舍弃；第三根本罪“以嗔恨心惩罚具戒或破戒沙门”，即指国王以嗔恨心惩罚具戒或破戒沙门；第四根本罪“五无间罪”，即杀母、杀父、杀阿罗汉、破和合僧、出佛身血；第五根本罪“持邪见”，即拔无因果等邪见。否定因缘果报，否定前后世等，而持邪见。

如上“国王之五定罪”告诉我们，受持菩萨戒修养“平等心”至关重要。如果受持菩萨戒的国王失坏了“平等心”，就会持邪见，舍菩提心，而由此犯“五根本定罪”。

“心”是行为的先导，护持好自心者方能守持菩萨戒，而护心必须要有正知正念，以及平等心。如《入行论》所说：“欲护学处者，策励当护心，若不护此心，不能护学处。”因此，受持菩萨戒的国王要护持自己的心，避免“以强凌弱”的残暴之习，自制、克己，养成仁爱平和之性情，以至平等心。进而以平等持菩提心、慈悲心，发愿利乐有情，即依“国王之五定罪”。

第一，持律仪，行“不与取”，不犯“盗掠三宝财物”之罪；从人生意义的角度来看，菩萨戒强调受持菩萨戒的国王应破除对物欲和事相的迷恋，以“平等心”回归人的本性，追求道德完满的人生境界。

第二，佛教倡导“诸法平等”。《金刚经》中说：“是法平等。无有高下。是名阿耨多罗三藐三菩提。”《现观庄严论》中说：“意之罪过自性恶，于色亦不应生嗔，况于生疑于佛法，是故等住无罪过。”① 这是说，于诸佛正法，平等对待则无有罪过。如果受持菩萨戒的国王所遇之法与自己的心不相应，也不能诽谤三乘所摄的一切教法，应平等对待诸法，不犯“舍正法”之罪。

第三，无论被惩罚沙门是否具有清净的戒体，受持菩萨戒的国王若以嗔恨心惩罚，教人说罪过，脱其袈裟逼令还俗，都是犯根本罪，故应常生慈心教化，令生大乘善信。

第四，佛教倡导“众生平等”，尊重且珍惜所有生命，

---

① 宗喀巴大师：《菩萨戒品释》，法尊法师译，民族出版社，2001 年，第 174 页。

认为所有生命都享有平等权利。因此，犯杀业是佛教最重之恶罪。那么，受持菩萨戒的国王如若生起故意或不间断杀害之心，杀母、杀父、杀阿罗汉，以种种方便毁坏佛身，即“出佛身血”，则犯“无间罪”。如《白莲花经》说：“佛陀幻化多种相，为利有情行善法。”① 因此，使佛身体伤损出血，或毁坏佛像，即犯“无间罪”之根本罪。故而，要求国王应起常住慈悲心、孝顺心，方便救护一切众生，乃至一切有命者，尊重生命，护持生命权利意义上的平等观，不得故杀，或杀生，剥夺有情之生命权的平等。对于佛教沙门，佛教僧团有“六和敬”共住准则，如若受持菩萨戒的国王以如法，或非法破坏僧团，分裂僧团，即破和合僧团。故而，菩萨戒要求国王以戒律心，修养自我，护持和合僧团，以达人与人之间的和谐，人与社会的和谐，乃至国家的和谐。

第五，因果报应，是佛教基本教义。因果报应说，将人的命运归结为自我的善恶作为。每个人的所作所为与其结果等同，善有善报，恶有恶报。如佛门语：“要知过去因，现在受者是；要知未来果，现在作者是。”从佛教平等观来看，善恶因与善恶果“平等”，要求人们对发生在自己身上的事或行为负责。如于“菩萨戒”，受持“菩萨戒”的国王若以恶劣用心否定善恶果报，自作或教他作十不善业，则是“持邪见”违犯根本罪。因此，“菩萨戒”不仅以规范“国王”

① 宗喀巴大师：《菩萨戒品释》，法尊法师译，民族出版社，2001年，第174页。

自身，自净其意，而且以平等“持正见”并引导人心向善，莫作恶，奉善行，以助于个体心态平和，人格提升，修养“平等心”，造福社会，乃至国家。

由此可见，“国王之五定罪”表达的“平等”有自身的含义：身为受持菩萨戒的国王首先要具有“平等心”，基于“平等”发菩提心，以“平等心”观待诸法，与众生有情“平等”相处，以至僧团和合，以“平等心”持正见，公平、公正处世，服务国家，体现了受持“菩萨戒”的国王的“平等”原则。

从普世性平等价值理念来看，“国王之五定罪”基于的“平等”，主要立足于人本位，确立了一切众生在人性、人格与道德意义上的平等地位，体现了“菩萨戒”的一种平等观。与众不同的是它要求从自律他律“戒”个体的“心”入手，从“心”医治“无明”“我执”，或扭曲、不健康的心态，来修养“平等心”，以达“菩萨心者”，并“由具菩提心，利于他而不伤害任何人”。

我们知道，佛教的平等思想，实际上最初是从社会伦理的角度提出的，旨在破除古印度四种姓差别论和对低种姓的歧视。随着佛教伦理的发展，各种戒律的制定，从道德层面体现出佛教的平等思想，包括人与人，人与其他生命体，人与自然等的平等。因此，可以认为基于“菩萨心”体现于“菩萨戒”的这种平等理念，即使在当下，其价值意义依然存在。它从伦理道德层面体现的“平等”思想，也是当今社会所倡导的，对于构建社会主义和谐社会具有积极的意义。

（二）止恶行善，利行“平等行”

菩萨戒以“遮止恶行”“摄善法”“饶益有情”为根本，以规范菩萨行者的行为为重。因此，菩萨戒要求行者须受持“愿菩萨心”“行菩萨心”之“遮恶行戒”，来禁恶行，清净罪障，在此基础上，才能持“摄善法戒”，以增长布施、持戒、安忍、精进、禅定、智慧“六度”等善法；由此广行菩萨行，接引他人趣向正法的布施、爱语、利行、同事“四摄”等而持“饶益有情戒”，普度众生，成就利生事业。这是“菩萨戒”的价值取向和行持次第，它以“愿菩萨心”“行菩萨心”为基础，从中透射出佛教“平等”之理念。

如《金刚顶经》所言：“六波罗蜜行，如次应当学，具足有情利，而行菩萨行。”[①] 换言之，“六波罗蜜行”为菩萨戒“摄善法”入行“平等”菩萨行的重要内容，“菩萨戒”要求行者依此证达般若智慧，了悟般若空性，通达一切人、法皆无自性，一切性相悉皆平等之佛教义理，而广行菩萨行。由此可见，布施、持戒、安忍、精进、禅定、智慧六波罗蜜是菩萨戒行者“摄善法”入行“平等”菩萨行的重要路径和桥梁，并经由此依“一切性相悉皆平等”之义理，而广行菩萨行，从而体现出“菩萨戒”依“菩萨心”，行“菩萨行”的一种“平等”理念。如《金刚幕》第十二品中所言：

① 宗喀巴大师：《菩萨戒品释》，法尊法师译，民族出版社，2001 年，第 165 页。

我发最胜菩提心，
希有请唤诸有情，
正行菩提殊胜行，
为利众生愿成佛。①

“菩提心”是以无尘许自利的慈悲心利乐有情，依布施、爱语、利行、同事“四摄”受持的“饶益有情戒”，也是以“行菩萨心”接引他人趣向正法而饶益有情的。布施、爱语、利行、同事“四摄”是菩萨戒“饶益有情戒”的核心内容。“饶益有情戒”基于“四摄”，要求菩萨行者于菩萨戒不仅要“遮止恶行”，禁止损恼众生有情，而且要“摄善法”利行“平等”菩萨行而“饶益有情”。它要求菩萨戒行者“唤诸有情”发起内在的“菩萨心”，投射于外在“正行菩提殊胜行”的规则和外在诉求，借此确立的是一种由内在人格到外在行为的菩萨行“平等”原则。

基于这样一种认识，认为菩萨戒“摄善法”倡导的“六波罗蜜行”，具足有情利，广行菩萨行，以及“饶益有情戒”倡导的布施、爱语、利行、同事“四摄”而利乐有情的义理，都是基于佛教平等观的一种伦理原则和道德关系论。如是《金刚顶经》所说：“我发最殊胜，无上菩提心，

① 宗喀巴大师：《菩萨戒品释》，法尊法师译，民族出版社，2001 年，第 165 页。

戒学、摄善法，及饶益有情。我于三聚戒，别别坚固持。”①可以说，由“此三尽摄菩萨所护一切戒故”，而广行“菩萨行”，体现出了“菩萨戒”外在诉求的“菩萨行”平等思想。

不可否认，“菩萨行”平等思想虽然与世俗意义上的在政治、经济、社会和法律等方面诉求的“平等”有别，但是在“平等”价值理念方面基于的“平等观”是一致的，强调了“人与人的平等”。

当然，“菩萨戒”诉求的“菩萨行”平等思想有其自身的特点，主要体现于具体的事相。以菩萨戒“四根本罪”为例，如《菩萨二十颂》云：

> 贪求名利自赞而毁他
> 因悭吝性不施财与法
> 嗔恨伤人不受他谏悔
> 愚故说相似法此四种
> 遮此四根本罪行学处

自赞毁他、悭惜财法、嗔不受悔、谤乱正法，是藏传佛教无著之宗传承的菩萨戒之“四根本罪”，即受持“菩萨戒”的行者应当遮止的“四根本罪”。其旨趣重在以“平等”“公正”地遮止贪、吝啬、嗔、痴。如《菩萨戒品》

① 宗喀巴大师：《菩萨戒品释》，法尊法师译，民族出版社，2001年，第165页。

所言:

> 若诸菩萨，为欲贪求利养恭敬，自赞毁他，是名第一他胜处法。①

这是说，讲说自己之功德及他人之过失，即是自赞；毁谤有德众生恭敬之处，是为毁他。“自赞毁他”以贪心求名闻、利养、恭敬等，是“四根本罪”之第一根本罪。即依此也违犯了“摄善法戒”的“不供养、颂赞、信念三宝”，“贪著利养、恭敬无厌”，“不敬长老”“怀爱恨心，自赞毁他”等恶作罪，同时，也违犯了“饶益有情戒”之“十二恶作罪”中的“他实有德不欲赞扬”等恶作罪。从佛教平等观提倡的“一切众生悉皆平等”来看，我们不难发现如上“菩萨戒”在强调受持“菩萨戒”的行者应“平等”“公正”地观待自他，广行“平等行”。唯有人我共尊，“视人如己”，平等对待，才能“爱人如己”，达到“众生平等”或“人人平等”而和平共处，“和合处世”的思想境地。

如《菩萨戒品》中言:

> 若诸菩萨，现有资财，性悭财故，有苦有贫无依无怙正求财者，来现在前，不起哀怜而修惠舍。正求法者来现前，不起哀怜而修惠舍。正求法者来

① 宗喀巴大师:《菩萨戒品释》，法尊法师译，民族出版社，2001年，第229页。

现在前，性悭法故，虽现有法而不给施，是名第二他胜处法。①

布施是佛教最重要的修持方法，它要求佛教行者以自己的财力、体力和智力去救助贫困者和求法者，以满足诉求者，并强调应以“平等”行布施。与之相反，如果菩萨行者有资财，而对痛苦、饥渴和无依怙的众生不起怜悯，吝啬而不布施财物；有法，而不给施正求法者予正法，则是犯“四根本罪”之第二根本罪“悭惜财法”恶作罪。同样也违犯了“摄善法戒”的“不答来问”“不受他请”“不受施物”“求法不施”等恶作罪，也违犯了“饶益有情戒”之“十二种恶作罪”中的“不为助伴”“不瞻病苦”“不济其苦”“不慰忧恼”“求财不施”“不以财法摄受徒众”等戒。

佛教认为，平等不是用强制的手段逼迫对方就范，而应该顾及对方的权利和尊严。于此，如上菩萨戒提醒我们：见到别人苦难，要设身处地地救助有难者，为对方着想，于平等立场建立自他平等的融洽关系，才能称得上菩萨行者。强调了行菩萨戒学处的行者，应当持以“平等”遮止“悭惜财法”，不带任何利己动机，“平等”“公正”地观待诉求者，为乞求者除其苦，这样的布施才是“平等”“公正”的布施。

如《菩萨戒品》所言：

① 宗喀巴大师：《菩萨戒品释》，法尊法师译，民族出版社，2001年，第230页。

> 若诸菩萨，长养如是种类忿缠，由是因缘，不惟发起粗言便息，由忿蔽故，加以手足石块刀杖，捶打伤害损恼有情。内怀猛利忿恨意乐，有所违犯，他来谏谢，不受不忍，不舍怨结，是名第三他胜处法。①

慈悲是实现“平等”的心性保证，以慈悲的心态“平等”处事是佛教平等观独特的内涵。“菩萨戒”认为，嗔恨具有诸多过患，“若诸菩萨，长养如是种类忿缠”，既犯了“四根本罪”之第三根本罪，亦违犯了“摄善法戒”的“于恶声誉不护不雪”“护他忧恼不作调伏”“报复嗔打骂弄”“犯他不忏谢”“不受他忏谢”“于他怀恨坚持不舍”等恶作罪。因此，如上“菩萨戒”强调了菩萨行者应持以“平等”的慈悲心，遮止内心忿恨意念，“平等”“公正”地观待他人，不发粗恶语，不伤害或损恼他人，不应“嗔不受悔”，而无怨结以慈悲心来平伏嗔心，“平等”地看待彼此，发起“同体大悲”之慈悲心，广行“我为人人，人人为我”的菩萨行，去除“此”与“彼”的差别，以求“众生平等”相处。可以说，透射于“菩萨戒”的佛教平等观告诉我们：人与人平等，而相互依存。建立平等的社会，不仅需要制度保障，更需要人们有慈悲包容的“平等”心灵，只有互助

① 宗喀巴大师：《菩萨戒品释》，法尊法师译，民族出版社2001版，第231页。

互爱，平等相处，行菩萨行，人类社会才能得以和平相续，和谐发展，以至实现世界和平。

如《菩萨戒品》所言：

> 若诸菩萨，谤菩萨藏，爱乐宣说开示建立相似正法，于相似法，或自信解，或随他转，是名第四他胜处法。①

于“菩萨戒”，菩萨行者“谤乱正法”等，使他人安立相似法之邪见，既犯了“四根本罪”之“谤乱正法”根本恶作罪，亦违犯了“摄善法戒”的“不求教授”“不除盖障”“贪世间禅”“轻弃声闻乘”“舍菩萨藏专学声闻藏”“谤菩萨藏甚深法义”“不往听正法”“轻慢说法者”等恶作罪。

正如《无量义经》所言：“法水本一，而以江河池井相各不同。”又如《遗教经》所言：“知我说法，犹如食蜜，中边皆甜。”佛陀又于《大般涅槃经》言：“教行有殊，理果不别。”即教法及修行方式虽然不同，但究其义理及所得果位无有差别。《大集经》中言：“五部虽别，不妨诸佛法界涅槃。”因此，“菩萨戒”强调了菩萨行者不应执持一法而诽谤余法。受持菩萨戒的行者应遮止“邪见”，而“平等”“公正”地观待“正法”，护持“正法”，即依“正

① 宗喀巴大师：《菩萨戒品释》，法尊法师译，民族出版社，2001年，第232页。

法”，广行“平等行”，利乐有情的“平等”思想。

“平等”“公正”是佛教倡导的理念，也是人类社会诉求的目标。以上从“菩萨戒”伦理视阈下体现的佛教“平等观”，作为人性、人格、道德完善意义上的一种“平等”原则，旨在规范菩萨行者于现实生活中的“不平等”的行为。“菩萨戒”以“遮止恶行”“摄善法”“饶益有情”为根本，由“愿菩萨心”“行菩萨心”透射出的佛教“平等”之理念，是在说明现实社会本应该是“平等”的、和谐的，是因为个体人性、人格、道德上的缺失，即人的内心发挥的主体作用不能“公正”“公平”地投射于外在的行为，造成现实社会的种种“不平等”。面对这种“不平等”，“菩萨戒”从伦理层面诉求“平等”，从菩萨行者入手，修养“平等心”，利行“平等行”，以遮止和规范个体内心之“不平等”的思想观念与外在“不平等”的行为，树立起“平等”的人格尊严，实现人与人之间的“平等”，人与社会之间的“平等”。鉴于此，笔者认为“菩萨戒”从伦理层面诉求的“平等”，于当今社会依然具有获得伦理道德上的人生意义和价值。

三、结语

综上所述，佛教平等观具有十分丰富的内涵，体现了佛教平等思想的宽广性。佛教主张的四种姓平等的理念，体现了人权平等的思想，且成为佛教的特质之一。当然，佛教的平等观不仅局限于古代印度四种姓于佛法修行中的平等，其平等思想伴随着佛教的发展而更加丰富。佛教以普度众生为旨趣，提出“众生平等”，即指一切众生有情的平等，其涵盖性更加广阔。而佛教传入雪域藏地，佛教的平等观作为藏传佛教的根本义理，也随之在雪域高原弘扬光大。

体现于“菩萨戒”的佛教平等观，对培育我们现代人自身的心性、人格和道德提供了宝贵的资源，不仅对当代社会人与人的平等相处、人与自然的平等相处具有启迪意义，而且“菩萨戒”以规范自我，体现人性、人格以及道德伦理的平等观，与社会主义核心价值观所倡导的平等思想有着相近、相容、相通之处。因此，“菩萨戒”在道德伦理意义上确立的“平等”思想，在当代社会无疑仍具有积极的启迪和借鉴作用，对当代社会的和谐发展可提供丰富的思想资源。

佛教平等思想的特质和意义

李学竹

现今世界把“平等”确立为普世价值之一，备受推崇，成为人类社会追求的崇高理想。其实，早在2500年前，印度的古老佛教就极力提倡平等、弘扬平等、推行平等、实践平等，其创教之初就非常明确地提出反对当时印度种姓制度的不平等，认为人的高低贵贱并不是由人的出身决定的，而是由人的行为决定的，如《杂阿含经》中说：“不应问生处，宜问其所行，微木能生火，卑贱生贤达。”[①] 强调人的所作所为决定一个人的高尚与否，而不是由出身决定的，所以佛教对当时以人种、社会分工不同而划分“四种姓”的不平等制度给予了严厉的批判，吹响了“众生皆平等，人人可成佛”的平等号角，认为任何有情都本具佛性，无论什么人只要通过正确的修行，都可以悟道成佛，了脱生死，与佛无别。无怪乎宋代清远大师发出了“若论平等，无过佛法，

① 《别译杂阿含经》卷5，《大正藏》卷2，p. 409a。

唯佛法最平等”① 的感叹，梁启超在《论佛教与群治之关系》一文中也指出：“其（佛教）立教之目的，则在使人人皆与佛平等而已。”② 可见佛教是最讲平等的宗教，其教理教义中蕴含着丰富的平等思想，这对我们构建和谐社会，实现中国梦具有重要的借鉴作用和积极意义。本文拟对佛教平等思想的特质和现实意义做一简单叙述。

一、平等理念在佛教中的重要性

“平等”的梵语是 sama，藏语为མཚུངས་པ། མཉམ་པ།，意思是均匀相等，没有高低、贵贱、深浅的差别，具有相同相等的共性，是差别的反义词。平等不仅是佛教基本教义之一，也是佛教世界观、人生观和价值观的重要内容和伦理道德的基础。在佛教各种经论中，随处可见对平等重要性的强调，如《增一阿含经》卷 39 云：“诸佛无彼此，诸结永已除，平等无二心，此是佛法义。”③ 认为佛法的真义就是追求无二心的平等，因为只有无彼此分别的平等心才能永断烦恼，所以“平等”是佛法的真义。《佛说诸法勇王经》卷 1 说：“若有能平等，观察一切法，如是等人辈，是则名智者。”④ 智者就是有智慧的圣贤，成为智者之人必定具备一颗平等之

① 《续藏》68 册《古尊宿语录》卷 33，p. 217。

② 《梁启超全集》第 2 册，第 906—910 页。

③ 《大正藏》卷 2，p. 762c。

④ 《大正藏》卷 17，p. 849c。

心，换言之，能够平等地观察一切法才被认为是名副其实的智者。《经律异相》卷35说："于诸众生，其心平等，故号为佛"①，这里更是把平等心与佛等同起来，认为佛之所以是佛，就是因为对待一切众生一视同仁，不偏不倚，是平等的体现者，所以才称为佛。

从理论层面看，佛教把平等思想与佛教的根本理论缘起论联系起来，认为平等就是缘起论的具体内容。如《大生义经》卷1说："阿难！若如是了知即住平等见，是名了达缘生法。此缘生法，即是诸佛根本法，为诸佛眼，是即诸佛所归趣处"②，指出平等见就是缘生法，缘生法就是缘起论，缘起论是佛教的根本法，犹如诸佛的眼睛，能够使人看清一切、了解真理，所以是诸佛的归趣处。《增一阿含经》则强调如果不能平等待人、力行平等，就会堕入邪见而误入歧途，不可能走上佛法正道。如该经卷19说："诸不行平等法者，则堕五见"③，还有《长阿含经》卷12也说："舍平等道，入于邪见。"④

所谓"五见"又名五恶见，是障碍成就佛道的五种错误的思想观点，即身见、边见、邪见、见取见、戒禁取见。

（一）身见，就是不知身体为五蕴和合之假相，会随时坏灭，而错误认为实有我身的存在。

---

① 《大正藏》卷53，p.189c。
② 《大正藏》卷1，p.845b。
③ 《增一阿含经》卷19，（CBETA，T02，no.125，p.644，a14-15）。
④ 《长阿含经》卷12，（CBETA，T01，no.1，p.73，a20）。

（二）边见，是指偏于一边的不正确看法。比如认为人的灵魂永远不灭，即偏执于常，或认为人死后什么都没有，人死如灯灭，即偏执于断，这种执断执常的错误见解，都偏一边，不知中道之理，故名边见。

（三）邪见，邪而不正的见解，认为世上不存在善有善报，恶有恶报的因果法则，而胡作非为，不计后果，造诸恶业，轮回生死苦海，所以得名。

（四）见取见，即对以上三种不正确的见，执以为是，取着不舍的意思。

（五）戒禁取见，就是把错误的邪戒认为是正戒而加以受持，譬如印度有人持牛戒、狗戒等以为是生天之因，非因计因；又有某些外道修断食拜火等种种苦行以为是涅槃之道，非道计道。这些错误的持戒观点就叫戒禁取见。

在佛教看来，不能践行平等，就会落入以上五种恶见之中，障碍佛道的修行。反过来说，要想成佛悟道，必须修习平等，破除五见，才是正确之道。《增一阿含经》卷4还说："众生不能平等施而自堕落"①，认为凡夫异生不能以平等心处事待人就是一种自甘堕落的行为。换言之，凡夫之所以是凡夫，就是不能平等地看待一切，不能把平等的思想落实到行为上，所以起种种差别之见，招致烦恼痛苦而堕入异生之道。可见平等思想在佛教中占有极为重要的地位。

---

① 《大正藏》卷2，p. 565b。

二、平等思想的理论基础

如上所述，“住平等见，是名了达缘生法”，可知平等思想与佛教的根本理论——缘起论有密切的关系，也可以说它的理论根底就是缘起论。佛教认为世间万事万物都由因缘和合而成，没有固定不变的本体，虽然在现象上千差万别，但从本质上看都一样，平等无二。从缘起的规律来看，一切法缘聚则生，缘散即灭，有生必有死，这是自然法则，不管对谁都一视同仁，万法平等，没有差别。由此可知平等思想是建立在缘起论之上的。

不过，随着缘起论的发展，佛教平等思想也随之不断丰富和发展。如原始佛教的“业感缘起论”，以十二支缘起的道理对人生价值作出判断，指出世间一切现象和有情的生死流转，皆由众生业因所感，而且强调“五蕴无我”，认为我是由色、受、想、行、识五蕴和合而成，没有一个能够主宰的“我”的存在，故得出“无我”的思想。由“无我”思想进而提出“四姓平等”，否定印度吠陀以来的阶级差别，最后宣称“一切众生悉皆平等”。

早期大乘佛教的般若学，则提出“性空缘起论”，认为一切人法皆是“此有故彼有，此无故彼无”的一种相依相待的关系，故无自性，其体本空，因此一切法本来平等，没有高下之分，如《佛说能断金刚般若波罗蜜多经》卷 1 说：“是法平等，无有高下，故名无上正等菩提。以无我、无众生、无寿者、无更求趣性，其性平等，故名无上正等菩提”①，指出一切法都是平等一如，没有高下之分，而且如果能体悟到般若境界中一切法性相平等，无有差别就能悟入无上正等正觉，那么对一切众生就能生起怨亲平等、慈悲无我之心。如《摩诃般若波罗蜜经》卷16云：“佛言：应起等心，于一切众生亦等心与语，无有偏党，于一切众生中起大慈心”②。

从般若学发展而来的中观派则极力阐扬“八不缘起”思想，主张用“中道观”，将“有”和“无”　“善”与“恶”统一起来，于是，佛教的平等思想又进一步发展为“不二平等”。“不二平等”思想形成了一种无差别的境界，它将世间的一切差别统统泯灭，把入世和出世打通，把真谛和俗谛统一起来。

深受中观思想影响而又另辟理论蹊径的唯识学派则倡导“阿赖耶缘起”，主张“一切唯心造”，否定外境的存在。但从其根本目的而言，则是“借心以忘境，境忘则心无”，从而达到主观与客观的统一，故有“心境平等”的主张。

晚期大乘佛教的密宗则有身、语、意三密之平等无差别的说法，其理论依据就是密教的六大缘起论。可见，佛教的平等思想随着缘起论的发展而不断丰富，呈现出各种不同内容的平等思想。

---

① 《大正藏》卷8，p. 774c。
② 《大正藏》卷8，p. 338a。

三、平等思想的内涵和意义

由上可知，平等观在佛教教义中占有重要地位，不仅把平等看成是佛法的真义、佛教的根本，而且要求佛教徒在观念上确立平等意识，在行动上实践平等。诸经论中有关平等的思想与用语极多，从各种角度来阐明平等的内涵和特质。如“有情平等、世界平等、同体平等、群萌平等、空平等、真如平等、众生平等、缘起平等、刹土平等、自他平等”，等等。在《华严经》和《大方等大集经》中，归纳出十种平等，即众生平等、法平等、清净平等、布施平等、戒平等、忍平等、精进平等、禅平等、智平等、一切法清净平等。《菩萨善戒经》《菩萨地持经》《显扬圣教论》则举出菩萨应具备五种平等。可见平等用语在佛教经论中使用之频繁，内容之复杂，种类之繁多，非其他宗教之可比。因此，对佛教平等观作出诠释并阐发其现代意义，无疑会给我们以积极的启示和警醒。其中，“众生平等”是佛教平等思想最明显的特质，其他有关“平等”的理论可以说基本上是从“众生平等”思想发展或派生出来的。以下就“众生平等”的内涵及意义略作介绍和探讨。

“众生”的梵语是 sattva，藏语为སེམས་ཅན，又译作有情、含识、含生、群生、群萌、群类等等。《杂阿含经》第 122

经云："于受想行识染着缠绵，名曰众生"①，这是从狭义上说，众生乃指一切有情识的生命体，即所有动物。从广义上说，众生也应包括无情的世间万物。如《大乘同性经》卷上说："众生者，众缘和合名曰众生"，"系以五蕴等众缘假合而生，故称众生"②。即由因缘和合而生的一切法都是属于众生的范畴。不过，我们从 sattva 一词汉译为"有情、含识"等来看，众生一般特指有生命的物种。因此，"众生平等"就是说一切有生命的物种在本性上是相同的，没有高下贵贱之分。如《长阿含经》明确指出："尔时无有男女、尊卑、上下，亦无异名，众共生世，故名众生"③。佛陀开悟后说的第一句话："无一众生而不具有如来智慧，但以妄想颠倒执著而不证得"④，说明众生都本具如来智慧德相，有成佛的可能性，在本性上是平等一味，没有差别，只因烦恼执著，造诸业报而各有不同。《大宝积经》说"显示诸法众生平等，一切诸法寂静主故"⑤，指出一切众生虽然在现象上似乎千差万别，但在本质上都一样，皆有体悟诸行无常、诸法无我、自性本空的智慧，具有与佛陀一样的本性。这种佛性平等或众生平等思想，在藏传佛教中也得到了继承和发展，如噶举派著名学者冈波巴大师强调说："佛陀的真如和众生的真如并没有好坏、大小、高低之差别。因此说一切众

① 《大正藏》卷 2，p. 40a。

② 《大正藏》卷 16，p. 642b。

③ 《大正藏》卷 1，p. 145a。

④ 《华严经·如来出现品》(CBETA，T10，no. 279，p. 272，c5)。

⑤ 《大宝积经·法界体性无分别会》(CBETA，T11，no. 310，p. 148，c10)。

生皆悉具足如来藏。”① 觉囊派多布巴·喜饶坚赞大师说：“圆满佛性即是心，别处亦无佛可寻，佛性周遍诸有情。”②藏传佛教大师的这些论断也揭示了有情众生先天平等的事实。

从因果论来看，一切众生也是平等的。佛教认为有因必有果，任何事物的产生都有原因，一种事物产生的原因，必定是另一种事物发展的结果；一种事物发展的结果，也必定是另一种事物产生的原因。原因和结果不断循环、轮回不息。所以众生都要受因果律制约，没有例外，一律平等。在六道中轮回的众生也是如此，虽然生在天道，贵为天人的众生，一旦寿尽也有可能堕入人道或三途恶趣之中；而处在畜生道的众生，业报受尽也有可能转生到人、天道中。这种可以相互转换，就体现出因果法则面前人人平等，否则六道中的畜生、阿修罗、人、天等之间就不能互换角色，可见众生本来平等，《佛说如来兴显经》卷3云：“一切群萌类，本自然平等”③。因此，在因果律面前，无论你地位有多高，财产有多多，谁也逃避不了善有善报、恶有恶报的因果法则。现在我们常说法律面前人人平等，强调每个人法律权利的平等，而佛教强调的是因果法则面前人人平等。从某种意义上说，因果律平等所阐发的平等思想可以作为“法律面前人人平等”等现代平等要求的补充。

① 张澄基译：《冈波巴大师全集选译》，台北法尔出版社，1985年，第8页。

② 多布巴·喜饶坚赞：《山法了义海论》，壤塘木刻版，第52页。

③ 《大正藏》卷10，p. 610b。

在“众生平等”的思想前提下，佛教要求人们要做到“人与人之间的平等、人与动物的平等以及人与环境的平等”。也就是说，从这三个层面可具体反映出佛教的一切众生平等思想。

首先，人与人之间的平等。前面已经提到，由于佛教主张每个人都具备成佛的可能性，凭借自己的努力都能达到与佛无异的境界。这种“佛性平等”思想从根本上确立了人人平等的根据，意味着所有的人都具有平等的人格权，谁都可以通过自身的努力而最终获得道德人格的完善。因此，佛教在创教之初，就明确地反对当时印度“四种姓”的不平等制度。如《长阿含经》介绍说[①]，婆罗门自认为“婆罗门种最为第一，余者卑劣；我种清白，余者黑冥”。对此佛陀呵斥道：“今者现见婆罗门种嫁娶、产生与世无异而作诈称‘我是梵种，从梵口生，现得清净，后亦清净”，这种行为简直就是“愚冥无识，犹如禽兽，虚假自称”，并告诫弟子：“俗法须此，我法不尔。若有沙门、婆罗门自恃种姓，怀骄慢心，于我法中终不得成无上证也。若能舍离种姓，除骄慢心则于我法中得成道证，堪受正法。”这些主张明显是对当时印度社会等级森严的种姓制度的抨击，反对婆罗门教四种姓不平等的理论。

事实上，最初的佛教僧团就不受种姓限制，只要发心出家，谁都可以成为僧人。因此，当时僧团中既有出身于婆罗

① 《大正藏》卷1，p. 36c。

门、刹帝利的出家人，也有出身于被视为最为低贱的理发师、妓女等首陀罗种姓的出家人。为了防止由于种姓身份的不同而引发矛盾，佛陀特意教导说："今我弟子种姓不同，所出各异，于我法中出家修道，若有人问：'汝谁种姓？'当答彼言：'我是沙门释种子也'"①。《增一阿含经》卷三十七云："我法中有四种姓于我法中作沙门，不录前名，更作余字，犹如彼海，四大江河皆投于海而同一味，更无余名"②。这种不限种姓，不分种族，一入佛门即成为"沙门释种"，犹如百川入海，皆同一咸味，体现了人与人之间平等的思想，反对以种姓、等级论贵贱，强调以道德、智慧的修持素质以进入人生理想的境界。佛教的四种姓平等主张，可以看成是由佛陀发起的一场人权运动，而"沙门释种"就是当时印度社会象征"人人平等"的存在。

总之，佛教认为每个人的生存权利都是平等的，生命是来之不易的，因为一个生命的诞生要有无以计数的因缘巧合才能成就，所以佛经中经常感叹"人身难得"，常以盲龟浮木、山顶穿针③来比喻获得人身之不易。由此之故，佛教要

① 《大正藏》卷1，p. 37a。

② 《大正藏》卷2，p. 753a。

③ 盲龟浮木的比喻出自《杂阿含经》（CBETA，T02，no. 99，p. 108，c7-8）："比如大地悉成大海，有一盲龟寿无量劫，百年一出其头，海中有浮木，只有一孔，漂流海浪，随风东西。盲龟百年一出其头，当得遇此孔不？"阿难白佛："不能。世尊！所以者何？此盲龟若至海东，浮木随风，或至海西，南、北四维围绕亦尔，不必相得"。山顶穿针的比喻出自《提谓经》（CBETA，T48，no. 2016，p. 665，c8）："如有一人在须弥山上，以纤缕下之，一人在下持针迎之，中有旋岚猛风，吹缕难入针孔。人身难得，甚过于是。"

求人们要珍惜人身、爱护生命，提倡人与人平等相处、相互尊重，不仅要善待自己的生命，更要善待他人的生命，《大乘宝云经》云：“于诸众生起平等心，心无欺诳亦不诳他”①，强调平等待人，不存伤害欺诳他人之心，更不可欺穷爱富，“于诸众生其心平等，无有贵贱尊卑之异”②“不轻凌贫贱者，所谓于一切众生起平等心故”③，要以平等的心态对待一切人，不可轻视欺负贫穷低贱的人。

然而，凡夫异生往往有自他分别，不能平等待人，这是因为“我执”习气太重，所以佛教认为要修习平等，必须断除自私的“我执”，才能培养起平等利益一切众生的善心。如寂天《入菩提行论》说：“虽吾所受苦，不伤他人身，此苦亦当除，执我难忍故。如是他诸苦，虽不临吾身，彼苦仍应除，执我难忍故。”④ 寂天论师指出修持自他平等心时，最大障碍就是狭隘的自他分别，这种分别根源即我执。因此，他强调应该放下自私自利的念头，而以换位思考的方法来平等地除他苦、予他乐。要做到这点首先必须要精勤观察自己和他人本来平等，避苦求乐是我与众生共同的需求，所以应像爱护自己一样爱护他人。所以他强调说：“首当勤观修，自他本平等；避苦求乐同，护他如护己。”⑤ 把

① 《大正藏》卷16，p. 276b。

② 《菩萨善戒经》卷6，(CBETA，T30，no. 1582，p. 992，b11-12)。

③ 《月灯三昧经》卷10，(CBETA，T15，no. 639，p. 617，c29-p. 618，a1)。

④ 《入菩萨行论》第8品第92、93颂。

⑤ 《入菩萨行论》第8品第90颂。

一切众生无分别地视同为自己，以众生之苦为自苦，才能生起应有的平等大悲心。因此，佛教的人人平等思想就是要求我们断除“我执”，驱除“自”与“他”的差别，填平“我”和“你”的鸿沟。这为我们现代人处理复杂的人际关系提供了深刻的启发。它告诉我们，人生是彼此联系的，你和我是相互依存、平等无差别的，只有平等相处，互敬互爱互助，才是人类得以和平持续共生共存的唯一希望。因此，如果大家都能生起这种观一切众生如同自己的平等心，我们社会就会更加安定团结，和谐宁静。

其次，人与动物的平等。佛教主张一切众生皆有佛性，即所有的生命体都有成佛的可能性，其中当然包括一切动物。从这点来说，人与动物没有高下贵贱之分，动物和人的生命一样珍贵，生命都是平等的。因此，佛教认为动物作为有情众生的一部分，其生命的价值应该得到尊重，平等慈悲的对象不应仅仅局限于人类，也包括一切有情众生。所以佛教提倡尊重生命，保护动物，反对杀生。在佛教看来，不杀生就是第一善业，而杀生则是十恶不赦的重罪，如《华严经》云：“于中杀生之罪，能令众生堕于地狱、畜生、饿鬼。若生人中，得二种果报，一者短命，二者多病。”[①]《菩提道次第广论》也明确指出，杀害“大身傍生”是重罪。在佛教基本五戒中，第一条就是不杀生，要求每一个佛教徒都要努力戒杀护生。在反对杀生的同时，佛教还主张“放

① 《大正藏》卷9，p. 549a。

生”，有些寺院每逢佛诞或初一、十五大法会期间，专门举行放生的法事活动，宣传保护动物。佛教不杀生的宗旨即在于众生平等的慈悲精神，以一种平等的视角和心态去护持、尊重一切生命，认为一切众生都有生存的权利和自由，人类并没有主宰或随意杀害动物的权力。

佛教这种众生平等、戒杀护生的理念在藏传佛教中得到了很好的继承和发扬。如宗喀巴大师指出：“皈依三宝后，就要断除伤害众生的信念……我们对其他人或者对畜生决不能鞭打、捆绑、囚禁、穿鼻孔、脚踢、追赶、强迫使其驮沉重的驮子等。”① 他还驳斥了种种反对禁杀牲畜的奇谈谬论，他说：“做杀害牲畜祭祀以为是在求正法，所以持此邪见杀害众生；又婆罗门等众外道为了满足食肉的愿望，借口说出一切畜生是由世主赐给人、天所受用的食物，所以杀害牲畜就没有罪过，说出种种邪知邪见的言词，而后又说这些都是为了正法故而杀生等等，以上这些所作所为皆属重业。”② 指出作为一个正信的佛教徒要敬重生命，不可滥杀无辜。久米德庆的《汤东杰布传》中③，介绍了汤东杰布到羊卓雍湖时，看见渔民们打鱼杀生，就规劝渔夫们说：“以捕鱼而造孽的渔夫们听我说，世间十不善之罪恶，罪大恶极就数杀生害命，杀生好比睁着双眼跳悬崖，最终必把自己害。”接着，

① 华锐·罗桑嘉措译《菩提道次第广论》上卷，p. 157。

② 华锐·罗桑嘉措译《菩提道次第广论》上卷，p. 196。

③ 参见才让《藏传佛教慈悲伦理与生态保护》，载《西北民族研究》2007 年第 4 期。

他给渔夫们讲述了因果轮回的关系和弃恶从善的意义。渔夫们听罢，发誓再不干这种杀生的行当。米拉日巴的《道歌集》中，有一首歌唱道："嗟呼！悲哉！轮回诸有情，何不向上看取解脱道？业苦哀号呼声令人悲！错以人身有暇何愚昧！屠杀无辜众生甚可怜，所行自找苦恼甚伤哉，杀戮父母罪肉排成墙。嗟呼！何事较此更可悲！流血成渠何去何从哉？肚虽饥饿忍食此肉耶？如斯愚昧造罪深可哀！"① 这是米拉日巴大师在市场看到屠杀动物的情景而唱出尊重生命之歌，表达了大师对动物怜悯的慈悲心怀。歌中他将牛羊称为"父母"，认为杀害动物就等于杀害自己的父母，劝导人们爱惜生命，远离杀业。藏传佛教噶举派、噶当派、格鲁派等在修习菩提心和慈悲心时，也主张将所有众生观想为自己的父母，称为"有情如母"。这种"有情如母"的观念，不仅表达了生命在本质上是平等的思想，而且树立了一种尊重生命的态度，深刻揭示了人与动物之间的密切关系。

藏族地区自古以来多以游牧为主，牧民以食肉为生，这是由于生存环境所迫，所以做到不杀生几乎不可能，但他们能够做到最低限度地杀生，而且有放生的习俗，许多藏族地区还禁猎。这与佛教众生平等的思想和大师的教化是分不开的。因此，佛教不杀生理念为高原动物，尤其是野生动物带来了福音，在保护动物和人类的生存环境方面发挥着重要的作用。

① 张澄基译：《米拉日巴大师全集》第49篇《被宰的羔羊》。

第三，人与自然的平等。佛教的“众生平等”思想，不仅强调人与人之间、人与动物之间的平等，更主张人与自然界的平等。前面已说过，“众生”在广义上也包括无情众生，佛教认为山河大地、花草树木也有佛性，所谓“无情有性”，即佛性遍一切处。所以，在佛性这点上，有情众生和无情众生是平等的。佛教的“依正不二”思想很好地说明人与无情众生的平等关系。所谓“依正”就是依报和正报的意思，根据佛教的说法，我们由过去业所感的身心叫做正报，即生命的主体；而我们身心所依托的赖以生存的山河大地，即环境叫做依报，这两者是密不可分的。有情众生的“正报”必然同时伴随着无情众生的“依报”，所以称之为“依正不二”。获得正报的人类必须依赖依报的自然界才能生存，如果没有自然界的依托，人类就不可能存活下去，也就是说，佛教把生命体与生存环境看作是一个不可分割的整体。纵观现在世界一些地方只顾眼前利益，大力发展经济，过度开发自然资源，严重破坏了生态环境，造成地球变暖、空气污染、土壤沙化、生态失衡，使得人类生存环境面临前所未有的严峻局面。这都是由于对人类与自然环境是一种紧密相连、相互依存的平等关系理解不够、重视不够所致。如果能够以佛教的“依正不二”的思想，敬重自然、摄护自然、仁爱万物，那么我们的环境就会变得和谐、美好而舒适。

总而言之，“众生平等”思想既是佛教的基本理论，也是处理人与人之间的关系，以及人与有情众生、自然界之间关系的基础，也反映出佛教的生命观、自然观与理想价值观等伦理思想。这对我们构建和谐社会、保持生态平衡和保护自然环境都起到了积极作用。

此外，佛教还提倡“国家平等”的主张。如《寂调音所问经》卷1云：“一切刹土平等无尽故，诸佛等正觉不可思议，一切法空众生自性无我。诸善男子！我观平等性如是，故作是说言：一切刹土平等，一切佛法众生平等。”①刹土就是国土的意思，刹土平等就是国家平等。佛教认为国与国之间应该是平等的关系，没有大小、强弱、先进与落后之分。如果能做到平等共处，世界就会和平。然而，现今世界有些国家推行霸权主义，恃强凌弱，以大欺小，干涉他国主权和内政，从而造成许多国家动荡不堪，民不聊生。所以，要实现世界和平，就应提倡国家平等，相互尊重。古希腊七贤之一的梭伦（Solon，前638年—前559年）说：“有平等就不会有战争”。所以佛教的刹土平等思想有助于建立国与国之间平等相处的和平秩序。

四、结语

佛教的根本思想——缘起论揭示了世间万事万物都是由因缘和合而生，并没有一个万能的创世主和主宰者，从根本上否定了高高在上、左右人类命运的最高神。所以佛教不仅

① 《大正藏》卷24，p. 1086b。

主张人与人之间的平等，而且主张人与神、人与佛的平等。如《菩提行经》卷2云：“如来及于法，与有情平等，尊重于佛故，尊有情亦然。立意乃如是，于自无所作，以彼大平等，平等于有情。大意于有情，慈心而供养，发心如佛福，如佛福可得，是故佛法行，佛有情平等。”① 这里明确指出如来、一切法、有情众生三者是平等无二的关系，强调尊重有情众生就是等于尊重佛，应以大平等之心对待一切有情，要以慈悲心布施供养一切众生，因为佛与有情众生是平等无别故。

佛教的平等观不仅是佛教的根本教义之一，也是佛教修行的一个重要法门，同时也是开悟后的一种真实体验，如佛陀所证悟的境界被称为“平等觉”，因为佛陀的正觉没有高下深浅的分别。净土宗则有《无量清净平等觉经》，此经开示了阿弥陀佛以清净平等觉摄受众生的悲愿和庄严国土的情形。唯识学派“转八识成四智”中的由第七末那识转变而成的“平等性智”则是唯识学派所主张的果位境界之一。第七末那识又名染污识，因为此识恒与我痴、我慢、我见、我爱四烦恼相应，所以我执太重，故名染污。唯识学派认为只要断除这个顽固的我执就能获得“平等性智”。可见此智是以“无我”为前提，因为没有了“我”，就没有你我之分，自他平等。人类的许多争执，甚至战争几乎都是因为我执、我见太重所引起。如果能够破除我执，消除我见，就能

① 《大正藏》卷32，p. 550a。

化解矛盾，避免争执甚至战争。而且获得平等性智不仅能了知自他平等及一切事相，更能于一切众生生起无缘大慈、同体大悲之心。如《佛地论》说："平等性智乃观自他一切皆平等，大慈大悲恒常相互契合而无间断，故建立佛地无住涅槃。"慈悲就是为众生拔苦予乐，即慈爱众生并给予快乐就是慈，感同身受为其除苦即是悲。凡有平等心的人必定具有慈悲心，平等是慈悲的基础，慈悲是平等的具体表现。所以，佛教的平等是一种彻底的平等、究竟的平等、绝对的平等。因此，深入挖掘、阐述和弘扬佛教的平等思想，不仅对建立人与人之间、民族与民族之间的平等相处秩序，对于构建和谐社会、保护环境、平衡生态也有深远的意义。同时，对于国与国之间的和平共处也有一定的作用。

藏传佛教度母信仰中所体现出的佛教平等思想

陈立健

一、佛教平等观的内涵

在古印度，是否主张平等为区分佛教与婆罗门教的重要标志。古印度婆罗门教宣扬并坚持种姓制度，在其古典文献《梨俱吠陀》中提出梵天以身体不同部位创人，分为四个种姓：婆罗门、刹帝利、吠舍和首陀罗。人从一出生就有高低贵贱。种姓制度经过历史长期的演变，在四个种姓之外又出现了更多复杂的分化，总计有数以千计的亚种姓。种姓制度之下，个人的社会地位由种姓决定，不同的种姓承袭不同的职业，这种差别世代相承，不能改变，而且各个种姓之间互不通婚，以保持严格的界限。这实质上是一种变相的阶级制度，通过种姓来固化各社会阶层。而佛教作为古代印度沙门思潮的一支，在创立之初就是以反思婆罗门教教义，反对种姓制度的面貌出现的。佛教在信仰和修行上的平等主张突破了婆罗门教等级差别的观念，在教理上显示出极大的公正性，从根本上冲击了不平等的种姓制度。

佛教所说的“平等”在《佛光大辞典》中解释为：“梵语 sama，巴利语同。即均平齐等，无高下、浅深之差别。指一切现象在共性或空性、唯识性、心真如性等上没有差别，称为平等。为‘差别’之对称。”[①] 还有“平等”在《佛学大辞典》[②] 中解释为：“无高下浅深之别曰平等”，也即是说佛教的平等意指“无差别”。

佛教的平等观既有“法”的平等：“诸法平等，无有高下，是名阿耨多罗三藐三菩提（无上正等正觉)”；也有“众生”的平等：“一切众生悉有佛性，乃至一阐提等亦有佛性”，即要求大众要有“平等智”，以觉悟之心平等地对待万事万物。由此可见，佛教的平等观是一种普遍的平等观，是佛教的根本教义之一，也是佛教伦理的基础。

佛教宣扬和提倡的平等含义发展至今，形成 4 个层次：1. 人与人平等。2. 人与有情众生平等。身业、语业、意业是轮回转生的动力，人在六道的诸天、阿修罗、人类、畜生、饿鬼、地狱中轮回转生成有情众生，无不平等。3. 人与无情众生平等；4. 人与佛平等。佛教佛、法、僧三宝，以及心、佛、众生三法，于本质上均无差别，人与佛平等。

① 慈怡法师主编：《佛光大辞典》，台北：佛光文化出版社，1993 年。

② 《佛学大辞典》是由近代无锡人丁福保先生转译日本真宗大谷派学僧织田得能著作《织田佛学大辞典》而成。文物出版社，1984 年。

此外，佛教平等观中还强调男女两性的平等。古印度社会传统观念中，女性地位低下，备受歧视。婆罗门教义中女性无论处于何种种姓，都不能通过自身得到解脱，而必须通过依附于男性才能实现解脱，或者寄希望于来世生为男人而实现解脱。释迦牟尼创立的佛教，以众生佛性一如为基础，认为男性和女性的智慧、悟性和德行在佛法中无差别，实现了宗教上的男女平等性。佛教的男女平等观打破了古印度的种族和性别的区分，为女性的宗教信仰谋得出路，为女性出家提供了理论保障。佛教僧团内奉行男女平等、教育机会均等。女性未出家前的地位必须舍去，出家后各尼众平等。佛经记录佛陀为女性讲解佛法，接受女性作为弟子，培养了许多优秀的比丘尼、优婆夷。

佛教平等观是建立在佛教的“缘起论”之上的。随着佛教缘起和性空理论的发展，佛教的平等观也随之不断丰富和发展起来。原始佛教阶段，佛陀由“业感缘起”而识得“无我”，由“无我”进而得出“四姓平等”，再进而宣称“一切众生悉皆平等”。到了大乘般若学，般若智慧又成为进入“平等观”的一个重要桥梁。在般若性空的境界里，一切人、法皆无自性，故一切性相悉皆平等。识得性相平等，故能等视怨亲，慈悲无我。般若学发展到中观学派时极力阐扬“中道”思想，并用“中道义”将“有”和“无”统一起来，于是，佛教的平等观又进一步发展为“不二平等”思想。“不二平等”思想形成了一种无差别的境界，它将世间的一切差别统统泯灭，将入世和出世打通，实现真谛和俗谛统一。而这种“不二平等”的极致便表现为华严宗所示“一切诸法都相互为体，相互为用，举一尘即亦理亦事，谈一事即亦因亦果，缘一法而起万法，缘万法而入一法”的“互即互入”“一切平等”的“圆融无碍”境界。

二、藏传佛教度母信仰

在藏传佛教中，度母是重要的女性神祇之一，也是最为普遍、被刻画得最多的宗教艺术形象，她与观世音菩萨、莲花生大师被同奉为“世间三殊胜之神”，在藏地的男女信众中有着广泛的影响力。

度母信仰来自于古印度的多罗菩萨。其以度母的样貌传入西藏以后，度母信仰被抬到了极高的地位，度母不仅是具有救度功能的女菩萨，并且作为密宗修行的本尊之一也受到了相当的重视，虽然藏传佛教不同教派之间修行的本尊和法门有所侧重，但作为本尊的度母，超越了教派之别，被各个教派普遍尊崇为本尊，成为藏传佛教各教派平等对待的神祇。

度母在藏地得到普遍信仰，是阿底峡尊者[①]来藏之后的事。为藏传佛教的后弘起到重要作用的印度高僧阿底峡尊者对度母有虔诚的信仰，由于他的影响，藏地才开始普遍信仰度母本尊。阿底峡的传记中明确记载他的本尊为度母，度母在其一生的关键时刻都起到了重要的影响，因此他本人对度母的尊奉以及在他的文集中收有多部度母修行法或仪轨，后来度母被尊为藏传佛教噶当派“四本尊”之一，也与阿底峡有着密切的关系。由于阿底峡对后弘期藏传佛教复兴运动深具影响，因此可以说他是藏传佛教中度母信仰的奠基者。此后，成书于1604年的觉囊派高僧多罗那他的《黄金宝鬘·明说度母教法源流》[②]，对度母信仰的流布情况做了总结和完善，对度母信仰起到了进一步的推动作用。多罗那他的这篇文献是极其少见的专门集中讲述藏传佛教密教中某一本尊神祇的来历与传说故事的作品，无论是对度母的神话故事还是教法的源流传承都阐释得最为集中与清楚。

---

① 阿底峡（982—1054）：意为“殊胜”，原名月藏，法名燃灯吉祥智。出生于东印度（现孟加拉国达卡地区）萨霍尔王室，曾任那烂陀寺、超岩寺住持。吐蕃王后裔古格王子意希沃、绛曲沃以重礼相聘，至阿里传播佛教3年。后又在卫藏传教9年，1054年于前藏聂塘去世，终年72岁。他著有《菩提道炬论》等20多种著作，译著也很多，对后弘期藏传佛教的发展起过重大作用，被尊为噶当派祖师。其一生对古印度与藏传佛教文化的交流贡献巨大，藏族一般尊称他为“觉沃杰”，意为尊者。阿底峡的佛学著作对格鲁派师祖宗喀巴佛学产生了重要影响，格鲁派又被称为“新噶当派”。参见《佛教人物传》电子版。

② 作者对照藏地已经流传了几百年但是没有系统的文字记载的度母教法的来历以及度母教法在印度和西藏的传播过程首次做了详细的叙述和说明。

有关度母的修持法是藏传佛教教法仪轨中不可或缺的部分，在藏地广泛流传。藏传佛教的度母教法有其法本、仪轨、坛城、真言等完整体系，并贯穿于四部瑜伽中，是藏传佛教不同教派在密法修持中共同尊奉的本尊。以绿度母为主尊的二十一度母①是藏传佛教中最为普遍的女神形象，在整个藏传佛教体系中都占有举足轻重的地位。一些藏传佛教寺院还建有专门的度母殿；很多寺院每月至少会举行一次二十一度母法会（又称“度母四坛城仪轨”）。度母信仰甚至被西藏本土宗教——苯教吸纳入其神灵体系中。毫无疑问，度母信仰是藏族地区最为普及、最为世俗化、影响最为广泛的女性神祇信仰。

度母信仰被藏族社会各阶层广泛接受和信仰，并在历史上广为传播，如上自元朝帝师八思巴、一世达赖喇嘛这样的著名宗教领袖人物，下至社会底层的贩夫走卒，都普遍接受这一信仰。其中一世达赖喇嘛根敦珠巴的修行本尊就是度母。度母还是在藏族社会中得到广泛信仰的一种社会性极强的救护神，相对于大威德金刚、胜乐金刚、马头明王、金刚手、喜金刚等密宗本尊，度母的社会认同度和了解度更高，度母修行法也更为简便。在藏传佛教的各个教派中，度母既

① 二十一尊度母依次为：奋迅度母、威猛白度母、金颜度母、顶髻尊胜度母、吽音叱咤度母、胜三界度母、破敌度母、摧破魔军度母、供奉三宝度母、伏魔度母、解厄度母、烈焰度母、颦眉度母、救饥度母、大寂静度母、消疫度母、赐成就度母、消毒度母、消苦度母、明心吽度母和震撼三界度母。藏传佛教认为度母的幻化之身是不可胜数的，会随缘应化，以不同法相出现，主要有二十一相，以及五本尊，即绿度母、白度母、黄度母、红度母、黑度母。在藏族传说中，初唐远嫁吐蕃的文成公主是绿度母的化现。

可作修持密法的本尊，亦可作遇到各种危难时祈请救护的女神。正因为如此，度母特别受到藏传佛教女性信众的崇敬。度母无有分别、慈悲、闻声救度的形象时时出现于普通信众日常功课的祈祷声中，成为弱者最为坚实的依怙。由此可以看出，度母在整个藏传佛教神灵体系中都占有非常独特而重要的地位。

度母信仰深入到藏族日常生活的很多层面，其中一个有趣的现象就是在很多藏族人名中都有以度母来起名。从信仰的角度来说，这种以神灵的圣号入名是一种与神灵建立直接的联系，以寻求护佑的意图。藏语“卓玛”（度母）经常会出现在女性的名字中，“卓嘎”（白度母）也较为常见，“卓玛”或者“卓嘎”既可以单独来命名，也可以和其他的词语组合来命名，如“才旦卓玛”（长寿度母）、“德吉卓嘎”（幸福白度母）、“央金卓玛”（妙音度母）等，由于叫卓玛的人很多，出现重名的概率也很高，需要加以区别，这也是一个有趣的现象。卓玛或卓嘎不仅出现在女性名字中，在一些男性的名字中也会出现，如“卓玛太”（度母解脱）等，体现出度母的护佑不分男女，普遍存在于信众的日常生活中。以度母作为女性名字的习俗还传入到了信仰藏传佛教的蒙古族地区，从一个侧面说明了度母信仰在藏传佛教信仰圈中深远的影响力。

三、度母信仰体现的佛教平等思想对现实生活的人文意义

度母信仰最突出的特征是“闻声救难”，依照唐代不空翻译的《佛说大方广曼殊室利经》中的记载，多罗菩萨，即度母有如下发愿：“谁在变苦，谁在流溺生死海中，我令誓度！”而这种救度是不做差别、平等无二的救度，一切有情众生，无论贫富，无论老弱，无论内外道，在度母信仰中都得到一视同仁的对待，有求必应，有苦皆拔，有难皆度。

受古代印度传统文化的影响，早期佛教虽然接受男女平等的观念，但仍认为女性之身具有五障三从的妨碍，会影响到究竟解脱。五障三从是指女性所具有的五种障碍与三种忍从，五障指不能成为梵天王、帝释天、魔王、转轮王、佛；三种忍从是指幼年从父、婚后从夫、年老从子，又称三监、三隔。[①]

而在多罗那他的《黄金宝鬘·明说度母教法源流》中讲道，当度母的前身意希达瓦公主初发菩提心之时：

> 当时，众比丘对公主劝促说：以你所积造之此等善根，应发愿祈祷来世获得男身而作弘法利生之事，岂不更善。在公主和诸比丘经过多次问答后，

① 慈怡法师主编：《佛光大辞典》，台北：佛光文化出版社。

公主说："在此无有男士亦无女，无我无人亦无心意识。假名安立男女无意义，世间庸愚而生妄分别"。又曰："很多人认为男身者易证菩提，而认为女身能利益众生者甚少"。于是公主发誓曰，直至轮回未空之间，我将以女身来作救度众生之事。①

这段文字体现出超前的平等意识。

基督教强调："爱你的邻人如爱你自己。"②相比较而言，佛教的平等思想更为深刻，包容性更强。基督教强调的是信徒可随时借着基督之死直接和上帝来往，信者得永生，强调的是信。佛教强调的是自身的修炼和感悟，佛徒悟道就是佛，与佛菩萨平等。同时，佛教不仅提倡世间一切众生皆有佛性，而且将佛性扩大到存在的种种无情物体，提出了无情有性说，把佛教的平等观包容性扩大到最大度。在这种大范围的平等精神影响熏陶下，人会产生包容的心态，会以平等态度对待社会和所有众生。度母信仰最终所体现的境界正是如此，达到这一境界的修行者即与度母无别，与万物一体，这是真正的大平等。

在虔信藏传佛教的农牧区，度母不仅常常供于普通信众

① 布楚活佛编写：《至尊圣救度母应化事迹》。

② 原文出处为马太福音："'你要全心、全性、全意爱你的神。'这是最重要的第一条诫命。第二条也和它相似，就是要爱人如己。全部律法和先知书，都以这两条诫命作为根据。"马太福音第二十二章：37—40页。

家庭的佛龛中，普通的男女信众很多会背诵《二十一度母礼赞文》，念度母心咒和《度母赞颂文》等来祈祷度母的人非常多，成为每天必行的功课之一。度母作为金刚乘最重要的修行本尊之一，不管男女信众，在信奉度母上都平等无二，只要是修行度母法都可达到“即身成佛”，因此兼具了救度、救护、救难的功能，使得度母成为“上摄十方诸佛菩萨、下摄六道轮回众生”的重要神祇。

度母信仰中所体现的平等观对多元文化的包容力在现实生活层面有着建设性的作用，这种多元文化的包容力对于和谐社会的建设也具有重要的意义。

藏传佛教度母修行中要求修行人要自他相换，要爱人如己，要发愿让众生不离安乐于安乐因，永离苦难和苦难因，这种自他平等的胸怀在充斥宗教、种族的排斥，以及男女、地域的分歧的当今社会无疑是一救治人心的方剂。唯有人我共尊、平等对待才能达到和平共处的境地。不仅国与国之间、种族与种族之间应该平等相待，人与人之间也要平等相处。只有视人如己，才能爱人如己。

度母信仰中所体现的平等精神提醒我们，见到别人遭受苦难，要设身处地地为对方着想，“假如他是我，或假如我是他”，如此立场互易才能建立自他平等相处的融洽关系。度母的悲心蕴于“一切众生悉皆平等”，“一切众生悉有佛性”的佛教基本原则之上，佛陀已经向我们开示，社会上存在的种种非正义、战争以及个人的痛苦和烦恼，其实都根源于人类的“无明”———即对佛法揭示的诸法实相不明白，只要人类处在“无明”的状态中，就不可能有真正的理解、爱和同情。明白度母的精神意味着究竟明了宇宙间的一切事物都是因缘所生法，没有独立实在的“自我”，换句话说，明白度母精神就是明了一切诸法在缘起和真如的层面上都是平等的、无差别的。

从现代的人文观念来看，度母修习中所反映的平等思想走在了时代的前面。依照文化相对论的观点，文化本身并没有高下之分，不同的文化有其独特的价值。文化被人类学家定义为一个群体所共享的价值、理念和行为准则，不是天赋所有，而是由后天习得，故而具有可复制和传播的能力。文化包含人的精神生活各个层面，如宗教、哲学、艺术等，其中宗教作为一种特殊的思维活动为人类所独有。佛教在文化上的平等性，用现代的语言阐述，即是对多元文化的尊重和包容。从佛教传播的历史来看，佛教进入不同地区都经历了一个对当地原有文化的本土化适应过程，如传入中原地区就与儒家文化与道家学说融合；传入青藏高原地区与藏族原有文化融合等，从而形成当前佛教遍及不同国家和地区，具有不同表现形式的全球性宗教的现状，但无论外在的表现有什么样的差异，其核心思想从未改变，而度母信仰正是佛教平等观较为集中的体现。

佛教平等观及其对当代佛教信仰者的启示

拉先加

平等观念是佛教教义中的重要观念，是佛教的根本教义之一。佛教提倡的平等与慈悲，是佛教关于人与人之间、人与自然之间、人与社会之间关系的基本原则，是佛教教义中的基本伦理。在佛教教义中，平等是指对他人、对其他众生的尊重，只要有了这种尊重，随之就会产生对他人和其他众生的关怀，这种关怀就是我们通常所说的慈悲，所以平等是慈悲的思想基础，慈悲则是平等的道德体现。在浩瀚的佛教文献中，我们能够处处找到佛教对于平等观念的明确表达，如："诸法平等，无有高下，是名阿耨多罗三藐三菩提"，"一切众生悉有佛性，乃至一阐提等亦有佛性"，"心佛及众生，是三无差别"等等；在佛教教义中也处处隐含着平等思想：如缘起性空、众生平等、人人有佛性等等。佛教的这一系列平等观，不仅贯穿于整个佛教发展的历史，而且在当今社会条件下，仍然发挥着重要的作用。对佛教平等观做出符合时代特点的阐释，能够纠正当下人们信仰佛法时的诸多误区，也可以净化佛教的信仰世界，为佛教的健康发展和佛教服务社会等方面也产生着积极意义。

一、释迦牟尼提出平等观的时代背景

抛开佛教教义形成的内在逻辑，仅从历史的角度而言，佛祖释迦牟尼提出平等观念有着鲜明的时代背景。众所周知，公元前的印度盛行种姓制度，整个社会因种姓差别，等级森严，隔阂极深。公元前6世纪至5世纪，恒河流域农业、工业、商业有了很大发展，旧有的阶级制度发生变化。这时候印度社会中出现了不同的阶级或种姓，关于这一点在佛教的原始经典，比如《阿含经》中作了清楚的等级划分：王族、婆罗门、庶民、隶民、屠夫、清道夫。在种类繁多的阶级或种姓中，婆罗门一直作为社会金字塔顶端的阶级，在当时印度社会中处于至高无上的位置，其他种姓均受到来自婆罗门和婆罗门教的欺压，整个社会等级森严，不平等的现象随处可见。

另外，据史书记载，当雅利安人入侵恒河流域时带来了早期的古吠陀教，随着雅利安人同土著融合，形成印度人之后，古吠陀教也被不断改良强化，形成了古婆罗门教，最终形成吠陀天启、婆罗门至上、祭祀万能三大纲领。当古印度社会向封建社会进化后，这三大纲领凸显出它的问题，作为国家领导者的军事贵族阶层属刹帝利种姓，没有对宗教行为的解释权，在国家权利的行使中，处处受到婆罗门祭祀阶层的限制。当时的婆罗门重视祭祀，认为祭祀万能，便不断地杀毙牲畜，大大地破坏了农耕生产。由此，公元前6世纪左右，印度社会中出现了沙门主义思潮。

沙门是那个时代革新思想家的总称。他们游历各地或在森林修行，或在村落说教。作为说法的报酬，人们向他们布施食物，他们依此维持（乞食）生活。他们因生活方式不同而被称作游行者、遁世者、苦行者、行乞者（比丘）等，团体指导被尊称为沙门。沙门是僧伽，为宗教共同体之主、教团之主。古代的婆罗门社会主张血统的纯粹，婆罗门种姓自认为其在诸种姓中地位最高，而沙门共同体却不问阶级和身份，都允许出家。

此一时代，农村社会姑且不论，在城市中，刹帝利取代婆罗门，地位得到了提高，国王虽被认为是社会的最高统治者，但不被认为是神圣的。他们对宣说人人皆应尊奉之法的沙门，亲自拜访受教。沙门主义者面对婆罗门，针锋相对地提出了众生平等、珍爱生命、忌杀生的观点。沙门主义思潮最终衍生了印度历史上两个独立的宗教，即佛教和耆那教。佛教创始人释迦牟尼继承了沙门思潮中的众生平等思想。释迦牟尼佛在传播其教法的过程中这样提倡：“……但使堪运重，不问本色生。人复亦如是，各随彼彼生，刹利婆罗门，吠舍首陀罗，旃陀罗下贱，所生悉不同，但使持净戒，离重担烦恼，纯一修梵行，漏尽阿罗汉，于世间善逝，施彼得大果"①，这里说的是无论是哪个种姓的人，只要他信佛教并修行，即可得解脱。另外，佛经中还记载："不应问生处，宜问其所行，微木能生火，卑贱生贤达"②，"汝今当知，今我弟子，种姓不同，所出各异，于我法中出家修道，若有人问：'汝谁种姓'，当答彼言：'我是沙门释种子也'。"③ 这种带有沙门思潮的佛教教义，突破了婆罗门教在信仰上有等差的观念，在教理上显示了更大的公平性，从而极大地冲击了不平等的种姓制度。在早期佛教传播过程中，沙门思潮所提倡的不问身份、不问高低贵贱、人人平等的思想，促使佛教迅速在印度广泛传播开来，为佛教的发展起了举足轻重的作用。

二、佛教教义中的平等观

平等观贯穿于佛教整个思想体系，是佛教的重要内容。在佛教的一些基本教义中，均包含着平等观。佛教所提倡的平等观，与我们平日里所说的平等有所不同，两者的差距体现在广义和狭义之上。世间的所谓平等，其实是狭小的，它仅仅讲政治、经济、教育等方面的平等，或者男女平等等，或者讲人生来就有的一些差别，比如出生门第、相貌、品

① 《杂阿含经》。
② 《别译杂阿含经》。
③ 《长阿含经·小缘经》。

行、智慧、体格等，不是“彻底”的平等。在佛教所提倡的平等的范畴里，这些均是假相的差别，归根结底，其实质是“彻底”的平等，所以佛教所说的平等观，是广义的平等。在佛教教义中，平等观不是局部的平等，而是全面的平等，不仅说人与人平等，佛与佛平等，还认为人与佛、人与动物、人与天神等都是平等的。不单说有情平等，一切心法、一切色法、心法与色法、因法与果法，无不平等。所谓“是法平等，无有高下”。但众生所以有差别相者，因为迷失本性，起颠倒邪见，遂妄见种种差别，实则各各本性依然平等，未尝改变。

1. 众生平等

在佛教教义中，世间众生平等，无本质差别。由于无知，沦为众生，在六道即天、人、畜生、饿鬼、地狱、阿修罗中生死轮回。面对这种三世轮回，即前世、现世、来世，众生皆平等，都要受轮回的痛苦。佛教所提倡的众生平等中具体包含四个层次：

一是人与人之间的平等。佛教教义认为人与人之间生来就是平等的，不以等级、出身、贫富论高低、贵贱，佛教强调以人的道德、智慧的深浅论人的高低，以道德、智慧的修持素质进入人生理想境界。每个人来到这个世界时，都是赤裸裸的，没有什么差别；每个人都可以通过修善积德，按照佛法所指的路径走完人生，死后都可以进入西天极乐世界，而作恶造孽者死后就转世在地狱，这些都体现了人与人平等的思想。

二是有情众生之间的平等。佛教认为，在六道中除了人之外还有其他生命的存在，众生二字从字面上也可以理解为众多生命的存在。虽然众生之间存在一定的差别，但众生的生存和生命的本质是平等的。

三是众生与佛是平等的。佛经中有这样的记载："一切众生，莫不是佛，亦皆泥洹。""如来者，万法虽殊，一如是同。"① 我们通常也说佛是觉悟了的人，人是未觉悟的佛，也就是在这个意义上提出来的。故众人皆有佛性，与佛是平等。

四是众生与无情之间也是平等的。所谓的无情，是针对有情而提出来的，花草树木虽没有情感意识，但是有生命的。佛教认为，智慧和慈悲是佛性的具体体现，万物生长在自然界中，自然有其生命的智慧，这也是佛性。这种佛性对所有有情和无情而言均是平等的。另外，强调人与自然环境之间的相互依存。佛教把我们的生存环境看得很高，通常把各种生命体与生存环境看作是一个相连的整体，认为众生也是自然的一部分，而自然同样是众生的一部分。佛经中也有记载："扑落非他物，纵横不是尘。山河及大地，全露法王身。"②

2. 业力平等

"业"是佛教教义中的一个核心术语，原义是指"造作"，泛指一切有情众生的所有身心活动。在这样的身心活

① 《法严经》。
② 《法眼文益》。

动中会产生一种无形的力，这种力将导致众生生命运动的趋向，而形成一定的果。随着业力的不断积聚，在一定的时间和条件下，它将作用于行为者本身。业力是佛教核心教义中因果转换的内在动力。佛教的业报轮回所依据的是个体的行为来确立业报轮回的结果，它给予行为主体选择的权利，因此具更强的公正性。从原始佛教到部派佛教，一直到后来的大乘佛教，都把业报轮回理论作为重要的教义。从这一点看，佛教的业报轮回说则与众生平等思想联系在一起，认为一切有生命的个体，不管其生于何种道、何种姓，也不管他从事何种职业，总是依据其自身的意识和行动所产生的结果，即业力在六道（指天、人、畜生、饿鬼、地狱、阿修罗）中生死轮回。这种业力实现结果的具体体现是我们通常所说的“善恶”“报应”的平等，即善有善报、恶有恶报。

3. 缘起性空的绝对平等理念

缘起性空理论是佛教对平等思想的根本理论基础。所谓缘起，指世间万物是一个普遍联系、互为因果的整体，而不是一个单独存在的个体。对此，佛经中有这样的描述“物不自生，亦不它生”，而是“此有故彼有，此生故彼生，此无故彼无，此灭故彼灭”①。

所谓性空，佛教教义中对其的论证主要有两种基本方式：一是以“因缘”论空，如龙树《入中论》说：“众因缘生法，我说即是空，亦为是假名，亦是中道义。未曾有一

① 《杂阿含经》。

法，不从因缘生，是故一切法，无不是空者。”世间万法随诸条件的聚合和离散而生灭，离开众因缘则没有事物，事物不能主导自己的生灭，故事物没有独立自主的本性，这叫“无自性”，“无自性”故“空”。另外一个是以“唯识”论空，所谓“三界唯心，万法唯识”，宇宙万法皆为心识所变现，如梦如幻，故没有客观实在性，亦即无自性空。宇宙千差万别，但其本性则是共同的，即无自性空，在这个意义上看，宇宙万法是平等一味的，没有丝毫差别。

4. “佛性”的平等

佛教的终极目标是成佛，也就是从轮回中得到解脱。从这个目标而言，佛教为其信仰者提供了一个平等的机会，认为众生皆有成佛的可能。我们可以把佛教所提倡的这种佛性上的平等理解为一种“机会平等”，人人皆有佛性，人人都可以成佛。因为“众生平等”，我们也可以理解为众生皆有佛性，众生（动物）都可以成佛。“佛性”上的平等，是为人性、人格、道德完善意义上的终极平等设定的。

综上所述，佛教教义中蕴含着平等观，平等观始终贯穿于整个佛教教义的理论体系。无论是佛教的宇宙观，即缘起性空也好，还是佛教的因果观，即轮回观念和业力观念，再有佛教的终极目标等方面，均体现着佛教的终极平等观。

三、佛教平等观对当代佛教信仰者的启发

当今社会，纷繁复杂。因为人类自身的局限，生活中处

处会有不平等的现象。在生活中，遇到一些不平等的事时，人们的内心便会产生困惑和不解，而宗教的介入，是人们无法摆脱内心困惑的一种表现。目前，佛教信仰者在社会转型期遇到了很多心理上的问题，社会上出现的各种现象，对其内心的冲击和信仰的迷惑也越来越多，此时，佛教所提倡的平等观念有助于信教群众解决人与人之间、人与自然之间、人与社会之间的问题。

1. 众生平等观，使我们拓宽狭隘的平等理念，有助于摆脱人类自私自利的困境，实现人与自然的和谐相处。随着科学技术水平的提高，人们开发大自然的能力也日益增强，随之而来的是人类对自然界无止境的索取，大面积开发和对自然界的不断破坏，使很多动物濒临灭绝，气候变化无常，各种自然灾害频发，我们的生存环境日益恶化。遇到大灾大难，人们便会产生很多困惑和不解，有的甚至认为世界末日将要来临。其实，从佛教的众生平等观而言，这一切是人类自己的业力所造成的恶果。

佛教认为，众生中的有情和无情在业力面前均是平等的，不仅这样，一切众生均是世界的有机组成部分，每一个生命体都依靠于其他生命体而存在，相互之间的这种依存性是佛教缘起理论的具体体现。人类的每一个举动，都会牵动其他有情和无情生命的命运，我们所积累的每一次业力，都会平等地转化成业果。所以，在信仰佛法时，如能依据佛教众生平等观而思考问题，约束自己的行为，人类就不会为了满足自己永无止境的贪欲而大肆杀害其他动物，也不会为了经济的发展，付出破坏环境的代价。

另外，在佛教平等观中，我们也会得到这样的启发：人与人之间，从根本上是平等的。现实社会中，物质利益和财富积累成了人们主要的生活目标，很多时候，人与人之间的地位因财富和权力而失去平衡，有些人因此显得卑微，有些人因此显得高大。其实，佛教众生平等观为我们在这方面提供了强大的心理基础，即人与人之间本质上无差别，无须因外在条件而改变自己。

2. 佛性的平等，为每个人提供了自信的心理基础。佛教认为，万物众生均具佛性，只是因缘不够，否则都有成佛的可能。佛教的这一理论给每一位信仰佛教的人提供了强大的心理支持。从这一点讲，也有助于纠正现实生活中很多人的信佛目的。人们信仰宗教的目的不同，有的是为了来世得到一个好的业缘，有的则为了达到今世的某些心愿，有的为了忏悔一些罪孽，不管怎么样，信仰宗教的人，其信仰目的可以归结为脱离苦难、获得幸福。为了达到这一目的，人们总是向神像磕头，念诵经文，举行一些宗教仪轨，祈福求佛。在佛教教义中，这些行动固然也很重要，但这不是最重要的，最重要的是人们要认识自己的内心，修炼自己的内心，从而净化自己的内心，要达到心中有佛，慈悲和智慧在心中不断滋生，要认识到自己身上也有佛性，我们要做的就是使这种佛性从隐形变成现形。

在新的时代下，在国家宗教信仰自由政策的背景下，藏传佛教再一次冲破地域和民族的界限获得了弘扬发展的机遇。

1. 在佛法面前，信仰者人人平等。现如今，随着藏传佛教向内地的传播，出现了一批新的信仰者。这些信仰者按照各自的身份对藏传佛教的信仰怀有不同的目的。这些特殊的信仰者与藏传佛教内地传播者结合在一起，出现了一些独特的信仰方式和信仰现象。有些内地的信仰者捐献大量的财物，供养上师，修复庙宇，或者在内地举行一些盛大的放生等法事活动，其中某些信仰者认为凭借自己的财力和势力，可以得到解脱，而一些寺庙也对这些特殊的信仰群体，关照有加，经常性地开示一些法门。其实，在佛法面前，信仰者人人平等，不管你或富或贫、或高或低，从信仰积德的层面而言，都是平等的。佛法不会因为你有财富并捐献大量财富而对你额外开恩，给你提供捷径让你得道解脱；也不会因为你一贫如洗并没有什么财富捐献而对你有所歧视，给你指出弯路让你永世不得解脱。所以说，要铭记众生平等、万法平等，对前来求法的信仰者，按照佛法平等思想，不应按其身份有所区别对待，对一切求法者，应平等对待。

2. 在佛法的具体修习面前，藏传佛教僧侣人人平等。由于历史的原因，佛教经过初期的传播之后，在后弘期开始出现了教派，随后便出现了具有鲜明藏传佛教特色的活佛转世制度。按理说，在佛法面前，人人平等，尤其是在佛法的修习面前，藏传佛教僧侣人人平等，如要区分僧人对佛学知识掌握的高低，最根本的要看他对学习和修炼佛法教义方面造诣的高低。从历史上而言，最初的活佛转世也基于某人在佛学或佛法事业上的极高成就而形成的，之后的每一个转世也需要从佛教基本教义开始入门学习，在寺院学经班中需要与普通学经僧人一起经过系统而漫长的学习五部大论等学习生涯，最终成就与前一世相对等的佛学地位。然而，藏传佛教发展到现在，转世活佛的学经形式方面发生着一些变化，有些转世活佛的佛学地位的形成与普通僧人的佛学地位的形成，有时候没有了平等。藏族有句谚语：“只要你有本事，甘丹赤巴宝座是没有主人的”，这句话其实体现了在佛学修习方面，每个学经僧人都是平等的，应有相等的机会。所以说，我们应该以佛教教义中所包含的平等观，来正视这类问题。

综上所述，佛教中所包含的平等观，基本上贯穿于佛教的所有教义，其内涵是非常丰富的。佛教的平等观，对当代佛教的信仰，对藏传佛教的信仰方面也有很多启发。

浅谈宗喀巴大师《缘起赞》中的平等思想

录目草

宗喀巴（1357—1419）是藏传佛教格鲁派的创始人，也是藏传佛教历史上最重要的人物之一。作为藏传佛教思想的集大成者，他对深奥的显密教义做了深入浅出的阐释，并在这些思想的指导下进行了宗教改革，影响极其深远。

宗喀巴的“缘起自性空”思想是其佛学思想中最核心的内容，也是其成功地进行宗教改革的最重要的理论依据与思想武器。宗喀巴大师在《缘起赞》中，在弘扬释迦牟尼佛时，以佛陀讲述的自己的悟道过程，和宣讲缘起这样深奥的法门，来赞扬释迦牟尼佛，这也是《缘起赞》的由来。换言之，《缘起赞》不是赞扬缘起，而是通过缘起来赞扬释迦牟尼佛。宗喀巴大师认为，所有的神通、四禅八定以及其他的世间功德，都不如证悟缘起。因为前者不能解决生老病死的问题，唯一能解决生老病死的方法，就是证悟缘起性空。从这方面来称赞佛陀，是最殊胜的方式。

佛教的平等思想基于缘起学说。按照缘起说，任何事物都不能离开因缘而独立存在。同样，每个人也都与其他众生息息相关。从三世因果关系来看，众生在过去世可能是自己的父母或兄弟姐妹等亲人。这种人与人、众生与众生的密切相关性，正是平等思想的出发点。佛教的平等思想体现了生命观、自然观与价值观的统一。

一、《缘起赞》写作的背景和时间

据《宗喀巴大师传》[①] 记载，在后藏两地因善辩而名声在外的贾曹杰（1364—1432）[②] 成为宗喀巴大师的弟子后，大师想在西藏涅区[③]召开转法轮大会，当地的热仲堪布（རྒྱང་མཁན་པོ）作为施主，并且得到了涅区僧俗的支持和供养，召集僧人前来参加法轮大会，使得僧伽会众圆满地完成了承世供养诸事。此后大师前往沃卡（འོར་ཁ）的静修地拉顶（ལྷ་སྡིངས）驻锡一年。在此期间，大师修持瑜伽等法，并为侍从讲经说法。但是大师自从专修以来，在中观应承和自续思想精要方面尚存疑问，因此向与至尊文殊无别之上师多次祈祷，而且反复深思。梦中见到怙主龙树、圣天、佛护、月称、清辨诸师对有无自性之观点进行探讨，其中有一身体呈

---

① 结旺却吉：《宗喀巴大师传》，西藏人民出版社，2009 年，第 183—184 页。

② 贾曹杰：名达玛仁钦，后藏仰垛人，10 岁出家，师事萨迦派名僧学显密教法。34 岁师事宗喀巴，协助其创立格鲁派。

③ 涅（གཉལ）：地名，在今西藏自治区隆子县境内。

蓝色、体形魁梧的人说他即是佛护[①]班智达，手持中观梵本《佛护释》前来进行加持。第二天阅读《中论佛护释》[②]时，读至“外境于名言有，自性于胜义无”一句时便开悟了。对于应成派中观见的究竟要点及其所破之界限等，未多费力即有了与以前不同的究竟定解，一切执相的缘念皆归破灭，消除了所有对于空性之义的疑义，如实地现见真实义（即空性）。因此，大师意识到过去在洛扎（ལྷོ་བྲག）时由堪钦恰多哇（མཁན་ཆེན་ཕྱག་རྡོར་བ།）以及在涅区色杰岗（གསལ་རྗེ་གངས）时，至尊文殊所作的两次预言中所说，依于印度一位班智达的身像，及其所著论述，对于甚深（空性）之义，能获得究竟的悟解等语，正式应验了。大师敦促后学阅读阿阇梨佛护所著释论，其原因在于阅读其释论对中观正见的要点，有获得究竟定解的缘起。而且大师在撰写《中观根本广释》时，对论中的难点要义，大都引证佛护的释论来作解说，其原因据说也是有那一段缘起的关系。那时，大师由于知道开示甚深缘起的导师为释迦佛世尊，因而对其十分的虔诚和有信心。依此信力而说缘起之赞，著《缘起赞颂善说精要》，简称《缘起赞》。

宗喀巴大师祈祷文殊，得到加持，反复修习中观根本

---

① 佛护（Buddhapālita，约470—540）生于南印度的耽婆罗国（Tambala）的雁戏（Haṃsakrīḍa），后出家，从龙友（Nāgamitra）的弟子僧护（Saṃgharakṣita）学法，主要活跃于南印度，驻锡于弹荼补梨（Dantapurī）寺，宣讲教法，曾为龙树与提婆的论著撰写多部注疏。

② 《中论佛护释》通过为偈颂补充推导过程而建立起归谬论证体系，即不正面立论，而是通过举出敌方论点的矛盾之处来表明自己的主张。这一思想体系对后世的影响巨大。

论——佛护所著《佛护释》，获证龙树师徒正见。开悟后对整个缘起性空法门生起了无比的信心，对本师释迦牟尼佛也生起了不退转信。以此因缘而著《缘起赞》，也就是说，这是大师开悟后所著的第一部论典。根据宗喀巴大师年表，虽然没有记载著此赞的确切时间，但缘起赞中的“然幸将近终，命相续未没，于尊略生信，想此亦善根”。意为幸亏在我临终时，能对佛陀生起特殊的信心。仅仅想到这一点，也是我最大的福分。据此，大致可以推断此赞是宗喀巴大师46岁左右时所撰。

二、《缘起赞》的相关注疏和汉译本

自宗喀巴大师著《缘起赞》之后，藏族的历代高僧大德和学者对《缘起赞》作了大量的注解，以便普通僧众和信徒能够理解其要义和精华。在此列举几部经典的、影响较大的注疏本：

二世达赖喇嘛根敦嘉措（རྗེ་དགེ་འདུན་རྒྱ་མཚོ། 1475—1542）的《〈缘起赞〉词义明无上方法》《རྟེན་འབྲེལ་བསྟོད་པའི་ཚིག་དོན་གསལ་བྱེད་བླ་མེད་འཇུག་ངོགས།》、卓尼・扎巴协珠（ཅོ་ནེ་གྲགས་པ་བཤད་སྒྲུབ། 1675—1749）的《缘起赞除断常之见月光释》《རྟེན་འབྲེལ་བསྟོད་པའི་ཊཱིཀྐ་རྟག་ཆད་ལྟ་བའི་ཚ་གདུང་སེལ་བྱེད།》、普觉・阿旺强巴［ཕུར་ལྕོག་ངག་དབང་བྱམས་པ། 1682—1762（1768?）］的《〈缘起赞〉释光之鬘》《རྟེན་འབྲེལ་བསྟོད་པའི་ཊཱིཀྐ་འོད་དཀར་ཕྲེང་བ།》、恰合儿・洛桑慈诚（ཆ་ཧར་བློ་བཟང་ཚུལ་ཁྲིམས།）的《〈缘起赞〉格律修持

法》《རྟེན་འབྲེལ་བསྟོད་པའི་ས་བཅད་ཉམས་སུ་ལེན་ཚུལ།》、章嘉·若贝多吉（ལྕང་སྐྱ་རོལ་པའི་རྡོ་རྗེ། 1717—1786）的《〈缘起赞〉释善说宝库》《རྟེན་འབྲེལ་བསྟོད་པའི་འགྲེལ་པ་ལེགས་བཤད་ནོར་བུའི་བང་མཛོད།》、杰拉然巴阿旺彭措（རྗེ་ལམ་རིམ་པ་ངག་དབང་ཕུན་ཚོགས། 1922—1997）的《缘起赞释持见之光》《རྟེན་འབྲེལ་བསྟོད་པའི་འགྲེལ་པ་མཐར་འཛིན་མུན་སེལ།》、夏尔东仁波切（རྗེ་ཤར་གདོང་བློ་བཟང་བཤད་སྒྲུབ་རྒྱ་མཚོ། 1922—2001）的《缘起赞释善说宝藏开启之钥》《རྟེན་འབྲེལ་བསྟོད་པའི་འགྲེལ་པ་ལེགས་བཤད་ནོར་བུའི་བང་མཛོད་འབྱེད་པའི་ལྡེ་མིག》等等。以及宗喀巴《缘起赞》的藏文注释本举不胜举，足以说明其《缘起赞》所受重视的程度和流传的广泛。

除了藏文注释本，《缘起赞》的汉译本亦有 5 种，包括近代史上著名佛学家和翻译家法尊法师（1902—1980）的《缘起赞论略释》，以及观空法师（1903—1989）的《缘起赞句义略解·见深义眼》和郭和卿的《由说甚深缘起门中称赞无上大师善说心藏略名缘起赞五十八颂讲记》。另外还有两位藏族学者，西北民族大学多识教授翻译的《佛理精华缘起理赞》和色达五明佛学院的堪布索达吉翻译的《缘起赞善说精华》。

三、《缘起赞》中的平等思想

《缘起赞》总共有五十八颂偈，本文引用的是法尊法师的译本。

（一）宣讲缘起赞中的平等思想

缘起赞中“世所有衰损，其根为无明，见何能还灭，是故说缘起”（འཇིག་རྟེན་རྒུད་པ་ཇི་སྙེད་པ། །དེ་ཡི་རྩ་བ་མ་རིག་པ། །གང་ཞིག་མཐོང་བ་དེ་ལྡོག་པ། །རྟེན་ཅིང་འབྲེལ་བར་འབྱུང་བར་གསུངས། །）意为世间六道轮回的所有衰损，无论是身体上的生老病死，还是内在精神上的贪嗔痴等，其根源是无明。见到、证悟到什么样的法，才能摧毁、断除无明呢？那就是缘起性空。所以，佛陀宣说了缘起法。

佛教认为，宇宙间一切事物都是仗因托缘而得生起，故曰缘起或缘起有。没有一种事物是自然有或自性有，故曰性空或自性空。因为我们不了解世界的真相，就会有很多的错误观念。比如，世界本来是无常的、靠不住的，但我们却会误认为是常住不灭的、可靠的。本来世界是一种幻觉，但我们却认为它是实实在在的，“我”也是存在的。因为这些错误观念，就会产生执著、贪著，同时也对自己生起我执，之后就是贪嗔痴等一系列的烦恼，以及杀盗淫妄等恶业。

《稻秆经》[①] 中说：“此因缘法，以其二种而得生起。云何为二？所谓因相应，缘相应。”因缘法有两种：一种是因相应，一种是缘相应。也即与因有关系的因缘，和与缘有关系的因缘。“彼复有二，谓外及内。”前两种缘起又可分两

① 《大乘稻秆经》，卷1。译者不详，又称《稻秆经》。收入《大正藏》第16册。叙述了弥勒菩萨应舍利弗之请问，宣说因缘生法有内外二种，并藉稻秆由种生芽，由芽生叶，乃至由花生实之事，比喻十二因缘之生起次第。著者名已失传。据研判，可能是编集《大乘稻秆经随听疏》的法成。

种：一种是外在的缘起，另一种是内在的缘起。与因有关系的缘起，加上与缘有关系的缘起，又可以分成外在的因和缘，内在的因和缘，这样一共就有四种缘起。所以宇宙万法虽然千差万别，缘起性空的道理，却是普遍存在的，是平等无别的，不论是“天上天下，唯我独尊”的世尊，还是沿街乞讨的乞丐，他们的空性是平等的，这一真理揭示的不仅是宇宙一切现象的如实相，而且还是一切现象赖以形成的法则。

（二）宣讲缘起赞中众生平等的思想

赞颂中“如是于依怙，稀有称赞门，除说缘起外，谁能得余者”（དེ་ལྟར་ལགས་ན་མགོན་ཁྱོད་ལ། །བསྟོད་པའི་སྒོ་ནས་སུ་ཞིག་གིས། །རྟེན་ནས་འབྱུང་བ་གསུང་བ་ལས། །ངོ་མཚར་གྱུར་པ་ཅི་ཞིག་རྙེད། །）意为除了证悟或宣说缘起以外，还有谁能找到更好的赞扬方式，来称赞释迦牟尼佛的稀有与奇妙呢？“依怙”，也即怙主、依处。佛教徒的依处，众生的怙主，就是释迦牟尼佛。“门”，也即方式。因为缘起学说解读了宇宙、轮回六道的根源；证悟缘起，就可以解脱、涅槃或者成佛。一切众生悉有佛性，即在成佛的原因、根据、可能性上是平等的。佛教宣传生佛不二、生佛一如的思想，认为众生与佛在本质上都具足真如佛性，迷妄的众生并不灭其真如佛性，觉悟的佛也并不增加其真如佛性，一切众生皆有佛性，即众生都有觉悟成佛的可能性，在成佛的道路上众生都是平等的。

（三）宣讲缘起赞中因果平等思想

缘起赞中云：“由彼彼依缘，说彼彼性空，离此更何有，稀有善教诲”（གང་གང་རྐྱེན་ལ་རག་ལས་པ། །དེ་དེ་རང་བཞིན་གྱིས་སྟོང་ཞེས། །གསུང་པ་འདི་ལས་ཡ་མཚན་པའི། །ལེགས་འདོམས་ཚུལ་ནི་ཅི་ཞིག་ཡོད། །）意为“由彼彼依缘”，“彼彼”，凡是相互依赖的东西，无论高与低、左与右等等，就是彼彼之间的关系。“依缘”，也就是缘起的意思。因和果相互依赖、相互观待。因为有果，所以叫做因；如果没有果，就不能叫因。比如，如果一粒米能发芽，那这一粒米就叫做因；如果它永远都不会发芽，永远都是一粒米，就不叫因。因和果之间，一定是相依的。因缘生果的时候，有五种规律，《稻秆经》云：“应以五种观彼外缘法。何等为五？不常、不断、不移、从于小因而生大果、与彼相似。”因缘生果的时候，有不常、不断、不移、小因生大果、与彼相似五个规律。

第一，“云何不常？为芽与种，各别异故。”什么叫做不常呢？因为芽与种各不相同，完全是两个东西，种灭芽生，已经发生了相当大的变化。在稻种上面，看不见稻芽；稻芽产生以后，也不存在稻种，所以是“不常”。如果种子和芽，也即因和果之间根本没有任何变化，果的时候是什么样，因的时候也是这样；因的时候是什么样，果的时候也是这样，那就是常住不灭。

第二，“云何不断？非过去种坏而生于芽，亦非不灭而得生起。种子亦坏，当尔之时，如秤高下而芽得生，是故不断。”什么叫做不断呢？种子与苗芽的关系，就像天平的两个秤盘，不可能同时位于高处。左边的秤盘高了，右边的秤盘同时就会低；右边的秤盘高了，左边的秤盘同时就会低。

因和果就是这样：因毁灭的时候，果立即就会产生，中间没有间断。如果因毁灭了，果却没有诞生，那就是断。虽然因和果之间有很大的区别，但在因毁坏的同时，果立即就会产生，所以不断也不常。

第三，“云何不移？芽与种别，芽非种故，是故不移。”为什么不移呢？因为稻种没有移动到稻芽上面，芽和种是迥然不同的两个东西，稻芽上不可能发现稻种，它们不是一体的，也不是相同的，所以不移。

第四，“云何小因而生大果？从小种子而生大果。是故从于小因而生大果。”因果规律都是这样，小因产生大果，而不会大因产生小果。我们可以看看，自然界的所有植物，都是由一粒小小的种子，最后生长出比它的体积大几十倍、几百倍的植物。外面的植物是这样，内在的因果也是这样：今天造一个小小的业，果报现前的时候，就已经是一个非常大的果报了。无论善业、恶业，都是如此。

第五，“云何与彼相似？如所植种，生彼果故，是故与彼相似。”稻种和稻芽虽然暂时看来不一样，但稻种只会生出稻芽，而不会生出豆芽，所以二者是相似的。无论种植任何植物，都会产生它自己的果，而不会产生另外一种果。我们常说的种瓜得瓜、种豆得豆就是这个道理。如果因果不相似，所有的因果都会错乱。因果之间，一定是相似的。前面三个是否定的规律，后面两个是肯定的规律。

《普贤上师言教中》提到“以众生各自积累的善恶之业为因，而导致转世于轮回中的善恶趣中，轮回也由业而生，并且感受业的果报。所以因果也是缘起的，因要变成果是需要相依的。对于众生来说，因果面前都是平等的，善有善报恶有恶报，万法皆空，因果不虚。”

（四）宣讲缘起赞中佛对一切众生的平等思想

“恒作饶益者，为益众生故，说教藏空性，无比决定因，谓缘起道理。见相违不成，此于尊教法，如何能了知？”（ཕན་མཛད་ཁྱོད་ཀྱིས་འགྲོ་བ་ལ། །སྨན་པའི་སླད་དུ་བཀའ་བསྩལ་བ། །བསྟན་པའི་སྙིང་པོ་སྟོང་པ་ཉིད། །ངེས་པའི་རྒྱུ་མཚན་ཟླ་མེད་པ། །རྟེན་ཅིང་འབྲེལ་པར་འབྱུང་བའི་ཚུལ། །འགལ་བ་དང་ནི་མ་གྲུབ་པར། །མཐོང་བ་འདི་ཡིས་ཁྱོད་ཀྱིས་ལུགས། །ཇི་ལྟར་ཁོང་དུ་ཆུད་པར་ནུས། །）中“恒作饶益者”，就是指释迦牟尼佛。释迦牟尼佛永远都是利益众生的人。不仅是释迦牟尼佛，所有佛菩萨的化身，就是利益众生、度化众生。“为益众生故，说教藏空性，”为了利益所有的众生，而宣说了八万四千法门。而这一切的核心，就是空性，也即缘起。缘起与空性实际上是一个意思。“无比决定因，谓缘起道理。”“决定”，也即抉择。“因”，也即推理方式。如何决定空性？怎样抉择一切都是空性呢？缘起的道理，就是无与伦比的决定之因。虽然佛陀讲的缘起，是真实存在的，但除了我们看得见的因缘之外，还有一个更深层次的因缘，就是我们自己内心的作用，其中也包括了前世善恶业力的作用。这就是佛教的世界观，其中没有任何信仰的成分，是谁也无法否定的事实。但那些认为缘起自相矛盾与不成立的人，又怎么能够了解释迦牟尼佛的深奥教法呢？此颂中虽然还在讲解缘起的推理，其次就是佛教的世界观，但是从“为益众生故，说教藏空性”，可以看出佛陀对有情众生的平等对待，不会偏向任何大智或大愚之人，就如阳光照耀大地的每一个角落，普度众生。

（五）宣讲缘起赞中回向的慈悲平等思想

宗喀巴大师在最后五首颂偈中以回向的方式感恩佛祖的证悟，也是用慈悲之心，将自己所修的功德，将回转归向与法界众生同享。大乘佛教的平等思想，其源头是缘起性空。由于六道众生、世界万物本性皆空，所以众生平等、万物平等；进而，佛与众生平等，佛与佛平等。如此，一切平等。宗喀巴大师在此赞颂中向众生宣讲缘起性空是佛教思想中最基本、最重要的理论，宇宙万法虽然千差万别，但其生起、存在与消亡，无一能逃出缘起性空这种缘生缘灭的规律性，这就是诸法的真相。同时从五首回向文中充分展现了发四无量心就是对法界众生无我的平等思想。赞颂中“遇此无上大师教，皆由尊重深恩故，此善回施诸众生，成善知识摄受因。愿利者教尽有际，不遭恶分别风动，达圣教理于大师，获得信忍常充满。愿一切生舍身命，住持能仁妙教法，光显甚深缘起性，虽刹那顷不慢缓。愿胜导者无量难，殷重为心所成办，由何方便令此增，昼夜专注恒思察。净胜意乐勤彼时，梵王帝释护世间，妙黑天等护法众，恒为助伴无暂舍”①，其意为五个回向：

第一个回向，得到这样的人生，遇上了释迦牟尼佛及其甚深妙法，都是因为上师的深恩厚德。如果没有上师，我们只能跟普通人一样，哪怕知道佛陀很伟大，哪怕对佛陀有一点点表面上的信心，平时也会做一些善事。但永远不可能真正了解佛法，不可能通过闻思修，最后在自己的心里生起出离心、菩提心和证悟空性的智慧，这才是遇到佛法的真正意义。如果没有上师的代代相传，我们就不可能有福报亲自听到缘起的法。对寻求解脱的人来说，世上没有任何人比上师的恩德还要深厚。所以，在五个回向当中，宗喀巴大师的第一个回向，是将以缘起称赞释迦牟尼佛功德的善根，回向给天下所有的众生，愿他们都有机会得到善知识的摄受。

第二个回向，愿饶益众生的利益者、饶益者——佛陀所弘扬的妙法，能在轮回结束之间，都不为邪恶分别念的风暴雨雪所动摇。通达、精通了神圣佛法的妙义，而对大师释迦牟尼佛获得信忍的正信者、智信者，能够遍满大地、充盈

① སྟོན་པ་བླ་ན་མེད་པའི་བསྟན་པ་དང་། །མཇལ་བ་འདི་འདྲ་བླ་མའི་དྲིན་ཡིན་པས། །དགེ་བ་འདི་ཡང་འགྲོ་བ་མ་ལུས་པ། །བཤེས་གཉེན་དམ་པས་འཛིན་པའི་རྒྱུ་རུ་བསྔོ། །ཕན་མཛད་དེ་ཡི་བསྟན་པ་སྲིད་པའི་མཐར། །ངན་རྟོག་རླུང་གིས་རྣམ་པར་མི་གཡོ་ཞིང་། །བསྟན་པའི་ངང་ཚུལ་ཤེས་ནས་སྟོན་པ་ལ། །ཡིད་ཆེས་སྙིང་པས་རྟག་ཏུ་གང་བར་ཤོག །རྟེན་ནས་འབྱུང་བ་དེ་ཉིད་གསལ་མཛད་པ། །ཐུབ་པའི་ལུགས་བཟང་སྐྱེ་བ་ཐམས་ཅད་དུ། །ལུས་དང་སྲོག་ཀྱང་བཏང་ནས་འཛིན་པ་ལ། །སྐད་ཅིག་ཙམ་ཡང་ཉམས་པར་མ་གྱུར་ཅིག འདྲེན་པ་མཆོག་དེས་དཀའ་བ་དཔག་མེད་ཀྱིས། །ནན་ཏན་སྙིང་པོར་མཛད་ནས་བསྒྲུབས་པ་འདི། །ཐབས་གང་ཞིག་གིས་འཕེལ་བར་འགྱུར་སྙམ་པའི། །རྣམ་པར་དཔྱོད་པས་ཉིན་མཚན་འདའ་བར་ཤོག །ལྷག་བསམ་དག་པས་ཚུལ་དེར་བརྩོན་པ་ན། །ཚངས་དང་དབང་པོ་འཇིག་རྟེན་སྐྱོང་བ་དང་། །ལེགས་ལྡན་ནག་པོ་ལ་སོགས་སྲུང་མ་དང་། །གཡེལ་བ་མེད་པར་རྟག་ཏུ་གྲོགས་བྱེད་ཤོག།

世间。

第三个回向愿从现在乃至成佛之间的生生世世，为了护持佛法，都能舍弃身体和生命。哪怕再艰苦，环境再恶劣，再有病痛、战争与饥饿的折磨，只要能够利益众生，只要对众生有利，对佛法有利，就可以不顾一切，就能克服重重困难，长久住于世间。长久住世的目的，不是为了享受人间的物质生活，也不是为了自己的健康长寿，而是为了护持正法，弘扬佛陀能仁的教法精髓——甚深缘起性空。即使一刹那那么短暂的时间，都不耽误、延缓、懈怠。

第四个回向，殊胜导师释迦牟尼佛经历无量艰难困苦，以认真、精进修持作为核心，终于成就了佛果，并为后学者传授了解脱的精妙之方。如果要成佛，就需要闻思修，特别是要用功修行。“愿我常常能日思夜想、冥思苦想”，以什么样的方法，能够增长、弘扬佛陀的妙法呢？宗喀巴大师经常思考的，要以什么样的方法去弘扬佛法、利益众生。唯有佛陀的教法存在，众生才能获得绝对的幸福。佛法在哪里，哪里的众生就会有希望，哪里的众生就会有幸福。所以，我们也要发愿弘扬佛法、利益众生。

第五个回向，在以清净单纯的动机勤勤恳恳地闻思修、戒定慧、讲辩著的时候，但愿梵王、帝释、护世间、妙黑天等护法能经常予以帮助，一刹那都不舍弃。

宗喀巴大师通过回向赞颂缘起法门的殊胜性，以慈悲为怀、感恩上师、众生平等思想来弘扬佛法的精髓。

四、《缘起赞》的影响力和现实意义

自《缘起赞》问世，即受到了信徒、僧众的广泛欢迎。有一次，宗喀巴大师两大弟子之一的贾曹杰，在一座寺院旁边听到一位僧人在诵读一部词句非常优美的论典，里面的内容也让他无比欢喜。他当时认为，这么殊胜的论典藏地任何人都不可能造出来，应该是印度月称论师或龙猛菩萨的善说。后来才知道，这部论典是宗喀巴大师造的。于是，他对宗喀巴大师的证悟以及造论用词等方面生起极大的信心，之后便以三喜依止。正因为《缘起赞》为历代藏族学者和修行人点亮了指明学习和证悟佛陀教义的道路，藏传佛教高僧大德在不同场合经常宣讲《缘起赞》，使其流传甚广，影响巨大。

观空法师对宗喀巴大师《缘起赞》的理解是："缘起、性空二者没有相违相碍，而是互助互成。例如麦芽由于是缘起故才知它自性本空；亦由于麦芽是性空故才能从麦种等缘而得生起。如果麦芽是自然有，它就本来现成，何必待麦种等缘而有呢？这就是缘起与性空二者互助互成的道理。不仅麦芽，其他一切事物亦可类推"。他进一步解释道："中观应成宗大德指出，关于'缘起有'与'自性有'及'自性无'与'毕竟无'（绝对无）这四个词的含义和差别都要分析清楚。否则一说有就想它是自性有，一说无就想它是毕竟无，那就有落常断二边的危险。因为有中还有缘起有一面，无中亦有自性无一面，不能混淆。在这四个名词中'缘起有’和‘自性无’是与事实相符合的，因此是正确的。了解‘缘起有’则不落损减的断边，了解‘自性无’则不落增益的常边。‘自性有’与‘毕竟无’是与事实不符的，因此是错误的。妄执‘自性有’是落增益的常边，妄执‘毕竟无’是落损减的断边。研究龙树菩萨正见者必须远离断常二边而趋中观正道以积集福智两种资粮，迅速获得无上菩提，圆满接引一切众生皆证佛陀的大愿”。不论是观空法师还是法尊法师，对宗喀巴大师的《缘起赞》都进行了深入的研究和注释,并且进行了翻译。对汉传佛教界对龙树等大乘中观思想的研究和梳理具有文献参考价值和理论依据意义。

从现实意义来讲，佛教的平等思想是基于缘起学说的。按照缘起说，没有任何事物可以离开因缘而独立存在，同样，每个人也都与众生息息相关。佛教提出三世因果关系，比如前世与今世有因果关联，因此某一个人在前世也许是你的父母或亲人。人与人以及众生的密切相关性正是平等思想的出发点。佛教的平等思想，尤其是众生平等思想，对当前的社会和谐建设和环境保护等能够起到积极的作用，它让人们意识到人与人、人与自然和谐相处才是保护人类自己。

佛教的平等更体现在慈悲的伦理原则上，即不杀生、布施和报恩。不杀生，主要指不夺取一切有情众生的生命，包括树木花草等。佛教不杀生，体现了尊重生命和保护生命的哲学含义。布施是大乘佛教最重要的修持方法之一，它要求佛教徒以自己的财力、体力和智力去救助贫困者和满足需要者，并强调布施者不带任何利己的动机，认为这样才是真正的布施。同时中国佛教还重视报恩，强调要报四恩：父母恩、众生恩、国土恩和佛、法、僧三宝恩。佛教的报恩思想，表现了对所受的恩惠、恩德都要给予回报，认为这是一种应尽的义务和高尚的德行。以上三种慈悲的思想以一种平等的理念尊重一切生命，帮助弱势群体，所提倡的感恩思想有利于建设和谐社会。

在科技高速发展的今天，经济全球化也并没有改变威胁世界和平和损害可持续发展的基本因素，其中包括人的思想观念，尤其是世界观、价值观因素。我们认为，确立人类互相依存和共同发展的理念，是有利于世界和平与可持续发展的。而在这方面，佛教的平等理念对人自身的“心灵环保”，对当代社会的和平与发展，有着重要的借鉴意义。了解《缘起赞》的精髓即“此有故彼有，此无故彼无”的世间万物相依相待的一种关系，主张法的本质在于空性，因此一切法都是平等的，没有任何差别。基于众生平等的理念，佛教提倡素食和放生，既有益于人们拥有健康的身心，也有助于保护濒临灭绝的物种，维持生态平衡。可见，若将佛教的平等理念应用、落实于现实，无疑将有助于阻止环境恶化和破坏生态。

综上所述，可得出这样的结论：若能有分析地汲取佛教的平等理念，来调整人的价值取向，改变人的心态，提升人的智慧，必将有助于人类某些矛盾、问题的解决；也必将有助于维护世界和平、保持经济的可持续发展，改善当今物欲横流、道德沦丧等某些社会不良现象。

平等心修持的现代意义

高　颖

一、平等与平等心

在藏传佛教的教义中，平等是一个重要而复杂的内容。经论和释疏中经常出现与平等相关的解释，因其针对对象和成文背景的不同可以归纳为教义理论、修行方法和修行境界三个不同的方面。可以说藏传佛教非常重视平等，不仅在教义中强调平等、不二、无差别等观念，而且在修持中以平等心作为重要的基础，以平等行作为菩萨行为的重要标准，以平等性和平等觉的实现作为修行成就的标志。本文通过分析平等心的修持方法和过程来归纳探索平等的意义及其对现代人的启示。

佛教认为，平等心与平等各有所指，有联系也有区别。《俗语佛源》解释，平等在梵语中源于 upeksa，意为“舍”，即舍去一切差别[①]。在原始佛教和部派佛教中，“平等”指的是心所法中的舍心所，“心平等性无警觉性说名为舍”[②]。在大乘佛教中，平等可在胜义谛和世俗谛两个层面上解释。依胜义谛，如《度一切诸佛境界智严经》详细讨论了平等的含义。“如诸草木依地增长，彼地平等离诸分别，如是一切众生善根，依如来增长……一切外道善根，亦依如来增长。如来平等无有分别，亦复如是。文殊师利，如虚空平等无下中上，如来平等亦复如是，众生自见有下中上。”[③]“如来法身平等，离心意识无分别故。”[④]“虚空者，不平等非不平等；菩提者，亦不平等非不平等，如是法相如来所觉。”[⑤]在世俗谛上，有三世平等、大小平等、自他平等、怨亲平等、众生平，等等。如《佛藏经》说：“三世悉平等，犹若如虚空”[⑥]；《华严经》中有：“心佛及众生，是三无差别”[⑦]；《佛说如来智印经》“于怨亲中心平等”[⑧]；《大宝积经》言“显示诸法众生平等，一切诸法寂静主故”[⑨]等等。

---

① 中国佛教文化研究所著：《俗语佛源》，上海人民出版社，1993年。

② 世亲：《阿毗达磨俱舍论》卷4，大正藏第29卷，第19页。

③ 僧伽婆罗等译：《度一切诸佛境界智严经》，《大正藏》第12册，第251页。

④ 僧伽婆罗等译：《度一切诸佛境界智严经》，《大正藏》第12册，第251页。

⑤ 僧伽婆罗等译：《度一切诸佛境界智严经》，《大正藏》第12册，第251页。

⑥ 《佛藏经》，鸠摩罗什译，大正藏第15册。

⑦ 佛陀跋陀罗译：《华严经》卷10，《大正藏》第9册，第466页。

⑧ 失译：《佛说如来智印经》，《大正藏》第15册，第468页。

⑨ 曼陀罗译：《大宝积经》第27卷，《大正藏》第11册。

这些观点都在藏传佛教中整合并发展起来。简单地说，藏传佛教主张有差别的终极平等观，认为一切事物的区别都是表象的,表象上的区别是依因缘而住的,并非永恒不变的绝对不同。所有事物的本质都是空性,在这点上没有差别。也就是说,无论任何事物,因其是空性的体现,在本质上都是平等的。

根据藏传佛教的观点，平等观体现在心念上就是平等心。善心中的舍心和四无量心中的舍无量心都可称作平等心。前者是凡夫位上的善心，心性调柔，无贪无嗔。后者是禅修位上对经历了广大无分别的慈心、悲心和喜心之后产生的无憎无爱之心。总而言之，平等心是“证诸法平等之理，于一切众生之上，不起怨亲等差别之见，等垂怜愍”① 之心。从修行的角度说，平等心是能缘，平等则是所缘，修炼出平等心才可以获得平等观，心平等的程度决定了平等观的深度和广度。最究竟的平等心是佛的平等心，是经过长期刻苦修行以祛除爱憎，在时间、空间、众生、万法等一切境界上体悟诸法平等、证得自他平等的智慧，将分别执著的我见转化为平等性智。

二、平等心的三种修持方法

根据藏传佛教的修行方法，在道次第的修行中共有三次平等心的修持，方法共有两种：按照顺序分别出现在七重因

① 丁福保编:《佛学大辞典》。

果修心、专修平等心和自他平等互换菩提心的修行。上士道的修行是显宗修行的重点，其中菩提心的生起是上士道修行的标志，而平等心的修持是菩提心生起的必要条件和重要内容。如经语“若菩萨摩诃萨欲得无上正等菩提，当于一切有情住平等心，不应住不平等心；当于一切有情起平等心，不应起不平等心；当于一切有情以平等心与语，不应以不平等心与语”[①]。催生菩提心的方法有两种：一是七重因果修心法，一是自他互换修心法，都以平等心修炼为前行。这两种修法都由释迦牟尼佛传授，由阿底峡尊者传入西藏。七重因果修心法的前行修行平等心的目的在于舍弃情执，因此又叫平等舍心。自他互换修心是在大悲心生起之后，目的在于生起平等坚固深广的菩提心，以专修平等心的方法作为前行。另外还可见将平等心、大悲心和菩提心合修的自他互换平等法。

平等舍心的修法

根据藏传佛教的修行观点，在七重因果修心法中，平等心的观修指的是对情绪的舍离和平衡，此处的平等心又叫作平等舍。平等舍的修法，要求修行者先进入禅修状态，然后逐步观想陌生人、挚爱和仇敌，唤起对陌生人的漠然、对挚爱的热爱和对仇敌的憎恨，在这些清晰或强烈的情感体验产生之后，思考这些感受的无常和各种情感的不平等，以专注的心态和正念淡化直至消除这些不平等的心态。通过观想和

① 《大般若波罗蜜多经》，第448卷。

情绪唤起，以正念思考这些情绪的不如理，直到对三种对境都产生平静的心态，把这种平等心广施于一切众生。

或直接观想在面前同时明现三张面孔，左边是最可悦爱的亲人，中间是最不喜欢的怨敌，右边是陌生人，使用类似的思维方法平衡对他们的情绪体验。另有修法将修行明确分为观察修和安住修，在观察修中参思情绪的无常、轮回的变幻等，“今生的朋友在过去往往是我们的敌人；同理，现在的敌人则曾是我们最亲密的朋友。即使在我们短暂的一生中，好朋友转眼成冤家，敌人瞬间化为朋友。这根本无定啊！此外，那些过去常为我们亲眷的人，现在却与自己毫不相干，然而我们又有可能在未来把现在的亲眷视为陌路人。我们对不同的人分别持不同的态度，要么对某些人爱之欲其生、要么对某些人厌之欲其死、要么对其他的人漠不关心，这都是根本没有道理的。”① 在安住修中得出三种决定：

1. 我一定要抛掉对一切众生分别的不平等心；2. 对于一切众生，我不该感到贪爱、憎恶或者漠然；3. 我一定要生起并长养友爱温暖的善心，平等地看待一切众生。我们尽量安住于此三种决定上越久越好。②

自他平等心的修法

根据藏传佛教的修行法门，次第的修行遵循着下士道、中士道和上士道的顺序。上士道的修行以自他平等心的观修开始，从世俗谛与胜义谛两个角度修习，证得“自己与他方

---

① 格桑嘉措著，林白敬译：《菩提道次第实修手册》。

② 同上。

众生是平等一致”，从而生起自他平等的定解和觉受，能够在生活中以自他平等心看待众生和事物。这种方法分别从世俗谛和胜义谛、自我和他人等十个方面进行观修，如下表①：

<table>
<tr><td rowspan="6">观待世俗谛</td><td rowspan="3">观待自身</td><td>思维如母平等：从经教和正理上思维一切众生过去世都曾是我的父母。</td></tr>
<tr><td>思维众生具恩平等：一切众生无论今生与我的因缘如何，过去世和现在世都直接或间接地给予我各种利益。在佛法的修学中，众生是修行的所缘和道场，以不同方式助我成佛。</td></tr>
<tr><td>思维我与众生是具有无常性、苦性、无我性的轮回者。</td></tr>
<tr><td rowspan="3">观待他方众生</td><td>他方众生本性中趋乐避苦。</td></tr>
<tr><td>他方众生皆处于离乐的状态。</td></tr>
<tr><td>他方众生皆处于得苦的状态。</td></tr>
<tr><td colspan="2" rowspan="4">观待胜义谛</td><td>思维佛智：佛智没有丝毫颠倒，应当像佛一样与众生相处，但见众生苦，不见众生过；视众生如视己。</td></tr>
<tr><td>思维无常性：怨亲无定，应平等利益。</td></tr>
<tr><td>思维空性观：怨亲是名言中有，而非自性中有。</td></tr>
<tr><td>思维佛性观：一切众生皆具佛性，毕竟成佛。</td></tr>
</table>

自他互换平等法

根据藏传佛教的观点，除了以上这两种方法，还可见慈成加参仁波切的《光明之旅》一书中介绍的自他交换平等法。自他互换平等法是将平等心、慈悲心和菩提心同修的方

① 参见释法音著：《菩提道次第观修集要》，妙音佛学会，2008 年印赠。

法，所谓自他相换，并不是物质上的对换，也不是完全的情感和观念的交换，而是在作意的条件下，以同理心感受对象的处境、情感体验、观念等等，好像自己变成了对方一样。这是一种心境上的角色互换，越是完整细致地体验到对象的体验，越能够深刻地理解对象，越能激发出真实深刻的拔济众生的愿望。在观修中，把众生的处境观想为自身的处境，将对自己的深刻自然的爱和照顾投向众生，把漠不关心的心态转而投向观想中的自己。实现自他互换要求修行者有自他平等的心态，在此基础上才能完整而不加简择地进行互换。自他互换这整个修法可以看作对平等心的深化。要对一切众生平等地产生慈悲心，或者对某一众生在任何时刻和情况下都产生慈悲心，就必须将慈悲和平等糅合起来，使之成为一种不受外境左右的稳定的心态。这种修法分为平等心观修、自他相换的观修和爱他胜己的观修三个步骤。虽然只有第一步叫作平等心观修，但其他两步修法都因对治了阻碍平等心的我执而促进或增强了平等心。在第一步，通过思维众生与自己的因缘平等、趋乐避苦和得苦状态三个角度生发平等心，并当我们看到他人正在受痛苦时，把这个人想象成是自己，设身处地地想想自己在同样的情境下渴望避免痛苦的心情；当他人得到快乐时，设身处地地想想自己在同样的情境下渴望得到快乐的心情。

第二步，在苦受和乐受状态中进行自他置换，并在呼吸中观想正在为如母众生减少苦。这个阶段的修持可以有效地对治我执，从而促进平等心的增长和慈悲心的生起：

一般我们选择自己最深爱的人作为观修的对象。首先清晰地观想你的母亲（或其他你最爱的人）正在受苦，她是那么的难忍和悲伤！越仔细越好。然后，观想母亲的痛苦聚集成一大股灼热、污秽的黑烟。当你吸气时，观想这股黑烟进入你心中，它摧毁了你的“爱我执”并净化了你的一切恶业；当你呼气时，观想用一种明亮的光送出你的安详、喜悦、幸福和智慧，光芒净化了母亲的一切恶业和痛苦。[①]

经过一段时间对前两步的修习，平等心和慈悲心都生起并坚固，这时可以开始练习爱他胜己的观修来进一步减轻我执生起菩提心。观想自身处于地狱和轮回、死亡和病痛、灾难和一切不幸之中，心中发愿希望这样的苦不要降临到其他众生身上，并且发愿代受一切众生的苦，希望通过代他受苦而使他们获得安乐，发愿他们获得永久真正的安乐。

三、平等心修持方法评析

藏传佛教认为，平等舍的修法专门对治颠倒的情感情绪。情感和情绪对人的作用是强大的，其影响力甚至超过言语、思维等理性的心理活动。第一，情感与个人的身心体验密切相关，是个人体验的重要内容，佛教所说的三受——苦受、乐受和不苦不乐受就是典型的情感体验。第二，情感和情绪是人类行为的重要驱动力，那些未被觉知的情感和情绪

① 慈成加参仁波切：《光明之旅》，2009 年；可见于 http：//www. fjdh. cn/wumin/2014/07/113706331890. html。

控制着人的言行，尤其会在无意识中控制人的行为选择和决定，从而掌控着个人的生活。第三，情感和情绪是重要的信息传递工具，在人际交往中传递着70%的信息。个人通过情感情绪对他人和社会产生作用，不仅影响个人的生活，还影响着他人的生活体验，小至家庭，大至国家社会。可以说，对情绪情感的觉知和平衡是实现幸福人生、构建和谐社会的重要途径之一。而人的情感总是有喜怒哀乐，对情感的对象总是产生远近亲疏的分别。由于无明愚痴的障碍，人们对现世的爱人和亲人产生固执的贪恋，对现世的敌人产生深刻的仇恨，对陌生人则持有无动于衷的漠然。人们对这些情感怀有深深的执著，以为它们本来如此永不改变。这些情感执著障碍着真正的慈悲心和菩提心的生起。因此，要用观想逐步舍弃对亲友的贪恋和对敌人的嗔恨，对一切人包括至亲挚爱、仇人、相识和不相识的人都产生平等淡然的情感，也就是平等心，又称作平等舍。只有在平等心稳定之后，才可能对一切众生产生深刻广大无偏私的慈悲心，才可能真正生起普度众生的菩提心。

平等舍是对内的平等，自他平等心则是一种对他者的平等。雍增·墀江仁波切区分了这两种平等心的不同：

"七因果"中"知母"的前行"平等舍"，仅是对仇敌、亲友、中庸三者遮除亲、疏与贪、嗔的"平等舍"，是一种与声闻乘共同的"平等舍"修法；"自他平等相换"前行的"自他平等"，就不单是上述的"平等舍"，而是一种在思想与行为方面为一切有情拔苦、予乐不分远近的平等心，是大乘不共的殊胜“平等舍”修法。①

可见根据这一观点自他平等心比平等舍更深广，需要在平等舍的基础上进行。当修行者能够不被情绪困扰之后，就可以进一步对情绪所缘的对象进行观察思维。由于无始来的轮回流转，在内外世界中出现的众生都已有深刻的关联，但这些关联并不是不变的。亲疏恩仇在不同的生命期发生变化，前世的恩人在今生变成仇敌，在来世是陌生的路人。即使在同一生命对同一有情，因因缘和业力的流转，这种关联也可能发生巨大转变。这说明与众生的关系不是永恒不变的。众生和行者一样，都期望获得快乐、避免痛苦，但不幸的是，如今都处于困苦之中。因此，修行者完全可以理解众生离苦得乐的愿望，用菩萨修行成就自己和他者。从上师的教导和佛的无边智慧与慈悲中，行者深信众生与自己本是一体，就像澄净的湖水因风而起的涟漪，虽条条涟漪不同，但在最深处都是一体的、清净的、平等无分别的。自他平等心从胜义和世俗两个角度观想自我和其他众生的关联，得出对待众生的正确决定：我与众生平等不二，从而生起了在一切时一切处对一切众生无远近亲疏、无偏贪嗔恨的平等心。

藏传佛教认为，之所以要在上士道修行中首先证得自他平等心，主要有四个方面的原因。首先，是为此后的大乘修行打下坚固的基础。大乘修行的主要途径是广度众生，对所有众生产生广大平等的慈悲心和菩提心，用各种智慧方便帮

---

① 慈成加参仁波切:《光明之旅》,2009 年;可见于 http://www. fjdh. cn/wumin/2014/07/113706331890. html。

助众生获得最大的利益——解脱成佛。只有在众生平等、自他平等的观念深入确立之后，才可能有力量消融我执和私欲，保证大乘修行的顺利进行。第二，平等心是发起慈悲心和菩提心的必要条件。经论中多将平等心置于慈悲心和菩提心之前，如《普贤行愿品》言："以于众生心平等故，则能成就圆满大悲"；又说修菩萨行、行菩萨道首先"菩萨要得平等无碍境界，普门善根光明照故"；《大般若经》言"若菩萨摩诃萨欲得无上正等菩提，当于一切有情住平等心，不应住不平等心；当于一切有情起平等心，不应起不平等心；当于一切有情以平等心与语，不应以不平等心与语"；《摄般若波罗蜜多论》中说："于诸有情心平等，起父母想饶益心，及以慈心调伏之"。第三，平等之理通于菩萨修行的境、行、果，修菩萨行就是不断地深化平等心、于事业中融通平等之理的过程。从修行之境上说，众生是菩萨修行的所缘境，修行者的苦乐是通过与众生的相处而获得的，修行者福德智慧的多寡也从与众生的交往中实现。从修行过程上说，菩萨六度的每种方法，无不增强着平等心。以持戒增强平等心的力量；以布施对治贪欲，增加平等心的广度；以忍辱消除我见，增加平等心的柔韧；以精进加快平等心修炼的进度；以禅定深化平等心；以智慧成就平等的究竟意。从修行成果上说，菩萨修行的每个阶段，平等心都有程度上的改变，佛果成就时形成的平等性智是平等心最圆满的境界。第四，从大乘智慧上讲，自他平等心的修行方法帮助修行者超越于事物表象并深入本质。众生和其他事物在表象上各不相同，差异的存在并不能表明其绝对性。这些差异都是因缘生灭的，即使是业力果报在一般性的规则之内也有很大的不同。自他平等是从众生的根本上得出的结论，是万事万物的本质。

平等舍和自他平等心都是菩提心修行的前提，自他互换平等法所修的平等心则是与慈悲心和菩提心结合成一体的，可以说是最深广有力的平等心。在这种修法中，因为我执被有力地对治了，正念的力量获得了大量增长的可能性。三种平等心都使用了观想的方法来修持，其中虽然都会引发压抑的情感、记忆和观念，但入手处却有不同。平等舍的修法由事相入手，较容易唤醒情绪。自他平等心由道理观念的思维开始，更多地倚重理性或思维的功能。自他互换平等法的第一步同自他平等心观，第二步通过心理的意象而非外在事物的表象来进行。意象是个人经历、情感、观念的结合体，与外在世界相关却不是它纯粹的翻版，而更多地糅合进了心理世界的内容。此外，这种方法关注于呼吸，将身心结合起来。以上的两点都赋予这种观想更强大的力量，使它更容易引发感受，穿透意识的压抑，整合整个身心的力量，而非停留在意识的表层。从佛教教义来说，菩提心生起之后，会自然减轻烦恼无明，减轻我法二执，心的平等性实现了由凡入圣的转变，平等心获得了质变，在一个新的层级上开始进一步的修炼，直到觉悟成佛时，平等心才得到圆满。

四、平等心修持在现代生活中的意义和应用

根据佛教的观点，平等心的对立面是我执，由我执认假为真，产生种种分别念，从而有了我他分立、好坏分别和利益争夺。缺乏平等心不仅会给个人带来烦恼，还会影响到他人、家庭和社会。由于自他分别形成的人我见让人认同于某些特征和群体，排斥和压抑另外的特征，敌对于另一些群体。在社会生活中唯我独尊，以自我利益和自我需求为唯一目的，为满足个人要求不惜牺牲他人利益甚至生命，不惜无视自然规律野蛮地掠夺自然资源。由于缺乏平等心而增长了贪嗔心，形成了恶性竞争和冷漠浮躁的社会风气，造成了民族、教派和国家之间的杀戮和战争。

相反，平等心的增强会增强人的幸福感和利他精神。作为善心的一种，平等心在生活中起着积极的作用。“一切诸法悉皆平等，平等故无住，无住故无动，无动故无依，无依故无处，无处故不生，不生故不灭。若能如是见者，心不颠倒，……若众生著一切法则起烦恼，起烦恼故不得菩提。”① 有力量的平等心常住于平淡之乐，保持着清净明白的智慧，对自身不贪恋，对众生不嗔恨，不会被爱憎悔嫉等情绪控制，不会引发杀盗淫妄等恶行。平等心程度的提升并不会让人失去觉察和处理差别的能力，平等心的增强也不会使人变

① 梁僧伽婆罗等译:《度一切诸佛境界智严经》,《大正藏》第12册,第251页。

得碌碌无为。它会提高心的智慧和利他精神。《大集经》讲到，平等心的增强有三个方面的作用：舍诸烦恼、舍护己他和舍时非时。所谓舍诸烦恼：

“恭敬供养其心不高。轻蔑毁呰心亦不下。若得利养心不贪恃。若遭衰恼心亦不愁。若遇誉赞心无喜庆。若遭毁者心不退缩。若遇讥者心无亏赧。若有称者善住法界。若遭苦事心力忍受。若遇乐事明见无常。放舍所爱断于嗔恨。于亲非亲得平等心。持戒毁戒意无增减。作善作恶无有二相。于爱非爱心无所著。闻善不善心能堪忍。于善恶语心不系着。于昧过患其量无二。于诸众生得平等心。于上中下得等光明。不惜身命好恶名闻同于法界。于实不实法心得清净。于世法等得菩萨舍。是名菩萨舍于烦恼。”①

平等心的提升会让人摆脱世间烦恼，心性淡泊，不被外境和他人的毁誉侵扰，时时处处安乐自在。所谓舍护己他，指的是：

“云何菩萨舍护己他。若被割截身体肢节。心无嗔恨不求仇报。以得舍心故能舍二。内外身口于此二中不生诤讼。于眼与色无有欲污。耳声鼻香舌味身触意法亦复如是。故于二中不生诤讼是故名舍。不伤不害是故名舍。舍护己他是故名舍。于利非利心行平等是故名舍。于第一义不生诤论是故名舍。于已心中善能分别是故名舍。观舍己身是故名舍。不害他身是故名舍……”②

① 《大方等大集经》卷29，《大正藏》。
② 《大方等大集经》卷29，《大正藏》。

强大的平等心使人在任何环境中都能放下自我，以至于舍弃自身来利益他人。寂天菩萨在平等心修持中也说“我应除他苦，他苦如自苦；我当利乐他，有情如吾身。自与他双方，求乐既相同，自他何差异，何故求独乐；自与他双方，恶苦既相同，自他何差异，何故为自护。”①

所谓舍时非时，指的是：

“云何舍时非时。非器众生舍不引接。衰毁讥苦舍而不受舍求声闻成决定者。行布施时舍修持戒。修持戒时舍于布施。修忍辱时舍施戒进。修精进时舍施戒忍。行禅定时舍于布施。修智慧时舍五波罗蜜。所不应作终不复作。”②

即便在修行这样重大的事情中也能够专注于当下，不过度紧张也不太过松懈，保持适当的专注，使用恰当的方法。深广强大的平等心面对最重要的事务时能够保持平稳从容，这是最难得的中道智慧的表现。

要发挥平等心的种种作用，需要通过一定的方法来提升心的平等性。本文中所列举的平等心修持法为现代人的心性修养提供了方法雏形。这些修持方法多从事理着手，以禅修、观想和思维为主要方法，可按照心理学原理、借鉴心理治疗相关的方法进行修改。这些方法中的宗教性容易产生复杂的心理影响，可以去除具有宗教意义的内容。一些非宗教性的简单的禅修方法例如呼吸法对心理健康的作用已经被广泛地研究证实，也容易被接受。观想的方法早已在心理治疗

① 寂天菩萨：《入菩萨行论》。

② 《大方等大集经》卷29，《大正藏》。

中广泛应用。而思维法涉及深刻的佛学义理，需要练习者具有高度集中的注意力和对这些义理的深刻信任，在非宗教性环境中的用法和效果都有待研究。此外，长期进行提升平等心的自我暗示、观察和了解情绪与生活情境的变幻不定等方法，也有利于平等心的提高。

上文中如舍弃对亲友的挚爱对敌的嗔恨，有一定的绝对化，应批判性地看待，但汲取其精华，从现代社会中人的身心需求角度看，藏传佛教平等心的含义，尤其是修持方法具有重要的现实意义。

从个人角度看，平等心的提高对于当前人们应对高压力、高节奏的生活方式，保持身心平衡，具有积极的促进作用。目前我们国家正处于政治经济体制转型的重要时期，人们普遍存在面对各种新的社会要求的压力。据统计，2007年年底我国平均心理压力水平已经超越了日本，成为“压力第一大国”。根据心理学家的研究，心理压力的主要来源往往与攀比、不满足、争强好胜等心理和行为有关。平等心的提高，可以对抗这些不利于人们身心健康的压力源。从这个角度讲，也可以说藏传佛教平等心的修持是帮助人们缓解或治疗心理压力的重要思想文化资源。

从社会的角度看，平等心的观念与现实生活密切关联。比如，平等心的观念可以帮助我们更深入地理解“依法治国”的基本国策。法律面前人人平等，建设法治社会的决心和努力，与人人平等的观念密不可分。如果对平等心具有切实的体验和深入的领会，可以帮助理解“依法治国”的必要性、必然性与必需性。从这个角度来看，平等心的修持和教育，对于建立和维持真正的法治社会具有积极意义的。

平等心有很多不同层面，在个人层面对于身心平衡、健康幸福具有重要的滋养作用。在社会层面有助于建立平等和谐的人际关系和社会风气。平等心的修持和教育具有一定的现实意义。

住平等舍

罗 鸿

སེམས་ཅན་ཐམས་ཅད་བདེ་བ་དང་བདེ་བའི་རྒྱུ་དང་ལྡན་པར་གྱུར་ཅིག།
སྡུག་བསྔལ་དང་སྡུག་བསྔལ་གྱི་རྒྱུ་དང་བྲལ་བར་གྱུར་ཅིག།
སྡུག་བསྔལ་མེད་པའི་བདེ་བ་དང་མི་འབྲལ་བར་གྱུར་ཅིག།
ཉེ་རིང་ཆགས་སྡང་གཉིས་དང་བྲལ་བའི་བཏང་སྙོམས་ཚད་མེད་པ་ལ་གནས་པར་གྱུར་ཅིག།

愿所有众生具足安乐和安乐因！
愿所有众生离于痛苦和痛苦因！
愿所有众生不离没有痛苦的真实安乐！
愿所有众生安住没有亲疏爱憎的无量平等舍！

这是藏传佛教广为流传的四无量心①祈祷文。祈祷文中“平等舍”一词的梵文为：upekṣā，藏译为：བཏང་སྙོམས，该词的汉译又作“舍”或者“行舍”。②

① 分别对应慈、悲、喜、舍这四种梵住（brahmavihāra）。
② 见下文引文。

在世亲的《大乘五蕴论》中，舍是行蕴中的十一善法之一，它的定义和阐释如下：①

upekṣā katamā | sa evālobho yāvad vīryam, yān niśritya cittasamatāṃ cittaprasaṭhatāṃ cittānābhogatāṃ ca pratilabhate, yayā nirvāsiteṣu kliṣṭeṣu dharmeṣv asaṅkliṣṭavihārī bhavati |

བཏང་སྙོམས་གང་ཞེ་ན། མ་ཆགས་པ་ནས་བརྩོན་འགྲུས་ཀྱི་བར་དེ་དག་ཉིད་ལ་གནས་ཤིང་སེམས་མཉམ་པ་ཉིད་དང་། སེམས་རྣལ་དུ་འདུག་པ་དང་། སེམས་ལྷུན་གྱིས་གྲུབ་པ་ཡང་ཐོབ་པ་སྟེ། གང་གི་ཉོན་མོངས་པ་ཅན་གྱི་ཆོས་རྣམས་བསལ་ནས་ཉོན་མོངས་པ་ཅན་མེད་པར་གནས་པ་ཉིད་དོ།།

云何为舍？谓即无贪乃至精进依止此故，获得所有心平等性、心正直性、心无发悟性。又由此故于已除遣染污法中无染安住。

安慧曾为《大乘五蕴论》撰写了一部名为《五蕴论释》的注释，这部注释的汉译题名为《大乘广五蕴论》。安慧在该注释中对“舍”作了如下解释：②

① 梵本、藏译和汉译分别引自 Li &Steinkellner 2008，第 7 页、第 71 页和第 94 页。

② 汉译引自大正藏第 31 册第 1613 号 0852b15 – 0852b21。梵文对应文本见 Kramer 2013，第 49 页；藏文对应文本见德格版丹珠尔唯识部 ཤི 函 215b7 – 216a5。

云何舍？谓依如是无贪、无嗔乃至精进获得心平等性、心正直性、心无功用性；又复由此离诸杂染法，安住清净法。谓依无贪、无嗔、无痴、精进性故，或时远离昏沉掉举诸过失故，初得心平等；或时任运无勉励故，次得心正直；或时远离诸杂染故，最后获得心无功用。业如不放逸说。

在《大乘百法明门论》中，行舍属于十一种善心所之一：[①] 三善十一者，一信，二精进，三惭，四愧，五无贪，六无嗔，七无痴，八轻安，九不放逸，十行舍，十一不害。

དགེ་བ་བཅུ་གཅིག་གང་ཞེ་ན། དད་པ་དང་། བརྩོན་འགྲུས་དང་། ངོ་ཚ་ཡོད་པ་དང་། ཁྲེལ་ཡོད་པ་དང་། འདོད་ཆགས་མེད་པ་དང་། ཞེ་སྡང་མེད་པ་དང་། གཏི་མུག་མེད་པ་དང་། ཤིན་ཏུ་སྦྱངས་པར་གནས་པ་དང་། བག་ཡོད་པ་དང་། བཏང་སྙོམས་དང་། རྣམ་པར་མི་འཚེ་བའོ།།

由窥基撰述，后经普泰增修的《大乘百法明门论解》中对行舍作了如下解释：[②]

言行舍者，精进三根，令心平等、正直、无功用住为性，对治掉举，静住为业。

这里我们注意到在上述关于 upekṣā 的描述中，它和心平等性密切相连，也许正是因为这个原因，它有时又译为平等舍。关于平等舍所对治的烦恼，世亲在《大乘五蕴论》中只是笼统地称为“染污法”，安慧明确指出这里对治的烦恼是“昏沉掉举诸过失”，而窥基只提到了“掉举”。安慧

① 大正藏第 31 册第 1614 号 0855b27 – 0855b28。藏译引自德格版丹珠尔唯识部 ཤི 函 145b5 – 6。

② 大正藏第 44 册第 1836 号 0048c12 – 0048c13。

《三十颂释》中的相关段落进一步印证了他在《五蕴论释》中的解释:①

upekṣā cittasamatā cittapraśaṭhatā cittānābhogatā | ebhis tribhiḥ padair upekṣāyā ādimadhyāvasānāvasthā dyotitā | tatra layauddhatyaṃ vā cetaso vaiṣamyam | tasyābhāvād ādau cittasamatā | tato 'nabhisaṃskāreṇāprayatnena samāhitasya cetaso yathāyogaṃ samasyaiva yā pravṛttiḥ sā cittapraśaṭhatā | sā punar avasthā layauddhatyāśaṅkānugatācirabhāvitatvāt | tato bhāvanāprakarṣagamanāt tadvipakṣadūrībhāvāt tacchaṅkābhāve layauddhatyapratipakṣanimitteṣv ābhogam akurvato 'nābhogāvasthā cittasyānābhogatā | iyaṃ ca sarvakleśopakleśānavakāśasaṃniśrayadānakarmikā |

བཏང་སྙོམས་ནི་སེམས་སེམས་མཉམ་པ་ཉིད་དང་། སེམས་རྣལ་དུ་འདུག་པ་ཉིད་དང་། སེམས་ལྷུན་གྱིས་གྲུབ་པ་ཉིད་དེ། ཚིག་འདི་གསུམ་གྱིས་བཏང་སྙོམས་ཀྱི་ཐོག་མ་དང་། བར་དང་། ཐ་མའི་དུས་བསྟན་ཏོ།། འདི་ལ་བྱིང་བ་དང་། རྒོད་པ་ནི་སེམས་མི་མཉམ་པ་སྟེ། དེ་མེད་པས་ཐོག་མར་སེམས་མཉམ་པ་ཉིད་དོ།། དེའི་འོག་ཏུ་མངོན་པར་འདུ་བྱ་བ་མེད་ཅིང་བསྒྲིམ་མི་དགོས་པར་མཉམ་པར་བཞག་པའི་སེམས་ཅི་རིགས་པར་མཉམ་པ་ཉིད་དུ་འཇུག་པ་ནི་རྣལ་དུ་འདུག་པ་ཉིད་དོ།། དེའི་དུས་ན་བསྒོམས་ནས་རིང་པོར་མ་ལོན་པའི་ཕྱིར་བྱིང་བ་དང་རྒོད་པ་འབྱུང་བར་དོགས་པ་དང་ལྡན་ནོ།། དེའི་འོག་ཏུ་བསྒོམ་པ་ཁྱད་ཞུགས་པར་གྱུར་པས་དེའི་མི་མཐུན་པའི་ཕྱོགས་ཐག་རིང་དུ་གྱུར་པའི་ཕྱིར་དོགས་པ་མེད་དེ། བྱིང་བ་དང་རྒོད་པ་ནི་གཉེན་པོའི་རྒྱུ་རྣམས་ལ་རྩོལ་བ་མི་བྱེད་པས་ལྷུན་གྱིས་གྲུབ་པའི་དུས

① 梵本和藏译分别引自 Buescher 2007，第 80、82 页和第 81、83 页，汉译引自霍 1979，第 82—83 页。

ན་སེམས་ལྷུན་གྱིས་གྲུབ་པ་ཉིད་དོ།། འདི་ནི་ཉོན་མོངས་པ་དང་། ཉེ་བའི་ཉོན་མོངས་པ་ཐམས་ཅད་ཀྱི་སྐབས་མི་འབྱེད་པའི་རྟེན་བྱེད་པའི་ལས་ཅན་ནོ།།

舍者，即心的平等性、心的正直性和心的无功用性。由此三句，舍的初、中、后位已被显示。此中，心不平等，是指昏沉或掉举；由于它［们］已不在［当前显现］，［此］即［进入］初［位］心的平等性。顺次，心无造作、无勉力地进入禅定，如所应平等而起，这就是心的正直性。然而，在此位中，由于修习未久，尚有昏沉、掉举的怖畏伴随，直到修习增进之后，所对治者远离，于是这些怖畏不再有。此时，在对治昏沉、掉举之因法方面，功用［亦］不起，所以即［至］无功用位，［这］就是心的无功用性。复次，此［舍心所］有给予一切烦恼、随烦恼作无［活动］余地的所依的作用。

这里我们注意到在平等舍的三个基本特点之中，心平等性排在第一，它是心正直性和心无功用性的前导。心平等性指心远离了昏沉和掉举，也即是远离了暗昧不明和烦躁不安这两个极端。暗昧不明指心识昏沉，不能如实照见外境，烦躁不安指心识浮躁。平等舍则是逐渐历练自心使它超越昏沉和掉举并纯熟安住于离于诸烦恼的境地。

平等舍超越掉举昏沉，超越亲疏爱憎，超越一切以二元对立为特征的种种烦恼，它虽然不是究竟证悟的境地，但它却是通向究竟证悟的路径。它是主体在逐渐消融二元对立、了悟平等真性的过程中获致的淡定。

了悟平等真性的人住于生死却不畏惧生死，因为他知道生死不过是存在的两极。了悟平等真性的人不会厌弃轮回趋向涅槃，因为他知道轮回和涅槃并无二致。了悟平等真性的人承认国度、族群、阶级和等级的差异，却不会认同由此而生的偏执，因为他知道差异中蕴含平等的真性，而偏执则会带来纷争。

了悟平等真性的人不会拘执出世的清规，也不会违越世间的法度，他不会槁木死灰，也不会惊世骇俗。了悟平等真性的人是真正懂得中道含义的人，了悟平等真性的人是平凡而卓异的世间人。

参考书目

Buescher 2007

Buescher, Hartmut, *Sthiramati's Triṃśikāvijñaptibhāṣya*: *Critical Editions of the Sanskrit Text and its Tibetan Translation*, Wien: Verlag der Oesterreichischen Akademie der Wissenschaften, 2007.

霍韬晦　安慧《三十唯识释》原典译注, 1979。

Kramer 2013

Kramer, Jowita, *Sthiramati's Pañcaskandhakavibhāṣā*, Beijing-Vienna: China Tibetology Publishing House, Austrian Academy of Sciences Press, 2013.

Li & Steinkellner 2008

Li, Xuezhu, Steinkellner, Ernst, *Vasubandhu's Pañcaskandhaka*, Beijing-Vienna: China Tibetology Publishing House, Austrian Academy of Sciences Press, 2008.

《入菩萨行论》藏汉文注疏本略述

嘎·达哇才仁

引　言

诚如《藏传佛教教义阐释研究论文集》（第一辑）序言中所说，教义阐释是佛教自身固有的内容，是佛教的重要组成部分。教义阐释也是藏传佛教的历史传统，始终与藏传佛教的兴衰发展紧密联系在一起。所以，从历史层面认识藏传佛教的教义阐释，梳理藏传佛教教义阐释的历史轨迹，对于现阶段藏传佛教教义阐释来讲有着重要的现实意义。笔者以《入菩萨行论》（以下简称《入行论》）经论译注历史为背景，从印度《入行论》译为藏文，后又被藏传佛教高僧解读和注释为线索，梳理《入行论》经论的阐释路径和特点。

《入行论》是印度寂天大师根据三藏经撰写的大乘修行论著。公元7世纪初，《入行论》经典已在印度出现，得到印度佛教界的认可和推崇。后来，《入行论》渐渐传播到信仰佛教的国家和地区。公元9世纪初，《入行论》开始向我国西藏传播，并得到藏传佛教界的重视，甚至后来发展为各教派的必读经典。中国藏语系高级佛学院编辑现代佛学教材时，把《入行论》作为学院的经典科目，列为丛书第八部教材正式出版，说明《入行论》的特殊性和重要性。同时，新成立的西藏佛学院，同样把《入行论》作为提升学员德行方面的经论，也列为经典授课的主要内容。

其实，就《入行论》的解读和注疏层面而言，充分体现了教派平等和高僧平等的佛教平等思想。无论是活佛传记还是高僧传记，都记载了不同教派学僧聆听不同教派学者的《入行论》注释，显示出学习《入行论》没有教派的成见和教派的分歧。正因为如此，不同教派的高僧既乐于对《入行论》进行解读和注解，又乐于讲述《入行论》经论，《入行论》在藏传佛教界成为脍炙人口的经论。因此，了解和认识《入行论》解读和注释的历史轨迹，对现代藏传佛教教义阐释有着积极的启发和借鉴意义。

一、《入行论》相关研究信息

《入行论》被藏传佛教界视为必读的经论，因而讲解《入行论》非常流行，阐释《入行论》的经典相对较丰富。从高僧和活佛传记来看，除了对五部经论的系统学习外，几乎各教派都要学习《入行论》，说明藏传佛教界很重视《入行论》的讲解和学习。随着时间的推移，各教派学者对《入行论》的讲解和注释，渐渐整理出版形成了各教派自用的《入行论》教材。

藏传佛教界历史上虽然对《入行论》的讲解和注释极为普遍，但不太关注疏理《入行论》研究成果，甚至藏传佛教研究学者也很少总结《入行论》的研究。而其他民族学者很早便开始探讨《入行论》经典，如代表性的研究成果有：敖特根的《莫高窟北区出土回鹘蒙古文〈入菩萨行论〉印本残叶》，他认为该蒙古文《入行论》版本很可能是元代14世纪初的木刻残叶。据说，在元朝时期，《入行论》已译为蒙古文，并收入蒙古文版的《甘珠尔》中。“13—14世纪，有蒙古族高僧搠思吉斡节儿、沙剌布僧格、苏纳木喀拉等著名作家和翻译家，他们在元朝宫廷崇奉藏传佛教的影响及推动下，撰写和翻译了许多梵、藏经籍。如《佛祖十二行》《大黑天母礼赞》《入菩萨行论》等。”① 另外，台湾超静逸博士论文的《菩提心、慈悲心与空性：寂天〈入菩萨行论〉的修行思想及其现代社会的实践意义》，分析了《入行论》的核心精神菩提心与缘起空性，并把它与现代社会实践结合起来探讨。

与此同时，《入行论》梵文文本与其他民族语言对勘研究方面也取得了一些成果，如国内学者黄宝生的《梵汉对勘入菩提行论》（2010年），作者认为梵文与其他民族译经对勘是佛教研究的一种方法和途径，所以黄先生用梵汉《入行论》正文，以版面格式把梵文《入行论》正文原文自然段

① 额尔敦白音：《蒙古族高僧藏文著述传统及其全集著作》，佛教在线。

落排列形式，依次附上相应段落的现代汉语今译和古代汉译。此外，黄先生把国外学者对《入行论》的梵文研究进行了疏理，《梵汉对勘入菩提行论》介绍了以下几位学者校刊的成果情况。

国外学者《入菩萨行论》梵文校刊出版情况

学者姓名	经典名称	时间	国家
米纳耶夫 Minayef	《入菩提行论》梵文校刊出版 Russian oriental Journal，IV	1889	俄国
夏斯特利 H. sastrl	《入菩提行论》梵文校刊出版 Journal of the Buddhist Text Sociiety of India	1894	印度
维迪耶 P. L. Vaidya	《入菩萨行论》梵文校刊注释 Buddhist Sanskrit Text，No. 12	1960	印度
普善 Poussin	《入菩萨行论》梵文校刊注释 Bibliotheca Indica，Culcutta	1902—1904	法国

二、《入行论》及其注疏的藏译情况

印度寂天大师撰写《入行论》正文后，印度佛学大师们对《入行论》正文倍加关注，先后进行了解读和注疏。据说，印度学者对《入行论》的注疏约有100部，说明印度佛学界非常重视《入行论》的学习和诠释。后来，印度学者的100部《入行论》注疏中，据说有8部被译成为藏文。目前获得的信息来看，藏文文本是印度《入行论》注疏译本最多的民族。

在吐蕃赞普赤松德赞时期，印度班智达萨伯扎聂德瓦和藏族译师嘎瓦白泽共同翻译了《入行论》正文。据堪布索达吉的说法[1]，吐蕃时期翻译的《入行论》正文是克什米尔班智达版本。在印度佛学界，《入行论》正文流传着两种版本：一种版本是克什米尔班智达版本，另外一种是印度东部班智达版本。据说，寂天大师在那烂陀寺讲完《入行论》后，离开那烂陀寺前往印度北部朝圣。当时，那烂陀寺出现了《入行论》版本争论，“克什米尔班智达按照记忆整理出千颂，但没有记住书首礼赞和写书誓言部分。印度东部班智达整理出七百颂，但忘掉了忏悔和智慧章节”[2]，所以两种《入行论》正文版本在体例上有所差异。

其实，《入行论》正文版本出现争论，反映了当时印度不同学派存在的学术分歧，后来这两种正文版本都流传于后世。所以，在吐蕃时期翻译的《入行论》正文是克什米尔班智达版本，其原因是“以百若杂那、益西旺布为首的藏族译师与从印度请来的寂护、莲花生，以及克什米尔班禅伍米扎等大师一起开始了大规模的佛经翻译”[3]，因而克什米尔班智达带来的自然是克什米尔流传的《入行论》版本。因此，在吐蕃晚期，《入行论》正文正式译为藏文，也是第一部藏文版的《入行论》正文，它对后来《入行论》在藏地的传播产生了深远影响。

后弘期，印度佛经藏译事业得到迅速发展。一般情况

① 索达杰堪布：《慧光集——入菩萨行论广释》，佛教在线。

② 堪珠贡觉丹增仁波切著，克珠群佩译：《宁玛派源流》，宗教文化出版社，2008 年，第 72 页。

③ 侃本：《汉藏佛经翻译比较研究》，中国藏学出版社，2008 年，第 20 页。

下，印度班智达和藏族译师共同翻译各类印度经论。公元11世纪，印度东部班智达的《入行论》正文版本由大译师仁钦桑布译为藏文。大译师仁钦桑布既到过克什米尔又到过印度东部，所以他把印度东部流传的《入行论》正文版译为藏文。在印度流传的两种《入行论》正文版本，先后被藏族译师译为藏文。

据《布顿佛教史》记载：“《入菩萨行论》寂天著俄译”，其中俄是指俄·洛丹协绕，藏族称其为小译师，所以俄·洛丹协绕也曾翻译过《入行论》。其实，俄·洛丹协绕在仁钦桑布《入行论》译本基础上，进行了重译和校对，所以藏传佛教界把俄·洛丹协绕的《入行论》版本视为标准版。

以上三种藏译的《入行论》都是《入行论》正文版。除了《入行论》正文版本被译为藏文外，据说8部印度学者的《入行论》注疏版，也先后被藏族译师译为藏文，但没有发现翻译过程和翻译情况的相关信息。《布顿佛教史》记载了几本印度学者《入行论》注疏版的藏译目录，详见下表。

印度《入菩萨行论》注疏版藏译表

印度学者	经典名称	藏族译者
སློབ་དཔོན་ཤེས་རབ་འབྱུང་གནས་བློ་གྲོས། 智作慧	༄༅།།སྤྱོད་འཇུག་གི་འགྲེལ་ཆེན། 《入菩萨行论》广释	དར་མ་གྲགས། 达玛札
སློབ་དཔོན་དགེ་བའི་ལྷ། 格维拉	༄༅།།སྤྱོད་འཇུག་གི་འགྲེལ་པ། 《入菩萨行论》注释	དགེ་བའི་བློ་གྲོས། 格吾洛周

续表

印度学者	经典名称	藏族译者
སློབ་དཔོན་ནག་པོ། 纳波	༄༅ །།སྤྱོད་འཇུག་དཀའ་འགྲེལ། 《入菩萨行论》译注	ཆོས་ཀྱི་ཤེས་རབ། 曲吉喜绕
སློབ་དཔོན་བཻ་རོ་ཙ་ན་རཀྵི་ཏ། 白若杂纳饶西达	༄༅ །།སྤྱོད་འཇུག་འགྲེལ་པ། 《入菩萨行论》注	རྔོག་བློ་ལྡན་ཤེས་རབ། 俄·洛丹协绕
བི་བྷུ་ཏི་ཙནྡྲ། 布荷德杂扎	༄༅ །།སྤྱོད་འཇུག་གི་དོན་བསྡུས། 《入菩萨行论》要义	ནག་ཚོ་ལོ་ཙྪ་བ། 纳措译师

三、藏族学者对《入行论》的注释

藏传佛教各教派学者，不仅乐于讲解《入行论》，而且很喜欢对《入行论》进行注释。历史上不同教派形成了各自认同的《入行论》注释本，并将其作为本教派学僧学习的必读经论（详见下表）。

历代藏族高僧《入菩萨行论》注释表

注释者	注释书名	教派
ཐོ་པ་ཆོས་ཀྱི་སེང་གེ། 恰巴·曲吉森格	༄༅ །།བྱང་ཆུབ་སེམས་དཔའི་སྤྱོད་པ་ལ་འཇུག་པ་ཆེན་མོའི་འགྲེལ་པ། 《入菩萨行论大释》	བཀའ་གདམས་པ། 噶当派
བུ་སྟོན་རིན་ཆེན་གྲུབ། 布顿仁钦珠	༄༅ །།བྱང་ཆུབ་སེམས་དཔའི་སྤྱོད་པ་ལ་འཇུག་པའི་བསྡུས་དོན། 《入菩萨行论要义》	བུ་སྟོན་པ། 布顿派
བུ་སྟོན་རིན་ཆེན་གྲུབ། 布顿仁钦珠	༄༅ །།བྱང་ཆུབ་སེམས་དཔའི་སྤྱོད་པ་ལ་འཇུག་པའི་འགྲེལ་པ་བྱང་ཆུབ་ཀྱི་སེམས་གསལ་བར་བྱེད་པ་ཟླ་བའི་འོད་ཟེར། 《入菩萨行论注释菩萨心明净月光》	བུ་སྟོན་པ། 布顿派
ས་བཟང་མ་ཏི་པཎ་ཆེན་བློ་གྲོས་རྒྱལ་མཚན། 萨桑玛德班钦洛珠坚参	༄༅ །།བྱང་ཆུབ་སེམས་དཔའི་སྤྱོད་པ་ལ་འཇུག་པའི་རྣམ་པར་བཤད་པ་གཞུང་དོན་རབ་གསལ་སྣང་བ་བཞུགས་སོ།། 《入菩萨行论注解》	ཇོ་ནང་པ། 觉囊派
སློབ་དཔོན་ཤེར་འབྱུང་བློ་གྲོས། 喜绕迥乃洛珠	༄༅ །།སྤྱོད་འཇུག་དཀའ་འགྲེལ། 《入菩萨行论》译注	མི་གསལ། 不详
སློབ་དཔོན་བསོད་ནམས་རྩེ་མོ། 洛班索南孜摩	༄༅ །།བྱང་ཆུབ་སེམས་དཔའི་སྤྱོད་པ་ལ་འཇུག་པའི་འགྲེལ་པ། 《入菩萨行论注释》	ས་སྐྱ། 萨迦派

续表1

注释者	注释书名	教派
རྗེ་བཙུན་གྲགས་པ་རྒྱལ་མཚན། 杰赞扎巴坚参	༄༅ །།བྱང་ཆུབ་སེམས་དཔའི་སྤྱོད་པ་ལ་འཇུག་པའི་བསྡུས་དོན། 《入菩萨行论要义》	ས་སྐྱ། 萨迦派
སློ་པ་ཀུན་མཁྱེན་རིན་ཆེན་དཔལ། 洛巴根钦仁钦巴	༄༅ །།བྱང་ཆུབ་སེམས་དཔའི་སྤྱོད་པ་ལ་འཇུག་པའི་ཟིན་བྲིས་འཇམ་དཔལ་ཞལ་ལུང་། 《入菩萨行论记录文殊言教》	ས་སྐྱ། 萨迦派
དངུལ་ཆུ་ཐོགས་མེད། 俄曲土麦	༄༅ །།བྱང་ཆུབ་སེམས་དཔའི་སྤྱོད་པ་ལ་འཇུག་པའི་འགྲེལ་པ། 《入菩萨行论注释》	ས་སྐྱ། 萨迦派
བླ་མ་དམ་པ་བསོད་ནམས་རྒྱལ་མཚན། 喇嘛丹巴索南坚参	༄༅ །།བྱང་ཆུབ་སེམས་དཔའི་སྤྱོད་པ་ལ་འཇུག་པའི་རྣམ་པར་བཤད་པ་དགོངས་པ་ངེས་པ་གསལ་བ། 《入菩萨行论注疏寓意明晰》	ས་སྐྱ། 萨迦派
བླ་མ་དམ་པ་བསོད་ནམས་རྒྱལ་མཚན། 喇嘛丹巴索南坚参	༄༅ །།བྱང་ཆུབ་སེམས་དཔའི་སྤྱོད་པ་ལ་འཇུག་པའི་བསྡུས་དོན་འགྲེལ་པ་ཉི་མའི་འོད་ཟེར། 《入菩萨行论要义注释日光》	ས་སྐྱ། 萨迦派
རྫོང་གསར་མཁན་པོ་གྲགས་ཡག་བློ་གྲོས། 宗萨堪布扎雅洛珠	༄༅ །།བྱང་ཆུབ་སེམས་དཔའི་སྤྱོད་པ་ལ་འཇུག་པའི་ཤེས་རབ་ལེའུའི་དཀའ་གནད། 《入菩萨行论智慧疑难注解》	ས་སྐྱ། 萨迦派
མཁན་པོ་ཀུན་བཟང་དཔལ་ལྡན། 堪布贡桑巴丹	༄༅ །།སྤྱོད་འཇུག་གི་རྩ་བ་དང་འགྲེལ་པ། 《入菩萨行论正文和注释》	རྙིང་མ། 宁玛派
ཐུབ་བསྟན་ཆོས་ཀྱི་གྲགས་པ། 土登曲吉扎巴	༄༅ །།སྤྱོད་འཇུག་གི་འགྲེལ་བཤད་རྒྱལ་སྲས་ཡོན་ཏན་བུམ་བཟང་། 《入菩萨行论注疏》	རྙིང་མ། 宁玛派
གཞན་ཕན་ཆོས་ཀྱི་སྣང་བ། 西彭曲吉囊哇	༄༅ །།བྱང་ཆུབ་སེམས་དཔའི་སྤྱོད་པ་ལ་འཇུག་པའི་མཆན་འགྲེལ་བཞུགས་སོ།། 《入菩萨行论注疏》	རྙིང་མ། 宁玛派
མཁན་པོ་ཀུན་དགའ་དཔལ་བཟང་། 堪布根噶巴桑	༄༅ །།བྱང་ཆུབ་སེམས་དཔའི་སྤྱོད་པ་ལ་འཇུག་པའི་ཚིག་འགྲེལ་འཇམ་དབྱངས་བླ་མའི་ཞལ་ལུང་བདུད་རྩིའི་ཐིགས་པ་ཞེས་བྱ་བ། 《入菩萨行论注释》	རྙིང་མ། 宁玛派
འཇུ་མི་ཕམ་འཇམ་དབྱངས་རྣམ་རྒྱལ། 居·米庞嘉央朗嘉	༄༅ །།སྤྱོད་འཇུག་ཤེར་འགྲེལ་ཀེ་ཏ་ཀ་བཞུགས་སོ།། 《入菩萨行论智慧注释格达嘎》	རྙིང་མ། 宁玛派
མཁན་པོ་བསོད་དར་རྒྱས། 堪布索达杰	༄༅ །།བྱང་ཆུབ་སེམས་དཔའི་སྤྱོད་པ་ལ་འཇུག་པ་རྒྱས་འགྲེལ་བཞུགས་སོ།། 《入菩萨行论广释》	རྙིང་མ། 宁玛派
རྒྱལ་ཚབ་དར་མ་རིན་ཆེན། 贾曹杰·达玛仁钦	༄༅ །།བྱང་ཆུབ་སེམས་དཔའི་སྤྱོད་པ་ལ་འཇུག་པའི་རྣམ་བཤད་རྒྱལ་སྲས་འཇུག་ངོགས། 《入菩萨行论广解》	དགེ་ལུགས། 格鲁派
རྗེ་འཇམ་དབྱངས་རྒྱ་མཚོ། 杰降央嘉措	༄༅ །།བྱང་ཆུབ་སེམས་དཔའི་སྤྱོད་པ་ལ་འཇུག་པའི་རྩ་འགྲེལ་བཞུགས་སོ།། 《入菩萨行论释义》	དགེ་ལུགས། 格鲁派

续表 2

注释者	注释书名	教派
ཀུན་མཁྱེན་འབྲུག་པ་པདྨ་དཀར་པོ། 根钦竹巴白玛噶布	༄༅ །།སྤྱོད་འཇུག་གི་འབྲུ་འགྲེལ་དབུ་མའི་ལམ་སྒྲོན་མ་ཞེས་བྱ་བ་བཞུགས། 《入菩萨行论注释——中观道灯》	འབྲུག་པ་བཀའ་བརྒྱུད། 主巴噶举

下面具体介绍各教派对《入行论》注释方面的基本情况。

1. **噶当派学者的《入行论》注释**

噶当派从阿底峡开始讲述《入行论》。阿底峡在撰写《菩提道炬论》时，引用了大量的《入行论》正文，他不仅很熟悉《入行论》经典，而且非常重视《入行论》经论。其实，《菩提道炬论》中的“发菩提心”和“六波罗蜜多”等内容，与《入行论》中的“发菩提心”和“六波罗蜜多”大同小异。后来，噶当派选 6 部经论作为讲经的主要教材，该 6 部经论往往被称为“噶当六论”，分别为《大乘庄严经论》《菩萨地论》《集菩萨学论》《入菩萨行论》《本生蔓论》和《集法句论》。从此以后，《入行论》成为噶当派讲经说法的重要经论。

恰巴・曲吉森格曾对《入行论》作过注释，“他是桑普寺格西中精通中观和因明的学者，对《慈氏五论》《定量论》《中观二谛论》《中观庄严论》《中观光明论》《入行论》等作过注”[①]，恰巴・曲吉森格著有《入菩萨行论大释》。后来，噶当派很多学者对《入行论》作了注释，因篇

① 克珠群佩主编：《西藏佛教史》，宗教文化出版社，2009 年，第 116 页。

幅关系此不作介绍。

2. 布顿派学者对《入行论》的注释

布顿派对《入行论》的注释是布顿仁钦珠自己撰写的。布顿仁钦珠先后在噶当派和萨迦派高僧跟前学习佛经，后变成为著名的佛学大师，留下了丰富的佛学著作，其中包括《入行论》注释。从他的传记来看，他是在萨迦巴索南扎巴跟前学习了《入行论》，后来著有两本《入行论》注释，分别为《入菩萨行论要义》和《入菩萨行论注释菩萨心明净月光》，并成为布顿派《入行论》方面的代表经典。

3. 觉囊派学者对《入行论》的注释

觉囊派著名学者萨桑玛德班钦洛珠坚参著有《入菩萨行论注解》，是觉囊派《入行论》注解方面的经典，已成为觉囊派的必读经论。萨桑玛德班钦洛珠坚参公元1274年出生在阿里，9岁时在多热寺出家为僧，后在热龙寺喇嘛益西坚参跟前学习了《入行论》，公元1376年圆寂。他一生留下了很多著作，其中《入菩萨行论注释》是他的代表作品之一。该书作为觉囊派的代表经论被选为当代觉囊派经典系列丛书第12本，由民族出版社2008年正式出版。

4. 萨迦派学者对《入行论》的注释

萨迦派学者对《入行论》的注释颇丰。最早，萨迦·洛班索南孜摩对《入行论》作了注释，他在桑普寺、邬托寺学法时,先后拜嘉玛尔哇降曲孜摩、恰巴·曲吉森格、俄·洛丹协绕等为师,在他们跟前学习了《入行论》。据说,俄·洛丹协绕不仅把《入行论》译为藏文，而且在桑普寺开设了《入行论》讲台，所以当时桑普寺成为《入行论》讲解的主要场所。萨迦·索南孜摩所著《入菩萨行论略释》不仅成为萨迦派最早的《入行论》注释，而且发展成为萨迦派《入行论》方面的代表经典。

之后，萨迦扎巴坚参著有《入菩萨行论要义》，萨迦索南嘉措著有《入菩萨行论注疏寓意明晰》和《入菩萨行论要义注释日光》，洛巴根钦仁钦巴著有《入菩萨行论记录文殊言教》，宗萨堪布扎雅洛珠著有《入菩萨行论智慧疑难注解》，阿增活佛文集中有《入菩萨行论注释》等。近来，萨迦派各类《入行论》注释经论在萨迦派各类现代丛书中几乎都已出版发行，如《萨迦文库》丛书中的第21本、22本和23本都是《入行论》经论，该丛书2013年由西藏藏文古籍出版社正式出版。但是，萨迦派各寺院认同的《入行论》教材，是嘉色俄曲图美著的《入菩萨行论注释》，后来该经论成为萨迦各经学院的必读经论，并已编入更噶松布堪布整理编辑的“萨迦文库”中，由民族出版社正式出版。

5. 宁玛派学者对《入行论》的注释

公元18世纪至19世纪，德格土司管区的宁玛派文化圈中，非常流行讲解《入行论》，一时掀起了讲解《入行论》的风潮。这次风潮的发起者是宁玛派著名学者巴竹·晋美秋吉旺布，推动者是他的弟子居·米庞大师，而推广和普及者是堪布根巴。

巴竹·晋美秋吉旺布对《入行论》的讲解非常热衷。他出生在今四川甘孜石渠牧区，后成为宗教造诣高深的佛学大师。巴竹·晋美秋吉旺布讲解《入行论》上千次，当地僧人和信徒尊称他为“《入行论》喇嘛”，又称他为“寂天菩萨”，据说当地小孩都能说出《入行论》方面的术语。当时，当地出现了《入行论》家喻户晓和人人皆知的局面。据传说，甘孜竹钦寺有一朵蓝色的花被称为“吉觉梅朵(即入行论花)”，因巴竹·晋美秋吉旺布讲解《入行论》功德圆满，自然长出的奇花，据说四季不凋谢，既神奇又神圣。他以游僧的身份到处讲说《入行论》，“依照不同注释对各派传讲，如依贾曹杰之注释为噶当派传讲；依索南孜摩之注释对萨迦派宣讲；依巴沃·祖拉陈哇的注疏为噶举派传讲；依无著菩萨之注疏为宁玛派传讲”①。等于说，他是以各教派学者的《入行论》注释经论来给相应教派的学僧讲解的。但是，巴竹·晋美秋吉旺布自己没有留了任何《入行论》方面的作品。

居·米庞大师在巴竹·晋美秋吉旺布跟前学习了《入行论》，他对《入行论》有很深的理解，“在藏地流传的所有印度《入菩萨行论》注疏他都看过，藏族学者的《入行论》注释都读过，正确领会这些经典后，才开始动笔撰写”②。因此，居·米庞著的《入菩萨行论注释》正好诠释了第十智慧品，而且把书名定为《入菩萨行论智慧品注释》，后来

① 郑堆主编：《藏传佛教教义阐释研究文集》（第1辑），北京：中国藏学出版社，2012年，第143页。

② 居·米庞：《入菩萨行论智慧品注释》（藏文），四川民族出版社，2006年，第112页。

该书成为宁玛派《入行论》方面的理论基石。其实，《入行论》中第十智慧品外，各教派解读其他九品内容上并没有大的分歧，或者说在观点上没有根本性差异，但第十智慧品上各教派有显著的差异，因智慧品直接涉及中观思想中的理论观点。

宁玛派《入行论》方面的注释著作很多，但广受喜爱的经典是堪布根桑巴丹著的《入菩萨行论名词注释》。堪布根桑巴丹是巴竹·晋美秋吉旺布的心传弟子，出生在石渠牧区，从小生活很艰辛，但学法非常勤奋，据说晚上在月光下阅读佛经，后来成为甘孜竹钦寺堪布。晚年，他在巴竹·晋美秋吉旺布跟前学法，所以多次聆听了巴竹·晋美秋吉旺布讲解《入行论》，在"嘉杰塘切钦巴巴竹仁波切跟前，9个月时间聆听了《入菩萨行论》讲解，并作了详细笔记"①，后来，把它称为"巴竹仁波切完整的口传《入菩萨行论名词注释》"②。

在巴竹·晋美秋吉旺布跟前聆听《入行论》时，堪布根桑巴丹每次把巴竹·晋美秋吉旺布讲解的内容记录下来，所以有些学者认为堪布根桑巴丹所著的《入菩萨行论名词注释》是巴竹·晋美秋吉旺布讲解《入行论》的笔记整理。但实际上，堪布根桑巴丹除在巴竹·晋美秋吉旺布跟前聆听

① 寂天论师原著，根桑巴丹笔录：《〈入行论〉详释》（藏文），四川民族出版社，1990年，第815页。

② 旦增龙多尼玛：《藏传佛教大圆满传承史》（藏文），《堪钦根桑巴丹略传》，中国藏学出版社，第662页。

了《入行论》外，在堪布西噶跟前也聆听了《入行论》，“在恩仁波切阿晋丹增诺布跟前，前后两次44天聆听了《入菩萨行论》讲解，并作了笔记”①。因此，堪布根桑巴丹是在不同讲解的笔记基础上，撰写了《入菩萨行论名词注释》经论。按照作者自己的说法，该经典的特点是通俗易懂。后来，《入菩萨行论名词注释》由协钦寺嘉曹活佛出资，在协钦寺首次刻印出版，并成为宁玛派最流行的《入行论》注释版本。1990年，四川民族出版社把堪布根桑巴丹的《入菩萨行论名词注释》正式出版，此书成为康区各教派寺院中最流行的《入行论》注释版本。

6. 主巴噶举派学者对《入行论》的注释

（1）主巴噶举派

竹巴教派也很重视《入行论》讲解，其原因与主巴教派创始人格仓巴贡布多杰有着密切关联。公元1276年，邦译师罗珠丹巴与众弟子讨论《入行论》时，邦译师认为，《入菩萨行论》学得最好的只有格仓巴和格日图美两人，《入菩萨行论》的内容都在他俩心中”②，格仓巴贡布多吉是主巴噶举派的创始人，对后期主巴噶举派教义发展产生过深远影响，但他自己没有留下任何《入行论》方面的著作。

后来，四世主巴活佛根钦白玛嘎布著有《入菩萨行论注

① 寂天论师原著，根桑巴丹笔录：《〈入行论〉详释》（藏文），四川民族出版社，1990年，第815页。

② 图登曲吉扎巴：《入菩萨行论注释》（藏文），中国藏学出版社，1990年，第877页。

释——中观道灯》。当时，主巴丹增诺布和措吉多杰鼓励他撰写一本《入行论》注释，他虽说随口答应了，但因种种原因拖了很长时间。有一天，他觉得撰写《入行论》注释对众生发菩提心有着无量功德，因而他到澎波琼布寺，用一个月的时间撰写完成了《入菩萨行论注释——中观道灯》，被后人称为“主哲（即主巴注释）”，并成为主巴教派的《入行论》必读版本。

（2）噶玛噶举派学者对《入行论》的注释

噶玛噶举派学者的《入行论》注释中，巴沃·祖拉陈哇著的《入菩萨行论注释》最有名，“巴沃·祖拉陈哇是当时一位‘著名大德’，又是噶举派噶玛支系的活佛，其师是噶玛派世系第八世米久多杰（即不动金刚）。在治学方面，该书说他‘似应时代要求，专重研究外明诸论’，‘其学问可入善巧之数，著有八行论大疏、历数学论、佛教史等”①，其中，《入行论》注释属大疏之一。但是，他的历史名著《智者喜宴》太有名，很少有人提及他的另外一部专著《入行论》注释。其实，他的《入行论》注释在噶玛噶举派内非常有名，成为噶玛噶举派的必读经论，也可以说是噶玛噶举派《入行论》方面的经典代表。

7. 格鲁派对《入行论》的注释

贾曹杰·达玛仁钦著的《入菩萨行论广解》，是格鲁派《入行论》方面的代表经论，格鲁派经学院普遍将它当成必

---

① 巴沃·祖拉陈哇著，黄颢译：《贤者喜宴》，中国社会科学出版社，1989年，第28页。

读经论。贾曹杰·达玛仁钦既是宗喀巴大师的心传弟子，又是格鲁派第二任甘丹赤巴，在格鲁派内有着重要的影响。但是，早期贾曹杰·达玛仁钦在萨迦派学习教法，因而萨迦派教义对他的思想产生过影响。所以，他晚年撰写的《入菩萨行论广解》既有格鲁派的思想根基，又有萨迦派的教理影子。后来又被译成为汉文，成为汉传佛教界第一本由藏译汉的《入行论》，对汉传佛教界也产生了重要影响。

五、《入行论》汉译版

据说，《入行论》在宋朝曾由印度班智达天息灾“菩提行经”，与藏译版《入菩萨行论》对比缺了两品，而且翻译质量相对较粗糙，“在汉地赵宋时期，《入菩萨行论》被天息灾译为汉文，题为《菩提行经》。可是译作一直没有受到重视，因此未能弘传”①。

1951年，隆莲法师在成都护国金刚道场把贾曹杰的《入菩萨行论广解》译为汉文，并附有译注，后来成为《入行论》汉译版经典。法师是民国时期著名的佛学大师，她既有很深的汉传佛教造诣，而且又很熟悉藏传佛教教理。1950年春，能海法师委托隆莲大师把贾曹杰大师的《入菩萨行论广解》译成汉文。第二年，隆莲法师翻译完毕交给能海法师，能海法师审阅译稿后非常满意。1985年，隆莲大师把

① 江洋嘉措著，华锐罗桑嘉措译：《入菩萨行论释》，宗教文化出版社，2012年，第121页。

手稿复印后，送交给赵朴初先生审阅，赵朴老阅后，认为很有价值并写了序，而且把书稿交给金陵刻经处，正式刻印出书。从此，隆莲大师的《入菩萨行论广解》译本为汉传佛教界所熟悉，成为正统的《入行论》汉译版。截至目前，该译本在汉传佛教界仍广泛流传。

1997年，陈玉蛟先生翻译了藏文《入行论》，并作了译注。后来，在台湾高雄谛听文化出版社正式出版，成为第一本台湾汉译的《入行论》版本。1998年，如石法师从藏文把《入行论》正文译为汉文，也在高雄谛听文化出版社正式出版。目前如石法师的《入行论》汉文译本在网上广为流传。2001年，隆莲法师翻译的贾曹杰的《入菩萨行论广解》译本在台北佛陀教育基金会正式出版。

与此同时，藏传佛教高僧前往台湾讲经说法时，部分活佛和高僧讲解《入行论》。后来，他们讲解的《入行论》录音带，经整理后并被译为汉文，成为新的《入行论》汉文版。1997年，萨迦派大堪布贡噶旺秋仁波切在台湾讲解《入行论》，后张惠娟居士把它译为汉文，变成通俗易懂的《入行论》讲稿，而且其音频也在网上传播。后来，所谓印度“甘丹寺”的“甘丹赤巴”日宗仁波切在台湾讲述《入行论》，如性法师把它译为汉文。2012年，噶陀寺堪布久美多杰在新加坡讲述《入行论》，后被噶陀佛学会整理并译成汉文印刷出版。

在内地，除了隆莲大师译的《入菩萨行论广解》外，2000年，色达五明佛学院堪布索达杰向汉族信徒讲解《入行论》，后把讲稿整理成为《慧光集——入菩萨行论广释》，分为上、中、下三册正式出版，成为目前内地《入行论》最畅销的版本。它的特点是通俗易懂。同时，拉卜楞寺格西江洋嘉措所著《入菩萨行论释》由他的弟子华锐罗桑嘉措译为汉文，2012 年由宗教文化出版社正式出版，成为《入行论》另一个汉文译本。后来，印度寂天大师的《入行论》正文由达瓦次仁译为汉文，并于 2013 年由湖南教育出版社正式出版。因此，随着《入行论》汉译版本的增多，《入行论》经典开始被汉传佛教界所了解和熟悉，这对藏汉佛经交流方面产生了积极的影响。

总体来讲，《入行论》作为一部印度佛学经典，历史上被译为藏文，在藏传佛教界流传很广。后来，藏传佛教界把它视为培养德行方面的代表经典，各教派学者进行讲解和注疏，一时出现了不同教派对《入行论》的不同解读著作，成为各自教派经学院的必读经论，甚至成为现代各佛学院首选教材，这充分说明该经典的经论价值和现实意义。

浅谈藏传佛教戒律的基本内容和当今应发挥的作用

高尔布　蒙兴甫

藏传佛教戒律在净化社会风气，规范约束僧人言行，纯洁宗教队伍等方面，有其独特的优势和作用。由于戒律是佛陀在2000多年前制定的，更多注重出世性教育；当今社会较之佛陀所在的古印度已发生了巨大的变化，在物质丰富、科技昌明、思想多元的新时期，如果仅从经典字面上僵化死板地理解和执行佛教戒律，就会与现代经济快速发展和人民日益提高的生产生活需求不相适应，让人对佛法和戒律产生怀疑、厌恶和抵制，背离了佛陀通过制戒防非止恶、匡正人心、传承佛法的本意，正所谓“依文解义，三世佛冤”。只有深刻理解佛教止恶扬善、净化人心的核心精神，不拘泥于具体的语言文字，对佛教戒律进行因地制宜、契合受众根基、符合社会进步的圆融阐释，使之契理、契机，才能把戒律从僵化、迷信的教条变为生动活泼的行为准则。这样的戒律完全可以作为法制建设和依法治理的有效补充，并在藏传佛教正本清源、以教治教方面发挥不可替代的重要作用。本文试从以上视角，简要介绍藏传佛教戒律。

一、戒律总分

由于传承不同，对戒律的具体分类和阐述都不尽一致，本文主要依据阿里班禅·白玛旺杰所著《三律仪论》作一介绍。佛家根据弟子的慧根将戒律总体分为三类，一般慧根可受持特别解脱戒，中等慧根可受持菩萨法心戒，上等慧根可受持密乘戒，此乃三戒之说。三戒又紧密相连，下一个戒为上一个戒的基础，也就是说别解脱戒是最基础的，要求人们不做有害众生之事。菩萨发心戒为成佛的途径，主要是谋求众生利益。密乘戒为得到成果，佛经说殊胜之道无法用言语表述。本文主要介绍别解脱戒。佛教要求受此戒的前提是有出离心，皈依三宝，正常且成熟之人，征得国王（在现代意义上指政府和职能部门）和父母（包括监护人）同意等。特别解脱戒的佛门弟子一般分为八种，也叫八种别解脱律仪(居士)、勤策女律仪（女沙弥)、勤策律仪（沙弥)、正学律仪（正学女)、比丘尼律仪、比丘律仪等。

二、近住律仪（八斋戒）

近住律仪又称八关斋戒或昼夜戒，民间俗称哑巴戒。就是持八关斋戒二十四小时即可。在一天（二十四小时）内持以下八条戒（故称八斋戒）：不杀生、不妄语、不偷盗、不邪淫、不饮酒、不坐高广大床、不视听歌舞、不食非时食。

三、进事律仪

进事律仪实际是居士戒，主要是四根本戒，即不杀生、不偷盗、不邪淫、不妄语，另加不饮酒共五戒。居士可在以上四根本戒中选择一项或多项持戒终生。如持杀生戒称一戒居士，持受两戒为数戒居士，持受三戒为多戒居士，持四根本戒称圆戒居士。在日常生活中以正式仪轨皈依三宝的佛门弟子也称居士。即皈依佛，永不膜拜祈求外道和世间神鬼；皈依法，永不伤害众生或心存害心；皈依僧，永不与外道邪见者同修。

不杀生在居士戒中指不杀人，包括自己杀人和指使他人杀人。有杀人动机、有杀人行为、有致人死亡的结果，这都构成完全破戒。仅有杀的动机和行为，而没有致人死亡的结果，在居士戒中主要视作过失，可以通过忏悔来补救。但在菩萨戒中就属破戒的范畴了。佛陀在居士戒中把不杀生界定为不杀人，当前个别寺庙把戒杀界定为不杀牲畜，并在一般信众中以断法门（部分信教群众不完全按寺庙的要求办事时，寺庙停止对其念经、祈祷、消灾等宗教活动）的方式强力推行这种极端行为，且不说禁止宰杀自养牲畜影响群众生产生活，从教规戒律角度也与按根机深浅授法的要求相悖，把高层次的戒与低层次的戒相混淆，且有把一般信众当成僧尼之嫌。

不偷盗包括不暗偷和明抢，如诈骗、偷税漏税、贪污受贿、非法营利，等等。

不邪淫，指不与非婚配异性发生关系。对持不邪淫戒的居士的婚配行房也有若干要求，如不得在父母、老师附近和佛堂佛像经书前，不得在人群聚集地方，不得在白天，不得通过殴打等强迫手段，不得与他人伴侣、七代以内亲属和未成年人。

不妄语，主要指不说谎言和恶语，包括两舌即挑拨离间，淫秽无礼仪不正经的语言等。此戒当然也包括了个别不法分子对党委政府的有意污蔑，在社会上造谣蛊惑，等等。

不饮酒，主要考虑饮酒易致人神志不清，易犯以上四根本戒。

以上为在家佛门弟子戒律。

四、勤策律仪（沙弥戒）

沙弥戒有三十六、三十二等不同说法，阿里班禅学派谓之沙弥学处三十二种，本文依据三十二种说法逐一介绍。

1. 杀（解释同以上基本类同）；2. 盗（同上）；3. 淫（此处为出家戒，意为不与任何异性发生关系）；4. 妄说人上法（在以上注释的基础上，主要指自己本无见证却妄说自己成仙已证悟到高级境界或经历某种神迹，说神论鬼等等）；

5. 饮酒（同上）；6. 屠杀畜生；7. 有生物之草投入水中（如夏季草棚上有很多蚂蚁之类生命物体，不能将其随意投放水中）；8. 使用有虫之水（如使用有小鱼等很多生命的水）；9. 无根谤（毫无根据，无中生有的诽谤）；10. 借故谤（对方有少许过错而夸大其词进行诽谤）；11. 破和合僧（在僧人之间挑拨离间）；12. 随顺破和僧者（有人在僧人之间挑拨离间时自己也随顺附和）；13. 厌烦家室（喜欢说妄语令家人厌烦，伤害在家人平等善心、使之折福的行为）；14. 明知故妄（明知不是事实却口出妄言）；15. 谤私情（寺庙堪布等执事对某僧人正常发给少许物资时讥毁其因私情发放）；16. 谤执事（讥毁寺庙纪律管家）；17. 谤僧；18. 故犯学处（师傅或道友提出自己的缺点时诽谤其无知而不虚心接受）；19. 为取超分淆用鬻盖（谤僧人不以正当手段取用超量食物）；20. 跳舞（认为跳舞有妄自尊大之嫌，易心思散乱）；21. 唱歌（同20条）；22. 奏乐（同20条）；23. 珠帘（指因好修饰而戴装饰品；如耳环、珍珠项链等）；24. 涂香；25. 染色（如染发、文身等）；26、大而广的床；27. 高床（1尺以上视作高床）；28. 过午时食；29. 蓄金银财宝；30. 违犯舍俗人相（出家人应舍弃俗人之相）；31. 违犯取出家相（出家需剃度着僧服等保持出家相）；32. 违犯敬剃度师（为自己剃度或传授知识的上师要敬重有礼）。

以上32种沙弥戒中：1—4为根本戒；6—8共3条称杀生三罪，9—19共11种称妄语11种、30—32共3条称为三违犯。三十二戒可归纳为十戒三违犯，即1. 杀；2. 盗；3.

淫；4. 妄；5. 酒；6. 视听歌舞；7. 花鬘涂香；8. 高广大床；9. 过午时食；10. 蓄金银财宝。另加 30—32 三违犯。律仪称沙弥粗戒十条，细戒三十二学处。

在以上 32 种的基础上，再持守特指向女性的十二条戒者，称正学律仪或正学女。

五、比丘律仪（比丘戒）

比丘戒共 5 类 253 种，第一类为 4 种他胜罪，通俗地讲就是受戒人在罪业面前彻底失败了，已经被罪业战胜，故称他（罪业）胜罪。第二类为 13 种僧残罪，此 13 种随便犯一条虽没有他胜罪严重，可以忏悔修复，但相当于已成残疾人，故称僧残罪。第三类为堕罪，分 30 舍堕和 90 单堕，共 120 种，舍堕是指应舍弃而未能放下的 30 种犯戒，90 单堕罪，指犯者将堕恶趣，但经悔罪修复，即可还净，故名单堕，内分明知 10 条，种子 10 条，未差 10 条，辗转 10 条，水等 10 条，俗家 10 条，故犯 10 条，同行 10 条，说法 10 条。第四类为 4 种向彼悔，由出家事所犯和由在家事所犯，以恳切哀伤之情，个别忏悔部分即可。第五类为 112 种恶作，此罪后果较为轻微，故名恶作，忏悔即可。

（一）四他胜罪

1. 不净行罪；2. 不予取罪（藏币一钱价值以上，基本与一两银子等同，包括有借不还）；3. 妄说人上法；4. 杀生罪（在此包括因别人杀生而随喜）。

（二）十三种僧残罪

1. 泄精：虽没有与异性相交，但以贪欲依身体部分或自己手指、意念等因出精液。2. 触女人：触摸女人肌肤或扶其身肢者，不含亲属。3. 贪鄙语（粗语）：以淫欲心对异性明说各种淫秽语。4. 赞供养：以淫乱之心，于女人前赞叹自己身份，以动女人心者。5. 作媒嫁：经过说媒，使先不相好的男女相爱而行淫欲事。6. 大屋：使用不如法清净的屋基、材料，建造容纳四比丘以上的房舍，系贪图资具。7. 小屋：未得僧伽开许，在多生物、有争议、有灾害等三种不净之地，营造房舍超度量、超宽度。8. 无根谤：对其他僧尼本无见又无闻无疑，却诽谤其犯四根本罪之一。9. 假根谤：对其他比丘假借稍有根据而行诬谤为犯重罪。10. 破僧违谏：对僧伽中以非法之见解进行挑拨，他人已谏三次而不接受者。11. 随顺破僧违谏。12. 污家摈谤违谏：自己违反戒律，致在家人反感，被从僧伽驱摈之时，又反于污谤，已谏三次而不听者。13. 不乐法谏僧：自己犯堕罪，别人进行劝说，不肯接受，心怀不悦。

（三）一百二十种堕罪

三十舍堕：1. 持余衣：未经加持存放多余衣服。2. 离衣：比丘三法衣任何一件离开本人一夜。3. 月蓄衣：比丘三种法衣缺任何一件，因拟制作的法衣已量定，但未及时制作，也未对衣料作加持而存放满一个月。4. 使浣法衣：使非亲属比丘尼为自己洗衣服。5. 受衣：比丘自己已有三种法衣，又从非近亲比丘尼处受取衣料。6. 乞衣：自己已有法衣，又向非亲属的俗人乞衣讨料。7. 取过量衣：本无三衣，但向非亲属俗人取上下装一套以外的衣服。8. 乞衣价：非亲属俗人乐意供施衣服或购衣货币时，仍求较此更高价格的衣服。9. 乞各办衣价。向男女主人分别乞多衣或购衣货币，致自己多得衣服。10. 嘱托：比丘将购衣货币托付执事代买，只能嘱咐三次和见面三次，过多催嘱而后得衣，即成此罪。11. 作丝绵敷具：用丝绵等贵重之物缝制被毯。12. 作黑羊毛敷具：用纯黑羊毛缝制被毯。13. 作混合敷具：缝制被毯时，所用黑色羊毛料超过被毯用料一半。14. 六年二敷具：使用了6年的敷具尚未损坏又新作敷具。15. 一寸敷具：缝新敷具时不用一寸旧敷具。16. 路途担羊毛：因执著、贪念携带羊毛等身外之物日行500里以上。17. 令濯羊毛：让非亲属比丘尼洗濯纺染羊毛。18. 触宝：以贪财心让非亲属俗人贷以金银等并将宝物据为己有。19. 纳质：以贪财心让非亲属俗人贷以金银等物，使之牟利。20. 买卖：贩卖如粮食等物而牟利。21. 持钵：将未进行加持的的钵盂持用10日。22. 求余钵：自己有钵而又向非亲属俗人求钵。23. 织作衣：让非亲属俗人织衣而未付工钱。24. 给织酬：托非亲属俗人为自己织衣，虽付酬金但不合施主本意。25. 夺回已给物：夺回已给资具。26. 过期蓄衣：过期受用施主所付之物。27. 出寺离衣：未经许可，住寺比丘尼离开法衣7日之上。28. 寻持雨衣：在安居一月以前或解制半月以后，寻求及执持雨衣。29. 回向转余：将在家人用于念经等付给僧伽的钱财据为己有。30. 积蓄：比丘三药随一，逾时蓄服所犯。

（四）九十条单堕

1. 明知十条：（1）故妄语：除以上讲到的四根本罪中妄语和三十二学处中的无根谤等妄语十二种以外的，明知是谎言而故意说谎言，如说话不算数，誓言不能兑现等等。（2）毁訾语：因某比丘尼出身低贱或有残疾，而揭其短处。（3）离间语：在比丘之间说离间语。（4）更发举：比丘之间的争论本已停息而故意重新挑起争论。（5）为女人说法：非亲属，无男人处，对妇女讲经说法。（6）与未近圆者同诵：以嬉笑心，与没有受近圆戒的人，以各种音调，共同念诵经文。（7）说罪：比丘违犯某种戒律，而自己并没有被派去揭其所犯堕罪，但自己向未近圆者诉说。（8）说实得人上法：自己虽然已修炼成人上法，但无特殊必要，擅自向未近圆戒者告之。（9）徇情：执事比丘尼向僧侣发给少许应量资具时，因不满而訾议为公物徇情。（10）轻呵：颂别解脱戒经时，轻言如此细分戒律有何用等语。

2. 种子十条：（1）损种子：损坏五谷类和树苗等种子，砍伐幼木等等。（2）嫌毁：说僧伽执事，因我地位低下就给此低档货物。（3）违恼言故：僧伽为帮自己改正而谈及自己的短处时，佯作未闻，答非所问，多方支语。（4）损坏敷具：僧伽所用的床、衣服等敷具，用后没有及时收捡而日晒雨淋被损坏，（5）草敷具：在寺庙殿内铺设毯子等敷具，并其下所垫的草叶等物用后没有及时收拾。（6）驱逐：心怀嗔怒，将其他比丘尼驱摈出舍。（7）压制：对已先入住寺庙的比丘，用肢体或恶语等进行压制。（8）穿漏：用尖脚床等破坏寺庙楼顶腐朽之处，并重压其上而致楼顶穿漏。（9）浇虫水：明知有虫而用水浇草，以及将草投水后而受用。（10）重建房：雨水时节或在墙基不固之地，不做防护措施而营建庙宇，一旦垒墙三层以上。

3. 未差十条：（1）未被差遣教诫比丘尼：未经差遣，私自教诫比丘尼。（2）虽被差遣但教诫至日暮者：比丘虽被派遣去给比丘尼教诫，但至日时还在教诫。（3）为饮食故教诫；以嫉妒心诽谤被派遣教诫比丘尼的比丘，如诽谤其为饮食供养而去教诫比丘尼。（4）与衣：将法衣给予非亲属比丘尼。（5）作衣：为非亲属比丘尼制作衣服。（6）与同行：比丘与比丘尼同行逾一公里以上。（7）与同船：与比丘尼同船顺流或逆流而行逾一公里以上。（8）同坐：比丘独自与一非亲属女人同坐于静僻处。（9）并立：比丘于僻静处与非亲属女人相伴并立。（10）使作食：通过非亲属比丘尼对施主作食。

4. 辗转十条：（1）辗转食：到非亲属俗人家乞食时，一日吃两三次者。（2）宿食：非亲属外道家宿食超过一日。（3）受钵：比丘于非亲属俗人家，同时受取三钵以上者。（4）更食：多食或饭未吃完而站起后又食者。（5）劝食者：说其他比丘剩余之食物不作余食法而更食。（6）别众食：僧伽内部不和，搞小团伙而食者。（7）非时食：比丘自当日午后至次日黎明前这段时间进食。（8）食蓄食：比丘对三种药随一余蓄逾时而食。（9）未与食：四种药随一未与而食者。（10）乞佳肴：比丘在非亲属家乞取鲜美食品而食之。

5. 水等十条：（1）饮用有虫水：比丘饮用、沐浴有虫之水，以及用有虫之水浇灌草木。（2）强坐食家：比丘强坐男女交媾家，使受阻碍。（3）强立食家：比丘强立男女交媾家。（4）授食裸体者：若无特殊因缘给食物于外道（主要指裸形派）男女。（5）往观军：比丘越界往近处观看军队。（6）军中过宿：比丘无特别需要而在军中住宿一昼夜以上者。（7）整军：比丘无特别需要而擅触军器及整顿军队者。（8）打比丘：自己亲自殴打比丘或唆使他人殴打比丘。（9）拟打：因生气拟打比丘，即作打比丘状者。（10）覆藏粗重罪：（覆罪）无特殊需要，明知其他比丘犯有他胜或僧残堕罪而故意覆盖者。

6. 俗家等十条：（1）阻与食：害人之心，令施主不与同伴比丘饮食所犯堕罪。（2）触火：比丘及时未受加持或未患病而任意触火所犯堕罪。（3）悔欲：共商僧伽事，比丘前表赞同，无异议，后又反悔，自食前诺所犯堕罪。（4）宿过一夜：与未近圆者同一界内共住两夜以上者。（5）不舍恶见：比丘不信佛语，生起恶见，虽经他人谏诤仍不舍弃恶见。（6）随被驱摈者：与被驱摈之比丘共住受用，因室而宿者。（7）与被逐沙弥同宿：收留不舍恶见已被驱摈沙弥，与之同室宿者。（8）受用未染坏色衣：比丘穿服未染三种合宜染料，长及一肘，外无掩盖之白衣者。（9）触宝：以喜爱之心，抚弄非己所有的珍珠等宝物以及号称宝物的螺贝、大鼓、刀剑之类。(10)洗浴：除暑季三个月及疗病开许者外，未逾半月，擅自洗浴。

7. 故犯十条：(1)杀旁生：比丘故意杀害或使他人杀害旁生者，旁生也称畜生，即俯首行进的动物。(2)故恼：讥毁近圆功德或说别人没有得戒等，故意使其他比丘恼怒。(3)击枥：存心使比丘痒不能忍，故意犯胳肢所成堕罪。(4)戏水：比丘以嬉笑心在深没半身之水中嬉戏。(5)共女人同食宿：无戒友相伴，与女人同室宿一夜者。(6)使恐怖：以损恼心示现种种不可意乐吓唬之相。(7)隐藏：以损恼心，将比丘的衣服及衣服及钵等资具隐藏所犯堕罪。(8)擅自着用：自己已经给予或受他人寄衣后，不问物主是否同意而擅自着用。(9)无根谤：无见闻也无可疑，但故意诬陷说某比丘犯有十三僧残其中某条。(10)与妇女同行：与非亲属妇女同行，又无戒友在场，同行距离超过一俱卢舍者(约一公里)。

8. 同行十条：(1)与贼同行：与盗匪及漏税者结伴同行超过一俱卢舍路程者(约一公里)。(2)未满20岁受近圆：明知受戒者合计住胎及闰月数犹未满20岁，而仍授予近圆戒(近圆戒就是比丘戒)。(3)掘地：无特殊需要，掘坚实地四指以上，取土一摄以上者。(4)离众远居：应召施主供养时，超过预定期限居住，无定期者超过四月。(5)舍弃所学(遮传教授)，别人(他比丘)教诲自己学处时，说他无知，自己需问有知识的人，以此加以回避。(6)窃听：由于彼此不睦，而窃听对方言谈者。(7)不高而去：

佛事活动期间不请假而离开。(8) 不恭敬：谓比丘嘱咐之法事，未婉谢而不恭敬所犯堕罪。(9) 饮酒：饮用醉人饮料，醉后失仪，使人对已失去敬信。(10) 午后入村：过午以后，前往非亲属家中居留至次日黎明。

9. 说法十条：(1) 云游聚落：自往云游其他村落，已过僧众受食之时者。(2) 夜入王宫：无故在国王及其妃嫔游乐宫室中过夜。(3) 轻毁学处：诵读《布萨经》等经书时，乃言“如今方知有此等事”以轻毁《毗奈耶敬》所说学处。(4) 制作针筒：谓请托非亲人使作精致之象牙等针筒者。(5) 床脚过量：作床脚高逾一肘者。(6) 贮木棉：为僧家床座贮备木棉而故意分贮木棉为自己作衣服。(7) 作过量敷具：作敷具长超三肘，宽超出二肘六指者。(8) 覆疮衣过长：作覆疮衣，其长度超过律经中所规定之长六肘宽三肘者。(9) 雨衣过量：夏季作雨衣超长九肘宽三肘零十八指者。(10) 法衣过量：长宽超过律经中所规定的尺寸。

(四) 向彼悔

应以哀伤之情，各别忏悔部分。分由出家事所犯和由在家事所犯。1. 接受比丘尼所乞之食物。2. 在俗家，其他比丘尼特授予食物。3. 从僧众已与学家羯磨之施工家受食者(学家羯磨：即曾受居家戒之俗人)。

(五) 恶作一百一十二条

共九聚一百一十二条：着衣聚十、行聚二十、坐聚九、受食聚八、进食聚二十一、用钵聚十四、说法聚二十六、修行聚三、攀登聚一。

1. 十着衣聚：(1）裙上下边不齐不圆。(2）裙太高过膝者。(3）裙太下触踝骨。(4）裙角太长如象鼻。(5）脐上裙边翻下作多罗叶形。(6）于腰缝涤中作豆团形。(7）脐下伸出蛇头形。(1—7 为僧裙所犯者七）(8）上袜圆聚。(9）上衣太长太高。(10）上衣太短过下（8—10 为着上衣所犯者三)

2. 二十行聚：(1）未约束身语。(2）未整齐着衣。(3）喧哗。(4）高视或左右不停视。(5）傲慢远视。(6）以衣缠头。(7）撩裙露形。(8）抄衣至双肩。(9）两手拊肩行。(10)双手抱项行。(11)跳行。(12)打步行。(13)蹲行。(14）常踵以趾行。(15）两手叉腰行。(16）摇身行。(17)掉臂行。(18)摇头行。(19)与别人比肩行。(20)与别人携手行。

3. 九坐聚：(1）施主未请而坐。(2）未观察有无虫等生命物而坐。(3）放身猛坐。(4）架腿伸脚而坐。(5)翘膝而坐。(6)重踝而坐。(7)歪坐伸脚。(8)舒足而坐。(9)露形而坐。

4. 八受食聚：(1）受食过满钵。(2）菜饭相等受。(3）未次第受。(4）斜眼视钵而受。(5）食未至即伸钵。(6)未欲多得故以饭盖羹。(7)未欲多得故以羹覆饭。(8)另伸碗受食。

5. 二十一进食聚：(1）未如法而食。(2）大口食。(3）极小口食。(4）未中量食。(5）食未至口先张口待食。

(6)含食语。(7)弹舌语。(8)进食吒吒声。(9)呼气食即呼呼。(10)吹气食。(11)舌伸外食。(12)舒舍食。(13)散食即一粒一粒地拾来食。(14)毁食食。(15)填颊食如猴包。(16)弹舍作声食。(17)如牲啮半食。(18)舐手舐。(19)括钵食。(20)振手食。(21)作佛塔形而食。

6. 十四用钵聚:(1)以轻慢心观比其他比丘之钵。(2)以污手提净水瓶。(3)以污水溅他比丘。(4)未问舍主在室内弃洗钵水。(5)残食置于钵中弃。(6)地上无替垫而安放钵。(7)险岸边安放钵。(8)陡坡处安放钵。(9)层级处安放钵。(10)于险岸边洗钵。(11)陡坡处洗钵。(12)于层级处洗钵。(13)站立洗钵。(14)以钵逆流取水。

7. 二十六说法聚:(1)人坐已立说法。(2)人卧已坐说法。(3)人在高座好坐。(已在下座恶座)(4)人在前行已在后行。(5)人在路中已在路边。(6)未病覆头者。(7)为单抄衣者说法。(8)为法衣披肩者说法。(9)为拊肩者说法。(10)为抱项者说法。(11)为着顶髻者说法。(12)为戴帽者说法。(13)为戴冠者说法。(14)为戴髻者说法。(15)为以布缠头者说法。(16)为骑象者说法。(17)为乘马者说法。(18)为乘轿者说法。(19)为乘车者说法。(20)为着屐者说法。(21)为持杖者说法。(22)为持盖者说法。(23)为持兵器者说法。(24)为持剑者说法。(25)为持弓箭者说法。(26)为披甲者说法。

8. 三修行聚:(1)除病者外,不站立大小便。(2)不弃大小便及涕唾于水中。(3)不弃大小便及涕唾于青草上。

9. 一攀登聚：即不攀树过一人高度。

六、契理、契机地阐释佛教戒律

戒律是佛教赖以生存的根本。戒和律是两个概念，戒本来的意思是防非止恶，即调整身心，使身心养成好的习惯。不仅要避开宗教上、道德上的不善和恶德，而且在经济、法律和肉体健康方面也不做与教理相违之事。戒也有行善的意思，止恶的戒称为支持戒；行善的戒称为作持戒。大乘佛教讲戒不仅是止恶、行善，而且还强调利益他人的行持。律则指行为规范，即佛教的纪律等。藏传佛教寺庙除奉一切有部的别解脱戒外，各寺还有自己的寺规。

正确地理解藏传佛教的教规戒律，特别是对最基本、容易受持的居士“五戒”作出正确的阐释，不光对于藏传佛教自身的正本清源和传承发展意义重大，而且对于几乎全民信教的藏族聚居区来说，在规范社会秩序、维护和谐稳定、倡导人心和善方面作用巨大。

戒杀生：是佛陀制定的第一重戒，而且重中之重是戒杀人。佛家认为不管在家、出家，犯了杀生戒都要遭受果报，重则来生堕入地狱、饿鬼、畜生三恶道受报，轻则当生遭遇横祸、多病短命、常怀恐惧等。反之戒杀、护生、放生则会得到健康长寿、往生人、天善道等善报。戒杀近于儒家倡导的“仁”。藏传佛教个别寺庙强制农牧民不准屠宰、买卖自养牲畜却不太如法。藏族聚居区地处高寒，食品单一，尤其是广大牧区，喂养、出售牲畜是群众最主要的生活来源，如果强制群众不吃肉、不出售牲畜，必然破坏固有的生产关系，造成社会混乱。在一些戒杀生泛化比较严重的地区，草原严重超载过牧，牲畜膘情下降，一场雪灾下来，牲畜大量死亡；一些僧人将大量牛羊放生在一处，引发与当地牧民的草畜矛盾；一些地区牧民因寺庙强制推行戒杀生，畜牧业经营不下去，大量变卖草场和牲畜，进城买房，慢慢沦为“无业游民”。藏族聚居区戒杀生泛化的成因很复杂，有的是对戒律理解不深入、不全面、不圆融；有的僧人想借此出风头、树威信；有的是想借机发财，四川甘孜州北路几县破获过僧人借戒杀生化缘募捐据为己有，借放生之名低价买牛而又高价贩卖到屠宰场的案件；有的根本就是想破坏藏族聚居区的生产生活秩序，在藏族聚居区制造混乱。僧俗群众要清楚，戒杀生首先不要杀害人的生命，要教育群众礼貌谦让，不要动不动就打架斗殴、抽刀子；要遵纪守法，服从法律判决，不要为了面子而打冤家、报血仇；尤其要教育僧众反对各种自杀行为，自杀也犯杀戒，要受波罗米罪，教唆别人自杀的犯粗重罪，罪过更重。其次不要为了金钱和满足口腹之欲而违犯法规，捕杀野生动物。第三，放生要随缘，不要固定时间、固定地点、规模性地放生，这样容易造成人们为了卖钱而大量抓捕动物，也容易造成动物死亡；慈成罗珠堪布在《慧灯之光》中讲放生是：在市场上看到有鱼贩、鸟贩销售要宰杀鱼类飞禽时，以钱买下这些众生剩余的寿命，并用自己的手将其放回原处。既然是买，就有买卖双方成交的问题，不能以低价强行去买，那就成抢，就违法了。目前一些地方僧侣私设卡点低价买牛甚至强行抢牛的行为，都是严重违法犯罪行为。

戒偷盗：偷盗又称“不与取”，凡用不正当的手段，贪求他人没有明确给予的财物、知识的行为，包括明抢暗偷、强买强卖、盗取公物、假公济私、吃拿卡要、走私漏税、偷水偷电、抄袭剽窃、欺世盗名、占人便宜等，都是“不与而取”，通通犯了盗戒。个别寺庙开办铺面、兴办商业时偷税漏税、拒交规费，一些地方买摩托车为了逃避购车税故意不上牌照，一些寺庙在国有土地、林场上挂上经幡就当做寺庙用地据为己有，都是犯盗戒的行为。即便侥幸躲过法律，违背佛戒的因果又怎能躲过？佛教认为，犯盗戒者依其轻重，或者来生堕落恶道受报，或者今生就贫穷困苦、遭遇破财等恶报。盗取公家财务较之盗取私人的财务，结罪的对象由个人扩展到公众，过失更大。尤其是偷税漏税、贪污公款，是欠了全国人民的债，更难酬偿。持守盗戒近于儒家倡导的“义”，会得到富足的果报。

戒邪淫：佛陀要求出家人不得有淫行；在家居士不得有夫妻关系之外的“邪淫”。目前个别僧人借双修之名，无序云游，骗财骗色的行为严重违背戒律；牧区一些群众不办结婚证，男女关系相对混乱，非婚生子女较多，形成一系列社会问题；现代社会一些人搞一夜情、养情人、婚外恋、同性恋、卖淫、嫖娼，以及制作、传播、描写色情淫秽的图文音像制品、经营色情场所诱惑人犯淫戒等等，统统是犯了“邪淫”戒。佛教认为：犯邪淫者重则或堕地狱受铜床铁柱、刀山剑树等果报，轻则受到财富损耗、功名消减、眷属淫乱等报应。不邪淫近于儒家提倡的“礼”，会得到相貌端正、眷属贞良、众人爱敬、成就功名等福报。

戒妄语：妄语包括不符合实际的谎言、挑拨离间的语言、粗恶的语言、让人胡思乱想的花言巧语等，果报也是非常严重的。国际国内的一些分裂分子，习惯上用各种谎言诬蔑党和国家的方针政策，编造谣言制造混乱，挑拨民族关系，制造民族矛盾，统统是妄语。还有一些知识分子、社会名流、“高僧大德”“意见领袖”“专家”“精英”在著书立说、开设网页、微信微博或日常讲经说法时，对一些尚未全面掌握的问题信口开河，传播偏激甚至错误的见解，误导公众，引起社会矛盾等等，都在不自觉中犯了妄语戒，所以古时的高僧大德非常重视“口业”，讲“口为祸福之门”，“文人下笔很重”“述而不作”，不是深思熟虑的话、不是准确无误的话、不是符合经典并有所出处的话，决不轻易说出。现在发布虚假广告、制假贩假、仿冒名牌、侵犯知识产权的事件非常普遍，藏族聚居区也出现了以黄牛肉冒充牦牛肉、将本地酥油和北京酥油或洋芋、灰面做成虫草卖钱的违法犯罪行为，不但犯了妄语戒律，还犯了“不与而取”的偷盗戒。佛教认为，犯妄语重者命终身堕入地狱受报，轻的也会有口常臭秽、没有信用、受人轻毁等果报。不妄语近于儒家倡导的“信”，会得到受人尊重信任、有威望、口气清新等福报。

饮酒戒：酒能乱性，是“杀、盗、淫、忘”的助缘，所以佛陀要求僧人不饮酒，以遮止他们酒后心性迷乱，自制力降低从而触犯根本戒，故“酒”戒属于遮戒，不受则不存在犯戒律的过失。在家人只要不饮酒乱性干出其他坏事，饮酒本身并无罪过。一些寺庙和僧人自己不饮酒，就不允许别人卖酒是严重错误的，有的甚至去卖烟卖酒的小卖部罚款、打砸，更是违法犯罪行为。

除以上“五戒”外，佛陀在《璎珞经》中还制定了一条非常重要的戒律——“不犯国制”，就是不违反国家的法律、制度、规章。不管这些法律制度对佛教本身是否有利，不管我们喜不喜欢这些法律，国法、王法制定出来，作为一名佛家弟子，不要问为什么，去遵守就行了。不守法的人，除了要被世间法律处理外，也违反了佛法，不是佛陀的真弟子。

佛教认为：五戒中，“杀、盗、淫、妄”四戒称为性戒，无论何人，不管是否受持，犯了都有罪过，都要受相应的果报，如法律的制裁、社会的谴责、遭遇疾病灾殃不顺都是果报；即便当事人很狡猾，能逃过法律的惩罚，骗过大众的眼睛，但“不是不报，时候未到，时候一到，善恶都报”，“天网恢恢，疏而不失”，因果报应的规律，无人能够逃脱，所有众生都在六道轮回中辗转受报。任何人的起心动念、言语行为，所发出去的，不管是善是恶，最终都会返回到自己身上来，所谓善有善报、恶有恶报，有的甚至会加倍报应回来。

没有信仰而又缺乏道德的人，信奉“撑死胆大的，饿死胆小的”，只要能够规避法律，往往敢于无所不用其极地违背良心做任何事情，正所谓“没有信仰的人最可怕”，如果不加强道德建设，无论怎样搞法制建设都会永远滞后。只有形式上的信仰也没有实际意义，目前个别寺庙僧尼口念经咒，看得破、忍不过，想得到、做不来，自己持不住戒律，却要用戒律去要求老百姓；一些信教群众犯了“杀盗淫妄”，却认为到庙里磕头、捐钱，找活佛忏悔忏悔，请喇嘛念念经就可以一笔勾销，事后又照做不误，实乃掩耳盗铃，于个人、于社会、于佛教都有害无益。僧俗群众如果能够理性地信仰佛教，真正行持基本戒律，时时存以“举头三尺有神明”的敬畏之心，对政府的治理并不是一件坏事。有学者指出“政治能治外在，佛教能治人心。政治要求人人守法；佛教要求人人自律。政治是护法降魔，保卫国家；佛教是护生就苦，拥护国家。政治重视才干机变，以力服人；佛教重视因果戒律，以德服人。政治以财力、军力治理国家；佛教以德力、法力辅助国家。政治从外做起，要求人民修身守法；佛教从内做起，要求人民修心守道。”不止佛家思想有导人向善的积极作用，我国传统的儒家“积善之家、心有余庆；积恶之家、必有余殃”的思想，道家“祸福无门、唯人自招，善恶之报、如影随形”的意思，以及世界上的基督教、天主教、伊斯兰教对教徒行为准则的规定，与佛教也是基本一致的。各宗教均具有抑恶扬善、道德教化、心理调适的正面功能，对一个社会的精神文明、物质文明、政治文明建设都有很大的助益。孙中山先生讲过“佛教乃救世之仁，可补政治不足”，推广到其他宗教同样适用。尊重和保障人民群众的宗教信仰自由，依法管好宗教事务，积极引导宗教与社会主义社会相适应，充分发挥宗教人士和信教群众的积极作用，全面贯彻好党的宗教工作基本方针，对于藏族聚居区的长治久安，乃至整个中华民族的伟大复兴都有重要意义。

附　录

佛教经论中有关“平等”的摘录

李学竹辑

《大方广佛华严经》卷38：“法身如虚空充满一切世界平等觉故。”(CBETA,T09,no. 278,p. 640,b3-4)

《大方广佛华严经》卷19：“所谓一切佛刹清净平等、一切众生清净平等、一切身清净平等、一切根清净平等、一切业报清净平等、一切眷属清净平等、满足诸行清净平等、方便入一切法清净平等、满足一切如来诸愿回向清净平等、示现一切诸佛境界自在清净平等。”(CBETA,T09,no. 278,p. 523,b14-20)

《大方广佛华严经》卷19：“世平等不违佛平等，佛平等不违世平等；菩萨行不违萨婆若，萨婆若不违菩萨行；菩萨摩诃萨行如是回向，得平等业，得平等报，得平等身，得平等道。得平等愿,得平等一切众生心,得平等一切刹,得平等一切行,得平等一切智,得三世诸佛平等,得见诸佛及诸菩萨,得一切善根,得满一切愿,得成就一切众生,得善分别一切诸业,得见一切诸善知识悉令欢喜,得清净大众,得究竟诸佛正教,得究竟一切白净法回向。佛子！是为菩萨摩诃萨第七等心随顺一切众生回向。"(CBETA,T09,no. 278,p. 523,c5-16)

《大方广佛华严经》卷37:"菩萨摩诃萨有十种平等,何等为十？所谓一切众生平等、一切法平等、一切佛刹平等、一切佛乘平等、一切善根平等、一切菩提平等、一切愿平等、一切波罗蜜平等、一切行平等、一切佛平等。佛子！是为菩萨摩诃萨十种平等。若菩萨摩诃萨住此平等,则具足一切诸佛无上平等。"(CBETA,T09,no. 278,p. 636,a5-11)

《大方广佛华严经》卷37:"菩萨摩诃萨有十种平等心,何等为十？所谓长养一切功德平等心、一切语言法平等心、于一切众生平等心、于一切众生业报平等心、入一切法平等心、于一切净秽佛刹平等心、于一切众生性若好若丑平等心、于一切行无所选择平等心、入一切如来力无所畏平等心、入一切如来智慧平等心。佛子！是为菩萨摩诃萨十种平等心。若菩萨摩诃萨安住此心,则得如来无上平等心。"(CBETA,T09,no. 278,p. 636,c1-10)

《诸佛境界摄真实经》卷1:"遍满一切世界,平等无碍。"

（CBETA，T18，no. 868，p. 271，c24）

《大乘起信论》卷1：“平等缘者，一切诸佛菩萨皆愿度脱一切众生，自然熏习恒常不舍，以同体智力故，随应见闻而现作业。所谓众生依于三昧，乃得平等见诸佛故，此体用熏习。”（CBETA，T32，no. 1666，p. 578，c26-29）

《大乘起信论》卷1：“以取一切众生如己身故，而亦不取众生相。此以何义？谓如实知一切众生及与己身真如平等无别异故。”（CBETA，T32，no. 1666，p. 579，b12-14）

《大乘起信论》卷1：“观物同已，普皆救脱，尽未来际，不限劫数。如实了知自他平等，而亦不取众生之相。”（CBETA，T32，no. 1667，p. 587，c13-15）

《大乘起信论》卷1：“平等缘者，谓一切诸佛及诸菩萨以平等智慧、平等志愿，普欲拔济一切众生，任运相续常无断绝，以此智愿熏众生故，令其忆念诸佛菩萨，或见或闻而作利益，入净三昧随所断障得无碍眼，于念念中一切世界平等现见无量诸佛及诸菩萨。”（CBETA，T32，no. 1667，p. 587，a29-b5）

《大乘起信论》卷2：“平等救拔一切众生，令其安住无余涅槃。以知一切法本性无二故、彼此平等故、究竟寂灭故，随顺真如此三种相发大誓愿，是名大愿平等方便。”（CBETA，

T32,no. 1667,p. 589,b13-17)

《寂调音所问经》卷1:“文殊师利言:一切刹土平等无尽故,诸佛等正觉不可思议,一切法空众生自性无我。诸善男子!我观平等性如是,故作是说言:一切刹土平等,一切佛法众生平等。”(CBETA,T24,no. 1490,p. 1086,b5-8)

《大方广圆觉修多罗了义经》卷1:“善男子!无上妙觉遍诸十方出生如来,与一切法同体平等,于诸修行,实无有二。”(CBETA,T17,no. 842,p. 917,c11-13)

《佛说如来兴显经》卷3:“一切群萌类,本自然平等。”(CBETA,T10,no. 291,p. 610,b27-28)

《释摩诃衍论》卷6:“以取一切众生如己身故,而亦不取众生相。此以何义!谓如实知一切众生及与己身真如平等。”(CBETA,T32,no. 1668,p. 640,a16-18)

《宗镜录》卷16:“观物同己,普皆救脱,尽未来际,不限劫数。如实了知自他平等,而亦不取众生之相。”(CBETA,T48,no. 2016,p. 501,c19-21)

《佛说诸法勇王经》卷1:“若有能平等,观察一切法;如是等人辈,是则名智者。”(CBETA,T17,no. 822,p. 849,c3-4)

《金刚般若波罗蜜经》卷1:“是法平等,无有高下,是名阿耨多罗三藐三菩提。”(CBETA,T08,no. 235,p. 751,c24-25)

《佛说能断金刚般若波罗蜜多经》卷1:“是法平等,无有高下,故名无上正等菩提。以无我、无众生、无寿者、无更求趣性,其性平等,故名无上正等菩提。”(CBETA,T08,no. 239,p. 774,c21-23)

《大方等大集经》卷50:“诸贤首!有十种平等,若有众生具此平等,于流转时恒受胜报,速能得入无畏大城。何等为十?一者众生平等、二者法平等、三者清净平等、四者布施平等、五者戒平等、六者忍平等、七者精进平等、八者禅平等、九者智平等、十者一切法清净平等。”(CBETA,T13,no. 397,p. 325,b7-12)

《大方等大集经》卷50:“诸仁者!于彼何者众生平等?众生者,谓三界所有一切众生。若有众生自爱己身,欲得活命求乐离苦,应如是学。若有丈夫寿者作业,若善不善自作教他,现见受报。是故,诸仁者!若求乐离苦,彼应如是:若身口意作诸善业,不作恶业,若此身若后身,自益益他,自善善他,不作恶业。诸仁者!是名众生平等。”(CBETA,T13,no. 397,p. 325,b13-19)

《瑜伽师地论》卷32:“如是过去诸有情类,为我亲已复为我怨,为我怨已复为我亲,为怨亲已复为中庸,为中庸已复为怨亲。由是义门一切有情平等,平等无有少分亲性怨性及中庸性,而非真实。由是因缘遍于三品起平等心,平等应与利益安乐,如从先际,如是后际,于生死中当复流转。”(CBETA,T30,no. 1579,p. 463,a24-b2)

《瑜伽师地论》卷30:“应于一切有情之类,皆当发起平等性心平等性见。”(CBETA,T30,no. 1579,p. 453,c12-13)

《摩诃般若波罗蜜经》卷16:“佛言:应起等心,于一切众生亦等心与语无有偏党,于一切众生中起大慈心。”(CBETA,T08,no. 223,p. 338,a5-7)

《悲华经》卷6:“等心一切,如母爱子;摄取众生,犹如慈父。”(CBETA,T03,no. 157,p. 204,b15-16)

《佛说须摩提长者经》卷1:“等心一切,视之如己。”(CBETA,T14,no. 530,p. 806,a24)

《央掘魔罗经》卷3:“于一切众生等心爱念,如父、如母、如子、如兄、如弟故。”(CBETA,T02,no. 120,p. 536,a13-14)

《佛所行赞》卷3:“于一切众生,等心如子想。”(CBETA,

T04, no. 192, p. 29, c1)

《文殊师利问菩提经》卷1:“问:直心以何为本?答言:于一切众生等心为本。又问:等心以何为本?答言:无别异行为本。”(CBETA, T14, no. 464, p. 482, a23-25)

《十住毘婆沙论》卷4:“于众生等心者,若有众生视菩萨如怨贼,有视如父母,有视如中人,于此三种众生中,等心利益欲度脱故无有差别,是故汝不应致难。”(CBETA, T26, no. 1521, p. 38, b1-4)

《摩诃般若波罗蜜经》卷1:“一切众生皆得等心,相视如父、如母、如兄、如弟、如姊、如妹,亦如亲族及善知识。”(CBETA, T08, no. 223, p. 217, c18-20)

《大宝积经》卷112:“于诸众生其心平等,普化众生等以佛慧,于诸众生平等说法,普令众生等住正行。”(CBETA, T11, no. 310, p. 632, b21-23)

《大般涅槃经》卷20:“于诸众生其心平等,故无父母亲疎等相。”(CBETA, T12, no. 374, p. 485, c4-5)

《大般涅槃经》卷29:“于诸众生其心平等,犹如父母等视一子,所有身心众中最胜。”(CBETA, T12, no. 374, p. 540, c9-

11)

《大方等大集经》卷6:“于诸众生其心平等,能舍内外施于一切,观察法界无种种相。”(CBETA,T13,no. 397,p. 34,b14-16)

《解深密经》卷1:“复有无量菩萨摩诃萨,从种种佛土而来集会,皆住大乘游大乘法,于诸众生其心平等,离诸分别及不分别种种分别,摧伏一切众魔怨敌,远离一切声闻独觉所有作意。”(CBETA,T16,no. 676,p. 688,c6-10)

《大宝积经论》卷1:“于诸众生其心平等者,自己及他心平等故。”(CBETA,T26,no. 1523,p. 211,a1)

《菩萨善戒经》卷6:“于诸众生其心平等,无有贵贱尊卑之异。”(CBETA,T30,no. 1582,p. 992,b11-12)

《菩萨善戒经》卷7:“菩萨复有五事于诸众生其心平等:一者初发菩提心时,普为一切非为一人,是名平等;二者菩萨修大悲时,普为一切非为一人,是名平等;三者菩萨修集一子地时,普为一切非为一人,是名平等;四者菩萨普观十二因缘一切等有,是名平等;五者菩萨求阿耨多罗三藐三菩提时,普为一切非为一人,是名平等。”(CBETA,T30,no. 1582,p. 998,b2-9)

《菩萨地持经》卷8:“菩萨有五事于一切众生其心平等:一者初发心愿,为一切众生其心平等;二者修习大悲心,与哀愍俱,其心平等;三者于一切众生作一子想,与爱念俱,其心平等;四者观一切众生诸行缘起,一众生法即是一切诸众生法,随顺一切众生,其心平等;五者如为一众生行,如是一切众生,利益心俱,其心平等。”(CBETA,T30,no. 1581,p. 935,c16-22)

《显扬圣教论》卷8:“平等心者,谓诸菩萨于一切有情所有五种平等心:一菩萨摩诃萨初发心时,如为得大菩提故起大誓愿,如是亦为利益诸有情故起平等心;二菩萨摩诃萨于诸有情起悲愍俱平等之心;三菩萨摩诃萨于诸有情起如一子爱俱平等之心;四菩萨摩诃萨于从众缘已生诸行,知是所想有情事已,了达一有情法性,即是一切有情法性,于一切有情所起平等法性智俱平等之心;五菩萨摩诃萨如于一有情行利益行,如是于一切有情亦行利益行,故于一切有情所起欲作利益事俱平等之心。如是名为菩萨摩诃萨于诸有情起于五种平等之心。”(CBETA,T31,no. 1602,p. 518,a4-17)

《经律异相》卷35:“于诸众生,其心平等,故号为佛。”(CBETA,T53,no. 2121,p. 189,c7-8)

《佛说法集经》卷4:“所有功德与一切众生共,于一切众生犹如父母,怨亲平等。”(CBETA,T17,no. 761,p. 629,c27-

28)

《金光明经》卷3:“于亲非亲,心常平等;视亲非亲,和合为一。”(CBETA,T16,no. 663,p. 348,a6-7)

《大乘宝云经》卷7:“于亲非亲心常平等,言常含笑言语知量,前应问讯面无颦蹙,所为事业终不中息,普为众生等行大悲。”(CBETA,T16,no. 659,p. 277,c5-7)

《撰集百缘经》卷1:“于亲非亲,心常平等,贤圣所赞。”(CBETA,T04,no. 200,p. 207,c12)

《大乘庄严经论》卷2:“他自心平等,爱则于彼胜;如是有胜相,二利何差别。释曰:菩萨得他自心平等,或由信得,谓世俗发心时;或由智得,谓第一义发心时,菩萨虽有此心,然爱他身则胜自身,于他既有如此胜想,则不复分别:何者为自利?何者为他利?俱无别故。”(CBETA,T31,no. 1604,p. 597,b28-c5)

《大乘宝云经》卷7:“于诸众生起平等心,心无欺诳亦不诳他。”(CBETA,T16,no. 659,p. 276,b25-26)

《月灯三昧经》卷10:“云何不轻凌贫贱者?所谓于一切众生,起平等心故。”(CBETA,T15,no. 639,p. 617,c29-p. 618, a1)

《放光般若经》卷12:“佛言:常当等意于众生,大慈普念无有偏党,当为众生说营护念安隐,与语和顺无得中伤,视众生等如父、如母、如身、如子,以慈劝人令不害生,常劝众生令行十善,见人行正,离于邪见,代其欢喜。”(CBETA,T08,no. 221,p. 85,c16-21)

《大悲经》卷5:“阿难! 我于众生一味平等,心无差别。”(CBETA,T12,no. 380,p. 971,a9-10)

《菩提行经》卷2:“如来及于法,与有情平等;尊重于佛故,尊有情亦然。立意乃如是,于自无所作;以彼大平等,平等于有情。大意于有情,慈心而供养;发心如佛福,如佛福可得。是故佛法行,佛有情平等。”(CBETA,T32,no. 1662,p. 550,a16-22)

《菩提行经》卷1:“不分人胜劣,令彼重平等。”(CBETA,T32,no. 1662,p. 547,a6)

《辩意长者子经》卷1:“当视一切人,与身等无异;彼我悉平等,行是会佛前。”(CBETA,T14,no. 544,p. 839,b3-4)

《长阿含经》卷12:“舍平等道,入于邪见。”(CBETA,

T01,no. 1,p. 73,a20)

《长阿含经》卷17:“出家修道,行平等法。”(CBETA,T01,no. 1,p. 109,a22)

《毘婆尸佛经》卷1:“常行平等慈,忍辱诸善法。”(CBETA,T01,no. 3,p. 155,c10)

《大生义经》卷1:“阿难! 若如是了知即住平等见,是名了达缘生法。此缘生法,即是诸佛根本法,为诸佛眼,是即诸佛所归趣处。”(CBETA,T01,no. 52,p. 845,b19-21)

《大生义经》卷1:“离我见已,住平等见,住是见者,于相平等,由平等故,即于世间,无所生起,了无生已,即得我生已尽,梵行已立,所作已办,不受后有。阿难! 当知我见不生,住平等见,如是即得心善解脱。无知无见及无所得,离诸思维,于得无得,非有得非无得而悉了达,如是了达,即于语言及语言道,非语言及非语言道,所生及所生道,皆悉无知无见。如是了达已,即离我见,住平等见,如实了知,是即名为达无我法。此是诸佛根本法,为诸佛眼,是诸佛所归趣处。”(CBETA,T01,no. 52,p. 845,c22-p. 846,a4)

《别译杂阿含经》卷8:“其心平等,无有爱瞋。”(CBETA,T02,no. 100,p. 432,c23-24)

《佛说法印经》卷1:“住平等见,住是见者,即离我见及我所见。”(CBETA,T02,no. 104,p. 500,c17-18)

《增一阿含经》卷4:“众生不能平等施而自堕落。”(CBETA,T02,no. 125,p. 565,b10)

《增一阿含经》卷19:“诸不行平等法者,则堕五见。”(CBETA,T02,no. 125,p. 644,a14-15)

《增一阿含经》卷39:“诸佛无彼此,诸结永已除;平等无二心,此是佛法义。”(CBETA,T02,no. 125,p. 762,c15)

《大方广佛华严经随疏演义钞》卷68:“远公云:大者宽广,广谓真识体中,统含法界恒沙佛法,同体平等相应而起。”(CBETA,T36,no. 1736,p. 543,a8-10)

《大方广圆觉修多罗了义经略疏》卷2:“与一切法同体平等,色心不二,凡圣无差,皆依觉性,故同平等。”(CBETA,T39,no. 1795,p. 557,b27-28)

《首楞严义疏注经》卷6:“圆觉云:无上妙觉遍诸十方,出生如来与一切法同体平等,于诸修行实无有二。”(CBETA,T39,no. 1799,p. 908,b11-13)

《念佛百问》卷1:“经云:无上妙觉,遍诸十方,出生如来,与一切法,同体平等是也。”(CBETA, X62, no. 1184, p. 359, a12-13//Z2:14, p. 403, a16-17//R109, p. 805, a16-17)

《圆觉经道场修证仪》卷11:“善男子! 无上妙觉,遍诸十方,出生如来,与一切法,同体平等,于诸修行,实无有二。”(CBETA, X74, no. 1475, p. 458, b21-22//Z2B:1, p. 444, d12-13//R128, p. 888, b12-13)

《续藏》68册《古尊宿语录》33卷p217,08:“若论平等,无过佛法,唯佛法最平等”

大般若波罗蜜多经

——诸法平等品

三藏法师玄奘奉诏译

德吉卓玛辑

时具寿善现白佛言。世尊。若一切法皆如化者。诸所变化皆无实色。亦无实受想行识。诸所变化皆无实眼处。亦无实耳鼻舌身意处。诸所变化皆无实色处。亦无实声香味触法处。诸所变化皆无实眼界。亦无实耳鼻舌身意界。诸所变化皆无实色界。亦无实声香味触法界。诸所变化皆无实眼识界。亦无实耳鼻舌身意识界。诸所变化皆无实眼触。亦无实耳鼻舌身意触。诸所变化皆无实眼触为缘所生诸受。亦无实耳鼻舌身意触为缘所生诸受。诸所变化皆无实地界。亦无实水火风空识界。诸所变化皆无实因缘。亦无实等无间缘所缘缘增上缘。诸所变化皆无实从缘所生诸法。诸所变化皆无实无明。亦无实行识名色六处触受爱取有生老死愁叹苦忧恼。诸所变化皆无实世间法。亦无实出世法。诸所变化皆无实有漏法。亦无实无漏法。诸所变化皆无实有为法。亦无实无为法。诸所变化皆无实杂染法。亦无实清净法。诸所变化皆无实轮回五趣生死。亦无实解脱五趣生死。云何菩萨摩诃萨于诸有情有胜士用。佛告善现。于意云何。诸菩萨摩诃萨本行菩萨道时。颇见有情可脱地狱傍生鬼界人天趣不。善现答言。不也世尊。不也善逝。佛告善现。如是如是。诸菩萨摩诃萨本行菩萨道时。不见有情可脱三界。何以故。善现。诸菩萨摩诃萨于一切法知见通达皆如幻化都非实有。

具寿善现复白佛言。世尊。若菩萨摩诃萨于一切法知见通达皆如幻化都非实有。菩萨摩诃萨为何事故修行布施净戒安忍精进静虑般若波罗蜜多。为何事故修行四静虑四无量四无色定。为何事故修行四念住四正断四神足五根五力七等觉支八圣道支。为何事故修行空无相无愿解脱门。为何事故修行八解脱八胜处九次第定十遍处。为何事故修行一切陀罗尼门一切三摩地门。为何事故修行极喜地离垢地发光地焰慧地极难胜地现前地远行地不动地善慧地法云地。为何事故修行五眼六神通。为何事故修行佛十力四无所畏四无碍解大慈大悲大喜大舍十八佛不共法。为何事故修行无忘失法恒住舍性。为何事故修行一切智道相智一切相智。为何事故修行一切菩萨摩诃萨行。为何事故修行诸佛无上正等菩提。为何事故严净佛土。为何事故成熟有情。佛告善现。若诸有情于一切法能自了知皆如幻化都非实有。则菩萨摩诃萨不应无数劫为诸有情行菩萨道。以诸有情于一切法自不能知皆如幻化都非实有。是故菩萨摩诃萨于无数劫为诸有情行菩萨道。复次善现。若菩萨摩诃萨于一切法不如实知皆如幻化都非实有。

则不应无数劫为诸有情修菩萨行严净佛土成熟有情。以菩萨摩诃萨于一切法如实了知皆如幻化都非实有故。无数劫为诸有情修菩萨行严净佛土成熟有情。

尔时具寿善现白佛言。世尊。若一切法如梦如幻如响如像如光影如阳焰如变化事如寻香城。所化有情住在何处。诸菩萨摩诃萨行深般若波罗蜜多拔济令出。佛告善现。所化有情住在名相虚妄分别。诸菩萨摩诃萨行深般若波罗蜜多。从彼名相虚妄分别拔济令出。具寿善现复白佛言。世尊。何谓为名。何谓为相。佛言善现。名皆是客皆是假立皆属施设。谓此名色。此名受想行识。此名眼处。此名耳鼻舌身意处。此名色处。此名声香味触法处。此名眼界。此名耳鼻舌身意界。此名色界。此名声香味触法界。此名眼识界。此名耳鼻舌身意识界。此名男此名女。此名小此名大。此名地狱。此名傍生。此名鬼界。此名人。此名天。此名世间法。此名出世法。此名有漏法。此名无漏法。此名有为法。此名无为法。此名预流果。此名一来果。此名不还果。此名阿罗汉果。此名独觉菩提。此名一切菩萨摩诃萨行。此名诸佛无上正等菩提。此名异生。此名声闻。此名独觉。此名菩萨。此名如来。善现。如是等一切名皆是假立。为表诸义施设诸名。故一切名皆非实有。诸有为法亦但有名。由此无为亦非实有。愚夫异生于中妄执。菩萨摩诃萨行深般若波罗蜜多时。方便善巧教令远离。作如是言。名是分别妄想所起。亦是众缘和合假立。汝等不应于中执着。名无实事自性皆空。非有智者执着空法。如是善现。菩萨摩诃萨行深般若波罗蜜多时。方便善巧为诸有情说离名法。善现。是谓为名。云何为相。善现。相有二种。愚夫异生于中执着。何等为二。一者色相。二者无色相。何谓色相。善现。诸所有色。若过去。若未来。若现在。若内若外。若麤若细。若劣若胜。若远若近。于此刹那诸空法中。愚夫异生分别执着。是名色相。何谓无色相。善现。谓诸所有无色法中。愚夫异生取相分别生诸烦恼。是名无色相。菩萨摩诃萨行深般若波罗蜜多时。方便善巧教诸有情远离二相。复教安住无相界中。虽教安住无相界中。而不令其堕二边执。谓此是相此是无相。如是善现。菩萨摩诃萨行深般若波罗蜜多时。方便善巧令诸有情远离众相。住无相界而无执着。

尔时具寿善现白佛言。世尊。若一切法但有名相。所有名相皆是假立分别所起。非实有性。云何菩萨摩诃萨行深般若波罗蜜多时。于诸善法能自增进。亦能令他增进善法。由自善法得增进故。能令诸地渐次圆满。亦能安立诸有情类。随其所应得三乘果。佛告善现。若诸法中少有实事。非但假立有名相者。则菩萨摩诃萨行深般若波罗蜜多时。应于善法不自增进。亦不令他增进善法。善现。以诸法中无少实事。但有假立诸名及相。是故菩萨摩诃萨行深般若波罗蜜多时。以无相为方便。能圆满般若波罗蜜多。以无相为方便。能圆满静虑波罗蜜多。以无相为方便。能圆满精进波罗蜜多。以无相为方便。能圆满安忍波罗蜜多。以无相为方便。能圆满净戒波罗蜜多。以无相为方便。能圆满布施波罗蜜多。以无相为方便。能圆满四静虑四无量四无色定。以无相为方便。

能圆满四念住四正断四神足五根五力七等觉支八圣道支。以无相为方便。能圆满空无相无愿解脱门。以无相为方便。能圆满内空外空内外空空空大空胜义空有为空无为空毕竟空无际空散空无变异空本性空自相空共相空一切法空不可得空无性空自性空无性自性空。以无相为方便。能圆满真如法界法性不虚妄性不变异性平等性离生性法定法住实际虚空界不思议界。以无相为方便。能圆满苦集灭道圣谛。以无相为方便。能圆满八解脱八胜处九次第定十遍处。以无相为方便。能圆满一切陀罗尼门一切三摩地门。以无相为方便。能圆满极喜地离垢地发光地焰慧地极难胜地现前地远行地不动地善慧地法云地。以无相为方便。能圆满五眼六神通。以无相为方便。能圆满佛十力四无所畏四无碍解大慈大悲大喜大舍十八佛不共法。以无相为方便。能圆满无忘失法恒住舍性。以无相为方便。能圆满一切智道相智一切相智。以无相为方便。于诸善法自圆满已。亦能令他圆满善法。如是善现。以一切法无少实事。但有假立诸名及相。诸菩萨摩诃萨。于中不起颠倒执着。于诸善法能自增进。亦能令他增进善法。复次善现。若诸法中有毛端量实法相者。则菩萨摩诃萨行深般若波罗蜜多时。于一切法不应觉知无相无念。亦无作意无漏性。已证得无上正等菩提。安立有情于无漏法。何以故。善现。诸无漏法皆无相无念无作意故。如是善现。菩萨摩诃萨行深般若波罗蜜多时。安立有情于无漏法。乃名真实饶益他事。

时具寿善现白佛言。世尊。若一切法真无漏性。无相无念亦无作意。何缘世尊。尝如是数。此是世间法。此是出世法。此是有漏法。此是无漏法。此是有为法。此是无为法。此是有罪法。此是无罪法。此是有诤法。此是无诤法。此是流转法。此是还灭法。此是共法。此是不共法。此是声闻法。此是独觉法。此是菩萨法。此是如来法耶。佛告善现。于意云何。世间等法与无相等无漏法性为有异不。善现答言。不也世尊。不也善逝。佛告善现于意云何。声闻等法与无相等无漏法性为有异不。善现答言。不也世尊。不也善逝。佛告善现。世间等法岂不即是无相念等无漏法性。善现答言。如是世尊。如是善逝。佛告善现。若预流果。若一来果。若不还果。若阿罗汉果。若独觉菩提。若诸菩萨摩诃萨法。若佛无上正等菩提。岂不即是无相念等无漏法性。善现答言。如是世尊。如是善逝。佛言善现。由此因缘当知一切法皆是无相等。善现。菩萨摩诃萨学一切法皆是无相无念无作意时。常能增益所行善法。所谓布施净戒安忍精进静虑般若波罗蜜多。若四静虑四无量四无色定。若四念住四正断四神足五根五力七等觉支八圣道支。若内空外空内外空空空大空胜义空有为空无为空毕竟空无际空散空无变异空本性空自相空共相空一切法空不可得空无性空自性空无性自性空。若真如法界法性不虚妄性不变异性平等性离生性法定法住实际虚空界不思议界。若苦集灭道圣谛。若空无相无愿解脱门。若八解脱八胜处九次第定十遍处。若一切陀罗尼门一切三摩地门。若极喜地离垢地发光地焰慧地极难胜地现前地远行地不动地善慧地法云地。若五眼六神通。若佛十力四无所畏四无碍解十八佛不共法。若大慈大悲大喜大舍。若无忘失法恒住舍性。若一切智道相智一切相智。诸如是等一切佛法。皆由学无相无念无作意而得增益。所以者何。善现。菩萨摩诃萨除空无相无愿解脱门。更无余要所应学法。何以故。善现。三解脱门能摄一切妙善法故。所以者何。善现。空解脱门观一切法自相皆空。无相解脱门观一切法远离诸相。无愿解脱门观一切法远离所愿。由此三门能摄一切殊胜善法。离此三门所应修习殊胜善法不生长故。

复次善现。若菩萨摩诃萨能学如是三解脱门。则能学五蕴。亦能学十二处。亦能学十八界。亦能学六界。亦能学四圣谛。亦能学四缘。亦能学从缘所生诸法。亦能学十二缘起。亦能学内空外空内外空空空大空胜义空有为空无为空毕竟空无际空散空无变异空本性空自相空共相空一切法空不可得空无性空自性空无性自性空。亦能学真如法界法性不虚妄性不变异性平等性离生性法定法住实际虚空界不思议界。亦能学布施净戒安忍精进静虑般若方便善巧妙愿力智波罗蜜多。亦能学极喜地离垢地发光地焰慧地极难胜地现前地远行地不动地善慧地法云地。亦能学四念住四正断四神足五根五力七等觉支八圣道支。亦能学四静虑四无量四无色定。亦能学八解脱八胜处九次第定十遍处。亦能学一切陀罗尼门一切三摩地门。亦能学五眼六神通。亦能学如来十力四无所畏四无碍解十八佛不共法。亦能学大慈大悲大喜大舍。亦能学无忘失法恒住舍性。亦能学一切智道相智一切相智。亦能学严净佛土成熟有情。亦能学诸余无量无边佛法。

尔时具寿善现白佛言。世尊。云何菩萨摩诃萨修行般若波罗蜜多时能学五蕴。佛告善现。若菩萨摩诃萨修行般若波罗蜜多时。如实知色受想行识。是为能学五蕴。善现。云何菩萨摩诃萨修行般若波罗蜜多时。如实知色。善现。若菩萨摩诃萨修行般若波罗蜜多时。如实知色相。如实知色生。如实知色灭。如实知色真如。是为如实知色。善现。云何菩萨摩诃萨修行般若波罗蜜多时。如实知色相。

善现。若菩萨摩诃萨修行般若波罗蜜多时。如实知色毕竟有孔毕竟有隙。犹如聚沫性不坚固。善现。是名如实知色相。善现。云何菩萨摩诃萨修行般若波罗蜜多时。如实知色生。善现。若菩萨摩诃萨修行般若波罗蜜多时。如实知色来无所从去无所趣。虽无来无去而生法相应。善现。是名如实知色生。善现。云何菩萨摩诃萨修行般若波罗蜜多时。如实知色灭。善现。若菩萨摩诃萨修行般若波罗蜜多时。如实知色来无所从去无所趣。虽无来无去而灭法相应。善现。是名如实知色灭。善现。云何菩萨摩诃萨修行般若波罗蜜多时。如实知色真如。善现。若菩萨摩诃萨修行般若波罗蜜多时。如实知色真如无生无灭无来无去无染无净无增无减。常如其性不虚妄不变易。故名真如。善现。是名如实知色真如。善现。云何菩萨摩诃萨修行般若波罗蜜多时。如实知受。善现。若菩萨摩诃萨修行般若波罗蜜多时。如实知受相。如实知受生。如实知受灭。如实知受真如。是为如实知受。善现。云何菩萨摩诃萨修行般若波罗蜜多时。如实知受相。善现。若菩萨摩诃萨修行般若波罗蜜多时。如实知受毕竟如痈毕竟如箭犹若浮泡。虚伪不住速起速灭。善现。是名如实知受相。善现。云何菩萨摩诃萨修行般若波罗蜜多时。如实知受生。善现。若菩萨摩诃萨修行般若波罗蜜多时。如实知受来无所从去无所趣。虽无来无去而生法相应。善现。是名如实知受生。善现。云何菩萨摩诃萨修行般若波罗蜜多时。如实知受灭。善现。若菩萨摩诃萨修行般若波罗蜜多时。如实知受来无所从去无所趣。虽无来无去而灭法相应。善现。是名如实知受灭。善现。云何菩萨摩诃萨修行般若波罗蜜多时。如实知受真如。善现。若菩萨摩诃萨修行般若波罗蜜多时。如实知受真如无生无灭无来无去无染无净无增无减。常如其性不虚妄不变易故名真如。善现。是名如实知受真如。善现。云何菩萨摩诃萨修行般若波罗蜜多时。如实知想。善现。若菩萨摩诃萨修行般若波罗蜜多时。如实知想相。如实知想生。如实知想灭。如实知想真如。是为如实知想。善现。云何菩萨摩诃萨修行般若波罗蜜多时。如实知想相。善现。若菩萨摩诃萨修行般若波罗蜜多时。如实知想犹如阳焰水不可得。虚妄渴爱而起是想。假施设有。发假言说。善现。是名如实知想相。善现。云何菩萨摩诃萨修行般若波罗蜜多时。如实知想生。善现。若菩萨摩诃萨修行般若波罗蜜多时。如实知想来无所从去无所趣。虽无来无去而生法相应。善现。是名如实知想生。善现。云何菩萨摩诃萨修行般若波罗蜜多时。如实知想灭。善现。若菩萨摩诃萨修行般若波罗蜜多时。如实知想来无所从去无所趣。虽无来无去而灭法相应。善现。是名如实知想灭。善现。云何菩萨摩诃萨修行般若波罗蜜多时。如实知想真如。善现。若菩萨摩诃萨修行般若波罗蜜多时。如实知想真如无生无灭无来无去无染无净无增无减。常如其性不虚妄不变易故名真如。善现。是名如实知想真如。善现。云何菩萨摩诃萨修行般若波罗蜜多时。如实知行。善现。若菩萨摩诃萨修行般若波罗蜜多时。如实知行相。如实知行生。如实知行灭。如实知行真如。是为如实知行。善现。云何菩萨摩诃萨修行般若波罗蜜多时。如实知行相。善现。若菩萨摩诃萨修行般若波罗蜜多时。如实知行。犹若芭蕉叶叶析除实不可得。明无明等众缘所成。业烦恼等和合假立。善现。是名如实知行相。善现。云何菩萨摩诃萨修行般若波罗蜜多时。如实知行生。善现。若菩萨摩诃萨修行般若波罗蜜多时。如实知行来无所从去无所趣。虽无来无去而生法相应。善现。是名如实知行生。善现。云何菩萨摩诃萨修行般若波罗蜜多时。如实知行灭。善现。若菩萨摩诃萨修行般若波罗蜜多时。如实知行来无所从去无所趣。虽无来无去而灭法相应。善现。是名如实知行灭。善现。云何菩萨摩诃萨修行般若波罗蜜多时。如实知行真如。善现。若菩萨摩诃萨修行般若波罗蜜多时。如实知行真如无生无灭无来无去无染无净无增无减。常如其性不虚妄不变易故名真如。善现。是名如实知行真如。善现。云何菩萨摩诃萨修行般若波罗蜜多时。如实知识。善现。若菩萨摩诃萨修行般若波罗蜜多时。如实知识相。如实知识生。如实知识灭。如实知识真如。是为如实知识。善现。云何菩萨摩诃萨修行般若波罗蜜多时。如实知识相。善现。若菩萨摩诃萨修行般若波罗蜜多时。如实知识犹如幻事。众缘和合假施设有实不可得。谓如幻师或彼弟子。于四衢道幻作四军。所谓象军马军车军步军。或复幻作诸余色类。相虽似有而无其实。识亦如是实不可得。善现。是名如实知识相。善现。云何菩萨摩诃萨修行般若波罗蜜多时。如实知识生。善现。若菩萨摩诃萨修行般若波罗蜜多时。如实知识来无所从去无所趣。虽无来无去而生法相应。善现。是名如实知识生。善现。云何菩萨摩诃萨修行般若波罗蜜多时。如实知识灭。善现。若菩萨摩诃萨修行般若波罗蜜多时。如实知识来无所从去无所趣。虽无来无去而灭法相应。善现。是名如实知识灭。善现。云何菩萨摩诃萨修行般若波罗蜜多时。如实知识真如。善现。若菩萨摩诃萨修行般若波罗蜜多时。如实知识真如无生无灭无来无去无染无净无增无减。常如其性不虚妄不变易故名真如。善现。是名如实知识真如。复次善现。若菩萨摩诃萨修行般若波罗蜜多时。如实知色色自性空。如实知受受自性空。如实知想想自性空。如实知行行自性空。如实知识识自性空。善现。是为菩萨摩诃萨修行般若波罗蜜多时能学五蕴。

具寿善现白佛言。世尊。云何菩萨摩诃萨修行般若波罗蜜多时。能学十二处。佛告善现。若菩萨摩诃萨修行般若波罗蜜多时。如实知眼处眼处自性空。如实知耳鼻舌身意处耳鼻舌身意处自性空。如实知色处色处自性空。如实知声香味触法处声香味触法处自性空。如实知内处内处自性空。如实知外处外处自性空。善现。是为菩萨摩诃萨修行般若波罗蜜多时能学十二处。具寿善现白佛言。世尊。云何菩萨摩诃萨修行般若波罗蜜多时。能学十八界。佛告善现。若菩萨摩诃萨修行般若波罗蜜多时。如实知眼界眼界自性空。如实知色界眼识界及眼触眼触为缘所生诸受色界乃至眼触为缘所生诸受自性空。如实知耳界耳界自性空。如实知声界耳识界及耳触耳触为缘所生诸受声界乃至耳触为缘所生诸受自性空。如实知鼻界鼻界自性空。如实知香界鼻识界及鼻触鼻触为缘所生诸受香界乃至鼻触为缘所生诸受自性空。如实知舌界舌界自性空。如实知味界舌识界及舌触舌触为缘所生诸受味界乃至舌触为缘所生诸受自性空。如实知身界身界自性空。如实知触界身识界及身触身触为缘所生诸受触界乃至身触为缘所生诸受自性空。如实知意界意界自性空。如实知法界意识界及意触意触为缘所生诸受法界乃至意触为缘所生诸受自性空。善现。是为菩萨摩诃萨修行般若波罗蜜多时能学十八界。具寿善现白佛言。世尊。云何菩萨摩诃萨修行般若波罗蜜多时能学六界。佛告善现。若菩萨摩诃萨修行般若波罗蜜多时。如实知地界地界自性空。如实知水火风空识界水火风空识界自性空。善现。是为菩萨摩诃萨修行般若波罗蜜多时能学六界。

具寿善现白佛言。世尊。云何菩萨摩诃萨修行般若波罗蜜多时能学四圣谛。佛告善现。若菩萨摩诃萨修行般若波罗蜜多时。如实知苦圣谛。如实知集圣谛。如实知灭圣谛。如实知道圣谛。是为能学四圣谛。善现。云何菩萨摩诃萨修行般若波罗蜜多时。如实知苦圣谛。善现。若菩萨摩诃萨修行般若波罗蜜多时。如实知苦是逼迫相自性本空远离二法是圣者谛。苦即真如真如即苦无二无别。唯真圣者能如实知。善现。是名如实知苦圣谛。善现。云何菩萨摩诃萨修行般若波罗蜜多时。如实知集圣谛。善现。若菩萨摩诃萨修行般若波罗蜜多时。如实知集是生起相自性本空远离二法是圣者谛。集即真如真如即集无二无别。唯真圣者能如实知。善现。是名如实知集圣谛。善现。云何菩萨摩诃萨修行般若波罗蜜多时。如实知灭圣谛。善现。若菩萨摩诃萨修行般若波罗蜜多时。如实知灭是寂静相自性本空远离二法是圣者谛。灭即真如真如即灭无二无别。唯真圣者能如实知。善现。是名如实知灭圣谛。善现。云何菩萨摩诃萨修行般若波罗蜜多时。如实知道圣谛。善现。若菩萨摩诃萨修行般若波罗蜜多时。如实知道是出离相自性本空远离二法是圣者谛。道即真如真如即道无二无别。唯真圣者能如实知。善现。是名如实知道圣谛。善现。是为菩萨摩诃萨修行般若波罗蜜多时能学四圣谛。

具寿善现白佛言。世尊。云何菩萨摩诃萨修行般若波罗蜜多时能学四缘。佛告善现。若菩萨摩诃萨修行般若波罗蜜多时如实知因缘。如实知等无间缘。如实知所缘缘。如实知增上缘。是为能学四缘。善现。云何菩萨摩诃萨修行般若波罗蜜多时如实知因缘。善现。若菩萨摩诃萨修行般若波罗蜜多时。如实知因缘是种子相自性本空远离二法。善现。是名如实知因缘。善现。云何菩萨摩诃萨修行般若波罗蜜多时。如实知等无间缘。善现。若菩萨摩诃萨修行般若波罗蜜多时。如实知等无间缘是开发相自性本空远离二法。善现。是名如实知等无间缘。善现。云何菩萨摩诃萨修行般若波罗蜜多时如实知所缘缘。善现。若菩萨摩诃萨修行般若波罗蜜多时。如实知所缘缘是任持相自性本空远离二法。善现。是名如实知所缘缘。善现。云何菩萨摩诃萨修行般若波罗蜜多时如实知增上缘。善现。若菩萨摩诃萨修行般若波罗蜜多时。如实知增上缘是不碍相自性本空远离二法。善现。是名如实知增上缘。善现。是为菩萨摩诃萨修行般若波罗蜜多时能学四缘。具寿善现白佛言。世尊。云何菩萨摩诃萨修行般若波罗蜜多时。能学从缘所生诸法。佛告善现。若菩萨摩诃萨修行般若波罗蜜多时。如实知一切从缘所生法不生不灭不断不常不一不异不来不去。绝诸戏论本性淡泊。善现。是为菩萨摩诃萨修行般若波罗蜜多时能学从缘所生诸法。具寿善现白佛言。世尊。云何菩萨摩诃萨修行般若波罗蜜多时能学十二缘起。佛告善现。若菩萨摩诃萨修行般若波罗蜜多时。如实知无明无生无灭无染无净。自性本空远离二法。如实知行识名色六处触受爱取有生老死愁叹苦忧恼无生无灭无染无净。自性本空远离二法。善现。是为菩萨摩诃萨修行般若波罗蜜多时能学十二缘起。

具寿善现白佛言。世尊。云何菩萨摩诃萨修行般若波罗蜜多时。能学内空外空内外空空空大空胜义空有为空无为空毕竟空无际空散空无变异空本性空自相空共相空一切法空不可得空无性空自性空无性自性空。佛告善现。若菩萨摩诃萨修行般若波罗蜜多时。如实知内空无自性不可得而能安住。

如实知外空乃至无性自性空无自性不可得而能安住。善现。是为菩萨摩诃萨修行般若波罗蜜多时能学内空乃至无性自性空。具寿善现白佛言。世尊。云何菩萨摩诃萨修行般若波罗蜜多时。能学真如法界法性不虚妄性不变异性平等性离生性法定法住实际虚空界不思议界。佛告善现。若菩萨摩诃萨修行般若波罗蜜多时。如实知真如无戏论无分别而能安住。如实知法界乃至不思议界无戏论无分别而能安住。善现。是为菩萨摩诃萨修行般若波罗蜜多时能学真如乃至不思议界。

《大般若波罗蜜多经》卷第三百八十四

——初分诸法平等品第六十九之二

大圆满平等性自解脱论本颂

隆钦然绛巴·智麦沃色造　法护译
德吉卓玛辑

梵云：摩诃珊底萨麻果拿麻

藏云：卓巴钦波谅尼郎卓

汉云：大圆满平等性自解脱论

敬礼吉祥普贤王如来
诸法平等性本初菩提
无诠超思空界平坦界
无住无缘大圆满本性
清静菩提心前虔敬礼

一切金刚顶巅之妙乘
超越因果离取舍犹豫
是诸是何无有认持故
离堕偏私义理当谛听

现轮涅本解色究竟天
种种无碍智慧越量中
平等圆满示法性无异
情器六续三身眷属众
三时无时基圆清静时
教示无有取舍勤修法
外内作业之法虽无量
圣教九乘开演所讲说
彼等自性根器次第者
于了义中彼诸如虚空
无有宗乘亦无有出离
无来无去无断治离得
一切法性无迁转体性
如何所显依何无自性
假立因果外内菩提心
是为本初光明任运体
成立除遣无缘自生智
外内勤劳无有何可寻
无整安置本然法性体
三时无迁转之任意为
谓此无有所缘之能所
及与破立取舍置本地
烦恼不断自生之五智

随现性中自解无取舍
不需断转心觉大圆具
本置自生当下任运成
种种凡常自圆大坛城
无作自生广大越量宫
于色受想行识诸蕴处
五佛地水火风空之界
五佛母自性现有清静
不需取舍修整对治空
一切等味大圆满体性
了知基圆满本初清静
本空离根本之心性者
无作任运成就之正觉
如是安置如彼平等住
无始终时无前后迁转
无计无偏超越诸盖障
无所至境亦无所行道
于无体性所欲何净行
彼等虚空能修整穷尽
自生智离诸修染造作
月亮之海染浊本来无
净与不净一界大游戏
此为更深密要密意界
一切遍作法性极宽广

一切藏要自性广微妙
体性显明大悲无遮碍
如是性中如实任运成
一界法性虚空自性中
馀法纵如微尘亦无缘
法相现空法性神变中
自性任运乃升起游戏
情器现有三世正等觉
如来性外馀诸无所缘
本初无作自性清静故
倏尔不契体性知解脱
不需励劳离诸因与缘
自性是他是诸无认持
如何观察彼为僅倏尔
若观不住观已体性空
是非为心离心为法身
非有他离随现为无执
一之自性犹如虚空者
相异心之宗义诸多显
总摄大圆满菩提心者
如虚空周遍而划分故
即是一切诸法大生处
种种诸法等圆游戏中
苦乐高下幻化水月影

无中生有于义无所染
任运圆满无二本体性
纵如何现如彼不成立
因果无二离增益减损
具有观待授记善恶乘
与真实义何时亦不遇
圣义之中不生本清静
显时无缘离能所戏论
除彼馀者任何亦不缘
超越因果故本然不见
又復若许因果业缘法
是以此现自性而观察
外在五境初因果为何
心之自性为何何所生
如彼究竟如虚空无实
超因果故本初之法性
不作不生决定任运成
于彼执著勤修有何为
诸法本来即空即无我
无明执故漂流有趣中
从而显现种种诸苦乐
犹如梦中实事不成立
不作自性清静之正觉
本空离诸基根应当知

诸等以心观察体性空
一与相异无二诸法等
未擅执实有故自性缚
种种宗义樊笼无解脱
了不了义因经教随行
以心安立法轮恒常转
如此因位之乘有三种
用以断灭对治净心性
自生本智自然无整染
三大劫等不转得解脱
承许果乘宗门有二类
外三秘密咒乘事续者
一切一界清静之法性
主仆规式二执作取舍
犹豫樊笼何时亦无解
执一与二故为所沾染
行续自性清静之法性
如亲友故二执迷妄染
一体性中区别二取舍
何时亦无能睹真实藏
瑜伽五现觉及四神变
真如性中作修染亦尽
本来不生其后亦无成
心性真义之藏无得见

一切均为十六七三世
障蔽元始自性解脱地
内三乘中摩诃清静心
四种念修集散作修治
若是本有无需修整治
若非本有无益如空结
不见无有取舍之体性
阿鲁瑜伽界智无有二
于一藏中作修整因果
虚空自性无二清静中
以乐与空任何有何为
阿底生圆无二菩提心
远离边际性中心性缚
以虚空绳缚于心性尽
唯空方分深邃孰能制
不识一切所显之实性
不知诸法等圆同一义
与之断分相顺之瑜伽
了知心者孰人极依止
如是彼等勤修与断取
无所缘性自心无垢缚
无有证知藏要真如力
恶缘恶法恶宗义之故
不见无有断证之自性

趣行于道復且行于地
以辛勤病苦恼之誓句
禁戒不净轮回之因缚
无能达至自生智密义。
菩提性亦虚空之自性
菩提性亦虚空之体性
菩提道中孰人有行趣
行于虚空界中趣行心
乃见无又取舍造作义
诸法不生无有盖障蔽
以心执取乃生二染障
无体性中用行而沾染
于无观中用观生盖障
依因果乘中各宗本论
如何辛勤乃至极精进
以染障故不能见本然
以依何善觅求善妙时
如何觅求如许染盖障
若欲得见不觅求妙法
自性善妙坚决定观待
如彼清静之心而觅心
所觅之事觅者反作迷
此为本来清静之心性
修整对治不寻本自安

同一自生观之为九乘
染障不起如水波不兴
视之不见觅之不可得
本无证违安置自性中
本智无知无深寂细微
无二无系超越增损边
何如自如本如任运成
是何彼中是诸大安置
不需辛勤黾勉于任运
观待无有有何所观见
因此诸法不生之法性
超绝因果真如明显观
此乃上师口诀藏要义
法性之义虚空无中边
不依因果生圆次第道
心性胜王任运功德圆
无执希求安置之禅定
藏要心性不见超思境
种种戏论增益分别伺
本初本理不见超心思
种种方便法海之妙宝
如实性乃如始不可见
悉置若离犹疑彼自性
有于何处观见即非见

除此馀诸修造诩善妙
犹豫二意发起障自性
种种法数异门同一义
藏要心性本然无整治
三身净土导师眷属处
教法等五圆满自性者
如彼之识无作宽坦住
过未三时轮涅游戏心
无馀摄一安住之体性
藏要自安菩提真如性
本来正觉当下之法性
升起无造本来净密意
种种相帜而表无可示
言词文字真性安可尽
臻至宗乘名数顶巅心
菩提心集真性证悟故
一切一界和合而阐释
此乃无馀决定秘密藏
以此为见心之真性理
恶缘众等何时亦不悟
如于愚盲人前示影相
相与缘起方便知何有
善缘众前如日光莲花
上师恩德悟证生于内

自之体性三时平等性
法与法性无念自然置
本来菩提自性清静故
倏尔耽执不缚任意游
法与法相法性平等体
随现本明自生游戏时
自解自然无整染安置
心性不造法身游戏中
无散执持静虑之椿橛
涵摄一多悟不悟平等
优劣得失尘许亦不缘
令不缚于见修行锁镣
本来即是无散不散逸
归一执心犹疑迷妄意
执持无缘是中作束缚
心与心性二者无所缘
空与不空平等之体性
升住为何本来即如何
于彼破立贪嗔悉不为
依何所现如彼而契入
无念如空清静之法身
种种现心游戏大戏剧
不生离戏具生起神变
分别伺念思寻悉不染

为何体中随现入游戏
一切均是法性悉平坦
不作取舍置于真如性
如何不动如彼平等住
本如无有高下本始住
无念无有中边真如置
离勤法身无色无表示
离执寂灭无实真如性
离作虚空心性无所修
悟与不悟平等率意置
所居无道众等之大病
辛劳之毒心中作忧苦
如何勤奋亦轮回因果
于解脱道何时亦不至
粗品之心串习黑与白
彼欲界中执持善恶趣
明分之心诸善能涵濡
色界性中投四种静虑
凡诸无念之心极不动
彼无色中四相边等转
本然心中谁作修整染
如何整治彼以无念生
无由轮回处得解脱时
三时同一本初大菩提

如空离思自性平等体

唯名无缘无伦无有相

稀有珍奇广大之游戏

基圆离诠无说任运成

无执不动自性清静土

无泯不没胜幢大虚空

一切心性光明之藏要

不紧不缓众聚庄严众

无二任置如实离戏论

离勤现分空之境心中

谓此非表自性宽坦置

依其而空不造法身体

无念平等胜王任运成

胜王无垢如是无取舍

元始正觉超越因果性

不生任圆当下之心性

随现无整染者见地义

自性大圆满之本性矣

法性不动虽不逾于一

法相无碍各各显分明

极寂不生如虚空清静

不生如是智无盖障蔽

普遍离方胜密大圆满

基根无有实之自性中

不需能所励劳修法成
如是体中如实以了知
秘密大海极喧扬之语
任运圆满游戏随现戏
取舍无缘本解大宽广
了知自解自然本初体
证悟山王极其不动故
游于任运广大明点界

大圆满平等性自解脱论·上根证悟基解脱品第一终

如彼见地大勤作之体
了知自然如是宽坦时
随现自解性澄如汪洋
无修无散离二执思诠
自生本明无有修整治
即为自性本净之修行
悟与不悟平等法性中
静虑执心缚而故不染
置于迁住无二本初体
不集不散不修平常体
任置本明等圆无所为
无有修与不修悉决断
如是本然之境坦然置

生圆禅定乐明无念等
乃至作意而为无念智
习气彼唯轮回之因果
有相无相极寂如虚空
上界生处相续轮回成
于诸业与习气悉无二
不修禅定超越寻伺意
彼无有趣亦无有趣苦
无生离尘无相离希冀
不寻自置修习之胜王
如是本然无纤毫动摇
以见基性一如证悟义
如何而释无有取舍心
自置离恃本置本明者
握持无执法身王常有
一界本初之地当下至
至已无有成就三身果
所谓正觉菩提之自性
远离现前二种犹疑虑
自生任运普贤王豫土
无整置大本然任运成
藏要心性无轮替之道
无修如河流续而安住
染障无二汇流一乐界

以无成不成就心得乐
无是无非同一同等故
一切基圆即是普贤王
无有颜色认辨之本明
无有成不成就而决断
如是无整平常闲缓置
种种集散自生智光华
如水水波善与恶无缘
一切亦即自生无励劳
自解本初清静之见地
不断自任普圆同一体
松紧无二自生大本智
离励之境超越诸忆念
即为光明心性清静修
现有诸法不生空性体
三修宽坦安置真如性
世俗藏要建立本明体
即是外内能所执无二
随现义中于彼无所执
保认自升本明自解义
密意不动一座之境界
三时无时平等任运成
境心如何而显亦法性
基置为最胜修超念思

等空等引摄一任圆者
一切不生升起大乐戏
无有自生修习藏要者
了知平常无造湛然中
若迁自解若住平等性
烦恼本性空明五种智
不需断治净转本初体
等虚空无生法身游戏
藏要无有表相之智中
自声无修之作任意为
无思远离犹豫之识中
缚解本初无缘无基根
由何所缚彼中而解脱
烦恼对治无二真如性
如是境中功过亦无二
遍作本明大自然而置
无整本然置无方分体
所谓空与无相无缘故
一界真如性中心安置
谛听如此归一于了义
世间所造诸业与诸法
作而不持自性置即持
因此无需勤劳修习法
如何審察依何束缚因

为成不成就犹豫樊笼
自然自置如是性中住
以遮过去诸法无有修
未来不生无有所修境
当下之心无修与能修
三时平等性超诸修境
因此不执所修习之心
了知自然任置安彼中
不可思议大乐决定诀
于诸安住平等大圆性
方便智慧无二藏要义
不生离方超越诸增减
不灭诸想境等真如性
不缘能执断治本地解
不修宽坦平等大圆满
不堕宽窄高下偏私方
不断犹疑绝断之体中
不思集散坏灭菩提心
普明自性清静体中置
种种现称诸法心本体
心性不动自性本初体
无法法性中所决定故
轮涅不缘平等圆满体
无有念思寻探平等置

涵摄一多不执为有二
任运远离犹疑虚空中
无散逸离戏论之识中
离堕偏私方分法而置
增广高矗中边平坦生
不收不放自明观摄一
平整普遍一界本初体
思圆满智光明内中生
虽普欲入于无二之义
意持法中众生不超越
乘门高低同义无藏要
了义离诠不生极清静
新性不动正觉自性中
整治勤修由外欲清静
断轮回而寻求出苦趣
以愚蒙故不见藏要义
于修之后无修圆满法
如空无垢所欲生为何
不见于彼见地之本性
于外清静无修如何生
以此悟观串习起功德
然则证悟善恶无迁转
如彼了知为善巧士夫
愚夫不解执持因果量

因缘实有缘起无量法
心性无实义理勤修作
此是观见种子能生芽
净治虚空希欲因果尽
极其无关彼此具违碍
于无实心整治有何为
如虚空林园植生苗芽
于无实真如性不整治
如此法理不可思议者
地等实有显现之诸法
因生缘转能为诸种种
空与真如性法清静中
勤劳励勉不成无迁转
如彼于心习气迷妄遍
依此勤劳轮回续不断
心性不动始终无迁转
因此心性清静之正觉
不作整治置于真如性
修整虚空徒劳故不为
成不成就无有自性故
证与不证二者亦无执
于自生法所生如实置
不整如实安置本初体
藏要光明相续无间断

任置之中置于大自然
性澄光明如日月之心
于焉而生具喜乐饶益
于此无有优劣之法故
离缘无勤以乐遍身心
普解本初如是无所缘
不作自性清静之胜王
离方分智显现能生起
总摄自置不异藏要义
如是不改安住修本体
依此而为升起所修习
无修随起而置无散逸
即为究竟大任运修行
见修得益行之次第者
幻化变化无二如水月
六时威仪行于普贤行
于诸若有善恶即非行
当知离于取舍与犹疑
希欲诸境无论为何者
若有执著破立即非行
依此以幻幻化之诸境
如何而行亦如无执著
瑜伽行者无执游戏行
于法一切无些许认持

如无而现于义无所执
无二自解大圆满本体
如是性中如彼而所行
谓此为有二所行之心
不是元始自性迷妄意
虽行离边复堕彼之边
所欲幻化何者之笼缚
于自心本解脱大法性
行与无行取舍无有二
以辛勤病不作忧苦恼
如是无二如是性中置
一切一界平等之体性
本初之智心性大圆满
自生之意藏要何易行
任运圆满令不作勤修
以为原理令不作修整
以为本始令不成新造
无有证违令不作改治
以无偏私令不执谓此
以无轮涅令不作犹疑
以无善恶令不作取舍
虽依彼修及与其所行
自心以外余诸不动摇
于彼断舍供忏有何为

受缚静虑于心之大病
于清静心执持而不染
随现胜王如是而游戏
若无善恶取舍即为行
于何谓此有尘许执著
于彼彼中述说大染障
无量虚空之界无所执
清静心性虚空表为行
现境方便于意乃为慧
能所不缘大放任而行
福德智慧生圆悉清静
游戏无碍幻化任运成
现心体性不生法身中
自性无碍昭空受用圆
灿然升解化身同等中
一切三身大智中而行
现而无念游戏升现时
因果乘之功德无余圆
彼亦心性静虑大宝藏
为有寂平等性大圆满
本初清静体性观见时
假名安立所谓极喜地
二执无染无垢无垢地
能法悟光发光焰慧地

非诸等境难胜现前地
出有远行法性不动地
具足诸中最胜善慧地
智日无有垢染法云地
以分区别如此开十地
见无二义资粮加行合
极证悟见义熏习修道
执持常有故谓无学果
三门大智基处清静故
瓶密慧句四种灌顶法
境心现空生圆双运等
尽有分别如彼具功德
不寻任运成就大圆满
超越作法思惟为所见
视之不见修之无所成
觅之不得超诸勤勉作
自心藏要不异正等觉
有即一切轮涅本初有
遍即三时无有前后遍
是即超越法界因果是
见之因相无实如虚空
于自生智基处不动摇
如海本性光明极澄净
于境无念昭显真如性

如脸本在不观待缘法
若观待境即非本自生
为他生故成种种动摇
因此诸时自生无迁转
升基无碍三身无聚散
于自性空体性昭明中
大悲无碍本明藏安住
内明不动如是任运成
于境随现分别之本智
称为功用道之智慧识
如浪或如镜中之影像
有境为缘升起于心中
无则不生系属成立者
升于自体假立为自生
非常续故他生缘之境
即为集散游戏无有碍
复又于为基处自生界
于境所起之识为智者
如是安置即为无有二
不知此义愚昧之静虑
或有置于界性或有寻
以持息灭想受之执心
色与无色习气轮回成
或有境智观之于外者

谓自解脱集散分别引
偏计戏论缚欲界轮回
界智无二其无有分别
或有生圆种种因果法
障蔽藏要心性本然义
轮回都邑无有解脱期
于此随现无有取舍时
性澄法界之中抉本明
无二归一汇流乐界时
迁止无二解脱大等圆
为体为本亦为大圆满
不需取舍即为大心觉
本初无有分别之心性
当下随现不应不耐持
现心无念解脱法身土
后于等圆真如无所成
同一自生升现六境时
不需伺察如是宽坦置
如镜镜相无二二清晰
界与智亦无二任运成
随现于境不散释于外
心性澄净色相唯游戏
一切一界本来了知故
自生本智无修染之义

为示超越因果之体性
如何以心庄严之诸法
为习气故因果漂轮回
苦乐善恶种种各各显
犹如种子相异而生果
如是不整心性光明者
因果无二本来无勤劳
如空不生不灭亦不住
三时无诠迁转逾思惟
不寻任运而成无功过
游戏无有碍故于法界
于一自性令不作整染
行之不至治之不得净
觅之不得如是宽坦置
身智功德任运而成就
无整真如性中安置成
不作殷勤心性大虚空
本来清静不需勤因果
若欲自心法身任运义
弃执缘取随所现境心
若无谓此专执则现前
为诸为一以无意向故
任置离方本明无等性
于法不作作已无所执

无执自置不作修整染
为何为诸为此不定故
置于离边界广大圆满
若有安处即非大圆满
为何为此令不作认持

大圆满平等性自解脱论·串习道解脱品第二终

如彼基道界明究竟时
基圆满果本初任运成
自利法身利他二色身
界智无二不即亦不离
轮涅无二本明界同一
安住涅槃离诸戏论时
即谓普贤无分别之地
此是不住思圆法身性
自性本初清静之法性
真如性中细微之智者
内昭升基无碍一切智
身与智者不即亦不离
禅定不动平等大圆地
如是体中安立于外相
光明现故普贤王父母
集散游戏轮大会集地

如是性中寂静五佛刹
光明任圆自所现清静
处与师法眷属时等等
五种圆满显现于五者
法界圆镜平等妙观察
成所作智此五五自性
即谓所云密严之刹土
如是性中忿怒之刹土
显现坛城自圆五种性
身与智等虚空相和合
即是所谓金刚持刹土
如是性中十地之勇识
毗卢不动宝生无量光
不空成就眷属续净故
行大圆镜利益于所化
即谓不住具莲之净土
如是性中不净所化众
调众六种能仁与受生
事业及与必需诸资具
总之应机显现示色身
各各显现利益于众生
此即所谓普光之净土
以日光辉能显四大洲
如莲含苞能生起欢喜

变化之光显明能周遍
普贤无分别与禅定者
无二法身地息诸戏论
大资粮密严与金刚持
自显报身刹土光明及
开敷具莲及与普光辉
自性御众种种化身土
行相事业无量任运成
如彼身与智刹土众等
犹如虚空恒常遍无为
直至解脱众生不断显
此是究竟本初之体性
即为自性大圆满之果
非因果生为本来任运
不作自性清静之心性
得见不为无勤造作义
自然本解自安界成者
即是本初任运而现前

大圆满平等性自解脱论·大任运果品第三终

如是法理极稀有
雪山白顶宝藏处
无垢光所发显明

此善愿除众生暗
吉祥格萨显明王
采我心蜜生欢喜
善说妙曲当聆听
具缘之士应欢喜。

༄༅། །རྫོགས་པ་ཆེན་པོ་མཉམ་ཉིད་རང་གྲོལ་ཞེས་བྱ་བ་བཞུགས་སོ།།*

ཀློང་ཆེན་རབ་འབྱམས་པ་དྲི་མེད་འོད་ཟེར་གྱིས་བརྩམས།

རྒྱ་གར་སྐད་དུ། མ་ཧཱ་སནྡྷི་ས་མ་ཏཱ་ན་མ། བོད་སྐད་དུ། རྫོགས་པ་ཆེན་པོ་མཉམ་ཉིད་རང་གྲོལ་ཞེས་བྱ་བ།

དཔལ་ཀུན་ཏུ་བཟང་པོ་ལ་ཕྱག་འཚལ་ལོ།།
ཆོས་སྐུ་མཉམ་ཉིད་ཡེ་ནས་བྱང་ཆུབ་པས།།
བརྗོད་མེད་བསམ་འདས་མཁའ་དབྱིངས་གདལ་བའི་ཀློང་།།
མི་གནས་མི་དམིགས་རྫོགས་པ་ཆེན་པོའི་ངང་།།
རྣམ་དག་བྱང་ཆུབ་སེམས་ལ་ཕྱག་འཚལ་ལོ།།

རྡོ་རྗེ་རྩེ་མོ་ཀུན་གྱི་ཐེག་པ་ནི།།
རྒྱུ་འབྲས་ལས་འདས་སྤང་བླང་རེ་དོགས་བྲལ།།
གང་ཡིན་ཀུན་ཡིན་ངོས་བཟུང་མེད་པས་ན།།

---

* 汉译为:《大圆满平等性自解脱论本颂》,隆钦然绛巴·智麦沃色造。

རྒྱ་ཆད་ཕྱོགས་ལྷུང་བྲལ་བའི་དོན་འདི་ཉོན།།

སྣང་སྲིད་འཁོར་འདས་ཡེ་གྲོལ་འོག་མིན་གནས།།
སྣ་ཚོགས་མ་འགགས་ཡེ་ཤེས་གཞལ་ཡས་སུ།།
མཉམ་རྫོགས་སྟོན་པ་ཆོས་ཉིད་མི་འགྱུར་བས།།
སྣོད་བཅུད་རྒྱུད་དྲུག་སྐུ་གསུམ་འཁོར་རྣམས་ལ།།
དུས་གསུམ་དུས་མེད་གཞི་རྫོགས་དག་པའི་དུས།།
བླང་དོར་རྩོལ་སྒྲུབ་མེད་པའི་ཆོས་བསྟན་པ།།
ཕྱི་ནང་བྱ་བའི་ཆོས་ནི་དཔག་མེད་ཀྱང་།།
བསྟན་པའི་ཐེག་པ་རྣམ་པ་དགུར་གསུངས་ཤིང་།།
དེ་དག་རང་བཞིན་དབང་པོའི་རིམ་པ་སྟེ།།
ངེས་པའི་དོན་ལ་ཀུན་དེས་ནམ་མཁའ་འདྲ།།
ཐེག་པ་མེད་ཅིང་ངེས་པར་འབྱུང་བ་མེད།།
འོང་མེད་འགྲོ་མེད་སྤང་གཉེན་བྲལ་ཐོབ་མེད།།
ཐམས་ཅད་ཆོས་ཉིད་འཕོ་འགྱུར་མེད་པའི་ངང་།།
ཇི་ལྟར་སྣང་བ་དེ་ལྟར་རང་བཞིན་མེད།།
རྒྱུ་འབྲས་མི་འདོག་ཕྱི་ནང་བྱུང་ཆུབ་སེམས།།
ཡེ་ནས་འོད་གསལ་ལྷུན་གྲུབ་དང་ཡིན་པས།།
གྲུབ་གསལ་མི་དམིགས་རང་བྱུང་ཡེ་ཤེས་ལ།།
ཕྱི་ནང་འབད་པས་ཅི་ཞིག་བཙལ་དུ་ཡོད།།
མ་བཅོས་རྣལ་དུ་འཛོག་པ་ཆོས་ཉིད་ངང་།།
དུས་གསུམ་འཕོ་འགྱུར་མེད་ཀྱི་གང་བདེར་ཐོང་།།

འདི་ཞེས་དམིགས་སུ་ཡོད་ན་གཟུང་འཛིན་དང་།།
དགག་བསྒྲུབ་བླང་དོར་མེད་ཀྱི་རང་སར་ཞོག།
ཉོན་མོངས་མ་སྤངས་རང་བྱུང་ཡེ་ཤེས་ལྷ།།
གང་ཤར་ཉིད་ནས་རང་གྲོལ་སྤང་བླང་མེད།།
སྒྲུངས་བསྒྱུར་མི་དགོས་སེམས་སངས་རྫོགས་པ་ཆེ།།
ཡེ་བབས་རང་བྱུང་དེ་ལྟར་ལྷུན་གྱིས་གྲུབ།།
ཐ་མལ་སྣ་ཚོགས་ལྷུན་རྫོགས་དཀྱིལ་འཁོར་ཆེ།།
མ་བྱས་རང་བྱུང་གཞལ་ཡས་ཁང་ཆེན་ན།།
གཟུགས་ཚོར་འདུ་ཤེས་འདུ་བྱེད་རྣམ་ཤེས་དང་།།
རིགས་ལྔ་ས་ཆུ་མེ་རླུང་ནམ་མཁའི་ཁམས།།
ཡུམ་ལྔའི་རང་བཞིན་སྣང་སྲིད་རྣམ་དག་པས།།
སྤང་བླང་མི་དགོས་བཅོས་བསྒྱུར་གཉན་པོས་སྟོང་།།
ཐམས་ཅད་རོ་མཉམ་རྫོགས་པ་ཆེན་པོའི་ངང་།།
གཞིར་རྫོགས་གདོད་ནས་དག་པར་ཤེས་པར་གྱིས།།
ཡེ་སྟོང་རྩ་བ་བྲལ་བའི་སེམས་ཉིད་འདི།།
མ་བྱས་ལྷུན་གྱིས་གྲུབ་པའི་སངས་རྒྱས་ཏེ།།
ཇི་བཞིན་བཞག་པའི་དེ་བཞིན་མཉམ་པར་གནས།།
ཐོག་མཐའི་དུས་མེད་སྤྱི་ཕྱིའི་འཕོ་འགྱུར་མེད།།
རྩིས་དང་རིས་མེད་གོལ་སྒྲིབ་ཀུན་ལས་འདས།།
བགྲོད་པའི་ས་མེད་ཕྱིན་པའི་ལམ་ཡང་མེད།།
ངོ་བོ་མེད་ལ་སྒྲུངས་བསྒྲོད་གང་འདོད་པ།།
དེ་དག་ནམ་མཁའ་བཅོས་བསྒྱུར་བྱེད་པར་ཟད།།

རང་བྱུང་ཡེ་ཤེས་བཅོས་བསླད་ཀུན་དང་བྲལ།།
བློ་བའི་རྒྱ་མཚོ་རྟོག་པ་ཡེ་ནས་མེད།།
དག་དང་མ་དག་དབྱིངས་གཅིག་རོལ་བ་ཆེ།།
འདི་ནི་ཡང་ཟབ་སྙིང་པོའི་དགོངས་ཀློང་ཡིན།།
ཐམས་ཅད་ཀུན་བྱེད་ཆོས་ཉིད་ཡངས་པ་ནི།།
ཀུན་གྱི་སྙིང་པོ་རང་བཞིན་ལྷུན་འབྱམས་ཐིང་།།
ངོ་བོ་གསལ་ལ་ཐུགས་རྗེ་མ་འགགས་པ།།
ཇི་བཞིན་ཉིད་ནས་ཡེ་བཞིན་ལྷུན་གྱིས་གྲུབ།།
དབྱིངས་གཅིག་ཆོས་ཉིད་ནམ་མཁའི་རང་བཞིན་ལས།།
གཞན་པའི་ཆོས་ནི་རྡུལ་ཙམ་མི་དམིགས་པས།།
ཆོས་ཅན་སྣང་སྟོང་ཆོས་ཉིད་ཆོ་འཕྲུལ་དུ།།
རང་བཞིན་ལྷུན་གྲུབ་རོལ་བར་ཤར་བ་ཡིན།།
སྟོད་བཅུད་སྣང་སྲིད་དུས་གསུམ་སངས་རྒྱས་ཀྱང་།།
དེ་བཞིན་ཉིད་ལས་གཞན་དུ་མི་དམིགས་ལ།།
ཡེ་ནས་མ་བྱས་རང་བཞིན་རྣམ་དག་པས།།
ཀློ་བུར་མི་སྲྀར་ངོ་བོའི་ཤེས་པ་གྲོལ།།
བྱ་རྩོལ་མི་དགོས་རྒྱུ་རྐྱེན་ཀུན་ལས་འདས།།
རང་ཡིན་གཞན་ཡིན་ཀུན་ཡིན་ངོས་བཟུང་མེད།།
གང་ལྟར་བརྟགས་པ་དེ་ཡིན་གློ་བུར་ཙམ།།
དཔྱད་ན་མི་གནས་བརྟགས་ཕྱིར་ངོ་བོས་སྟོང་།།
ཡིན་མིན་བློ་ཡིན་བློ་བྲལ་ཆོས་སྐུ་ཡིན།།
བྲལ་བ་གཞན་མིན་གང་ཤར་འཛིན་མེད་ཡིན།།

གཅིག་གི་རང་བཞིན་ནམ་མཁའ་ལྟ་བུ་ལ།།
ཐ་དད་སྣ་ཡི་བསྒྲུབ་མཐའ་མང་པོར་སྣང་།།
ཀུན་འདུས་རྫོགས་ཆེན་བྱང་ཆུབ་སེམས་དེ་ནི།།
ནམ་མཁའ་བཞིན་དུ་ཁྱབ་ཅིང་གོ་འབྱེད་པས།།
ཆོས་རྣམས་ཀུན་གྱི་འབྱུང་གནས་ཆེན་པོ་ཡིན།།
སྣ་ཚོགས་ཆོས་ཀུན་མཉམ་རྫོགས་རོལ་པ་ལས།།
བདེ་སྡུག་མཐོ་དམན་སྒྱུ་མ་ཆུ་ཟླའི་གཟུགས།།
མེད་བཞིན་སྣང་བས་དོན་ལ་གོས་པ་མེད།།
ལྷུན་རྫོགས་གཉིས་སུ་མེད་པའི་ངང་ཉིད་དོ།།
ཇི་ལྟར་སྣང་ཡང་དེ་ལྟར་མ་གྲུབ་པས།།
རྒྱུ་འབྲས་གཉིས་མེད་སྒྲོ་བསྐུར་བྲལ་བ་ལ།།
དགེ་སྡིག་ལུང་ལ་སྟོས་པའི་ཐེག་པ་ཅན།།
ཡང་དག་དོན་དང་ནམ་ཡང་འཕྲད་མི་འགྱུར།།
དམ་པའི་དོན་ལ་མ་སྐྱེས་གདོད་ནས་དག།
སྣང་དུས་མི་དམིགས་གཟུང་འཛིན་སྤྲོས་པ་བྲལ།།
དེ་ལས་གཞན་ཞིག་ནམ་ཡང་མི་དམིགས་པས།།
རྒྱུ་འབྲས་འདས་པའི་རྣལ་མ་མཐོང་བ་མེད།།
ད་དུང་གལ་ཏེ་རྒྱུ་འབྲས་ལས་རྐྱེན་འདོད།།
དེས་ཏེ་སྣང་འདིས་རང་བཞིན་བརྟགས་པར་གྱིས།།
ཕྱི་རོལ་ཡུལ་ལྷའི་དང་པའི་རྒྱུ་འབྲས་གང་།།
སེམས་ཀྱི་རང་བཞིན་གང་ཞིག་གང་གི་བསྐྱེད།།
དེ་ལྟར་དཔྱད་ན་མཁའ་བཞིན་དངོས་མེད་དེ།།

རྒྱུ་འབྲས་འདས་ཕྱིར་གདོད་མའི་ཆོས་ཉིད་དང་།།
མ་བྱས་མ་བྱུང་ལྷུན་གྱིས་གྲུབ་པར་ངེས།།
དེ་ལ་རྩོལ་བསྒྲུབ་ཞེན་པས་ཅི་བྱར་ཡོད།།
ཆོས་ཀུན་ཡེ་ནས་སྟོང་ཞིང་བདག་མེད་ཀྱང་།།
མ་རིག་འཛིན་པས་སྲིད་པ་འདིར་འཁྱམས་ཏེ།།
དེ་ལས་བདེ་སྡུག་སྣ་ཚོགས་སྣང་ན་ཡང་།
རྨི་ལམ་ནང་བཞིན་དོན་ལ་གྲུབ་པ་མེད།།
མ་བྱས་རང་བཞིན་དག་པའི་སངས་རྒྱས་ཏེ།།
ཡེ་སྟོང་གཞི་རྩ་བྲལ་བར་ཤེས་པར་བྱ།།
གང་རྣམས་བློ་ཡིས་བརྟགས་པར་ངོ་བོས་སྟོང་།།
གཅིག་དང་ཐ་དད་གཉིས་མེད་ཆོས་རྣམས་ལ།།
མི་མཁས་བདེན་པར་ཞེན་པས་རང་ཉིད་འཆིང་།།
སྣ་ཚོགས་གྲུབ་མཐའི་གཟེབས་ཀྱིས་གྲོལ་བ་མེད།།
དྲང་ངེས་རྒྱུ་འབྲས་ལུང་གི་རྗེས་འབྲངས་ཏེ།།
བློས་བཏགས་ཆོས་ཀྱིས་འཁོར་བ་རྒྱུན་མི་ཆད།།
འདི་ལྟར་རྒྱུ་ཡི་ཐེག་པ་གསུམ་དག་ནི།།
སྤང་འགོགས་གཉན་པོས་སེམས་ཉིད་སྦྱོང་བ་སྟེ།།
རང་བྱུང་ཡེ་ཤེས་སོ་མ་བཅོས་སླད་མེད།།
གྲངས་མེད་གསུམ་སོགས་གྲོལ་བ་རྙེད་མི་འགྱུར།།
འབྲས་བུ་འདོད་པའི་ཐེག་པ་གཉིས་དག་ལས།།
གསང་སྔགས་ཕྱི་པ་གསུམ་ལ་གྲི་ཡ་ནི།།
ཐམས་ཅད་དབྱིངས་གཅིག་དག་པའི་ཆོས་ཉིད་ལ།།

རྗེ་ཁོལ་རྩལ་གྱིས་གཉིས་འཛིན་སྣང་དོར་བྱེད༎
རེ་དོགས་གཟེབ་ལས་ནམ་ཡང་ཐར་བ་མེད༎
གཅིག་དང་གཉིས་སུ་བཟུང་བས་སླད་པ་ཡིན༎
ཨུ་པས་རང་བཞིན་དག་པའི་ཆོས་ཉིད་ལ༎
སྤུན་དང་གྲོགས་བཞིན་གཉིས་འཛིན་འཁྲུལ་པས་བསླད༎
ངོ་བོ་གཅིག་ལ་སྣང་དོར་གཉིས་ཕྱེ་བས༎
དོན་གྱི་སྙིང་པོ་ནམ་ཡང་མཐོང་མི་ནུས༎
ཡོ་གས་མངོན་བྱང་ལྷ་དང་ཆོ་འཕྲུལ་བཞིས༎
དེ་བཞིན་ཉིད་ལ་བཅོས་བསླད་བྱེད་པར་ཟད༎
ཡེ་ནས་མ་སྐྱེས་ཕྱིས་ནས་གྲུབ་པ་མེད༎
སེམས་ཉིད་དོན་གྱི་སྙིང་པོ་མཐོང་བ་མེད༎
ཀུན་ཀྱང་བཅུ་དྲུག་བདུན་དང་གསུམ་གྱི་ཚོར༎
གཉུག་མའི་རང་བཞིན་གྲོལ་བའི་ས་ལ་སྒྲིབ༎
ནང་པ་གསུམ་ལས་མ་རྣས་དག་པའི་སེམས༎
བསྙེན་བསྒྲུབ་བཞི་དང་འཕྲོ་འདུའི་བཅོས་སླད་བྱེད༎
ཡེ་ནས་ཡིན་ན་བཅོས་བསྒྱུར་མི་དགོས་ལ༎
མིན་ན་པན་མེད་ནམ་མཁའི་མདུད་པ་བཞིན༎
སྣང་དོར་མེད་པའི་ངོ་བོ་མཐོང་བ་མེད༎
ཨ་ནུའི་དབྱིངས་དང་ཡེ་ཤེས་གཉིས་མེད་དང་༎
སྙིང་པོ་ཅིག་ལ་རྒྱུ་འབྲས་བཅོས་བསྒྱུར་བྱེད༎
ནམ་མཁའི་རང་བཞིན་གཉིས་མེད་དག་པ་ལ༎
བདེ་དང་སྟོང་པས་ནམ་ཡང་ཅི་བྱར་ཡོད༎

ཨ་ཏི་ས་བསྐྱེད་རྫོགས་གཉིས་མེད་བྱང་ཆུབ་སེམས།།
མཐའ་གྲོལ་ངང་དུ་སྙིང་པོའི་སེམས་ཉིད་འཆིང་།།
ནམ་མཁའི་ཞགས་པས་སེམས་ཉིད་འཆིང་པར་ཟད།།
སྟོང་པའི་ཕྱོགས་ཙམ་གདེང་དུ་སུ་འཆའ་བ།།
ཀུན་གྱི་སྣང་བའི་དེ་ཉིད་ཤེས་མིན་གྱི།།
ཆོས་ཀུན་མཉམ་རྫོགས་གཅིག་གི་དོན་མི་ཤེས།།
ཚད་པའི་ཚ་དང་མཐུན་པའི་རྣལ་འབྱོར་ལ།།
སེམས་ཤེས་སུ་ཞིག་རབ་ཏུ་བརྟེན་པར་བགྱི།།
དེ་ལྟར་དེ་དག་རྩོལ་བསྒྲུབ་སྤང་ལེན་དང་།།
དམིགས་མེད་ངང་དུ་རང་སེམས་དྲི་མེད་འཆིང་།།
སྙིང་པོའི་དེ་ཉིད་རྟོགས་པའི་མཐུ་མེད་ཅིང་།།
སྐལ་ངན་ཆོས་ངན་གྲུབ་པའི་མཐའ་ངན་པས།།
སྤང་ཐོབ་མེད་པའི་དེ་ཉིད་མཐོང་བ་མེད།།
ལམ་ལ་བསྒྲོད་ཅིང་ས་ལ་སྦྱོང་བར་བྱེད།།
རྩོལ་བའི་ནད་ཀྱིས་གདུང་བའི་དམ་ཚིག་དང་།།
སྡོམ་པས་མི་དག་སྲིད་པར་འཆིང་བའི་རྒྱུ།།
རང་བྱུང་ཡེ་ཤེས་དགོངས་པས་ཕྱིན་པ་མེད།།
བྱང་ཆུབ་ཉིད་ཀྱང་ནམ་མཁའི་རང་བཞིན་ལ།།
བྱང་ཆུབ་ཉིད་ཀྱང་ནམ་མཁའི་ངོ་བོ་ཉིད།།
བྱང་ཆུབ་ལམ་ལ་སུ་ཞིག་བསྒྲོད་དུ་ཡོད།།
ནམ་མཁའི་དབྱིངས་སུ་བསྒྲོད་པའི་སེམས་ཞིག་ལ།།
སྤང་བླང་བྱ་བརྩལ་མེད་པའི་དོན་མཐོང་མཛོད།།

ཆོས་ཀུན་མ་སྐྱེས་སྒྲིབ་པ་མེད་པ་ལ།།
བློ་ཡིས་འཛིན་པས་གོལ་སྒྲིབ་གཉིས་སུ་བྱུང་།།
ངོ་བོ་མེད་ལ་བགྲོད་པས་གོལ་བ་སྟེ།།
ལྟ་རྒྱུ་མེད་ལ་བལྟས་པས་སྒྲིབ་པ་འབྱུང་།།
རྒྱུ་འབྲས་ཐེག་པ་རང་རང་གཞུང་བཞིན་དུ།།
ཅི་ཙམ་འབད་ཅིང་རྩོལ་བ་དེ་སྲིད་བར།།
གོལ་ཞིང་སྒྲིབ་པས་རྣལ་མ་མཐོང་ས་མེད།།
ཇི་ལྟར་བཟང་པོས་བཟང་པོ་བཙལ་བའི་ཚེ།།
ཇི་ཙམ་བཙལ་བ་དེ་ཙམ་གོལ་ཞིང་སྒྲིབ།།
མཐོང་བར་འདོད་ན་བཟང་པོ་མ་བཙལ་བར།།
རང་ཉིད་བཟང་པོ་ཡིན་པར་ཐག་ཆོད་ལྟོས།།

དེ་བཞིན་དག་པའི་སེམས་ཀྱི་སེམས་བཙལ་ཡང་།།
བཙལ་བྱའི་དོན་གྱིས་ཚོལ་མཁན་བྱས་པས་འཁྲུལ།།
འདི་ནི་ཡེ་ནས་དག་པའི་སེམས་ཉིད་ལ།།
བཅོས་བསྒྱུར་གཉན་པོས་མ་བཙལ་རང་གར་ཞོག།

རང་བྱུང་གཅིག་ལ་ཐེག་པ་དགུར་བལྟས་པས།།
གོལ་སྒྲིབ་མི་འཆར་ཆུ་ཡི་གཉེར་མ་འདྲ།།
བལྟས་པས་མི་མཐོང་བཙལ་བས་རྙེད་པ་མེད།།
ཡེ་ནས་གྲུབ་བསལ་མེད་པར་རང་བཞིན་ཞོག།

ཡེ་ཤེས་མི་ཤེས་ཟབ་བཞི་ཕྲ་བ་མེད།།
གཉིས་མེད་འབྲེལ་མེད་སྤྲོ་བསྒྱུར་མཐའ་ལས་འདས།།
ཇི་བཞིན་རང་བཞིན་ཡེ་བཞིན་ལྷུན་གྲུབ་པས།།
གང་ཡིན་དེ་ཡིན་ཀུན་ཡིན་ཆེན་པོར་ཞོག།

ལྷུན་གྱིས་གྲུབ་ལ་རྩོལ་ཞིང་འབད་མི་དགོས།།
མེད་པ་བལྟས་ལ་མཐོང་ས་འགའ་ཡོད་དམ།།
དེ་བས་ཆོས་ཀུན་མ་སྐྱེས་ཆོས་ཉིད་ངང་།།
རྒྱུ་འབྲས་འདས་པའི་དེ་ཉིད་གསལ་བར་སྟོས།།

འདིར་ནི་བླ་མའི་མན་ངག་སྙིང་པོའི་དོན།།
ཆོས་ཉིད་དོན་གྱི་ནམ་མཁའ་མཐའ་དབུས་མེད།།
རྒྱུ་འབྲས་བསྐྱེད་རྫོགས་ལམ་ལ་མི་ལྟོས་པར།།
སེམས་ཉིད་རྒྱལ་པོ་ལྷུན་གྲུབ་ཡོན་ཏན་རྫོགས།།
ཆགས་མེད་རེ་བ་འཛོག་པའི་ཏིང་འཛིན་གྱི།།
སྙིང་པོའི་སེམས་ཉིད་མི་མཐོང་བསམ་ཡུལ་འདས།།
སྣ་ཚོགས་སྤྲོས་ལ་འཕེལ་བའི་རྟོག་དཔྱོད་ཀྱིས།།
གདོད་མའི་གནས་ལུགས་མི་མཐོང་བློ་ལས་འདས།།
སྣ་ཚོགས་ཐབས་ཚུལ་རྒྱ་མཚོ་རིན་ཆེན་གྱིས།།
ཇི་བཞིན་ཉིད་ནི་ཡེ་བཞིན་མཐོང་བ་མེད།།
ཅོག་གཞག་རེ་རྟོགས་བྲལ་ན་དེ་བཞིན་ཉིད།།
གང་ན་འདུག་སར་མཐོང་སྟེ་ལྟ་བ་མེད།།

འདི་ལས་གཞན་དུ་བཙོས་པས་བཟང་པོར་རློམ།།
ཐེ་ཚོམ་ཡིད་གཉིས་ཟ་བས་རང་ཉིད་སྒྲིབ།།
སྣ་ཚོགས་ཆོས་ཀྱི་རྣམ་གྲངས་དོན་གཅིག་པ།།
སྙིང་པོའི་སེམས་ཉིད་མ་བཙོས་རྣལ་མ་སྟེ།།
སྐུ་གསུམ་ཞིང་ཡིན་སྟོན་པ་འཁོར་གནས་སུ།།
སྟོན་པ་ཕུན་ཚོགས་པ་ཡི་རང་བཞིན་ཏེ།།
དེ་ལྟར་ཤེས་པ་གཟོ་མེད་ལྷུག་པར་གནས།།
སྔ་ཕྱི་དུས་གསུམ་འཁོར་འདས་རོལ་པའི་སེམས།།
མ་ལུས་གཅིག་ཏུ་གནས་པའི་ངོ་བོ་སྟེ།།
སྙིང་པོ་ལྷུན་འབྱམས་བྱང་ཆུབ་དེ་བཞིན་ཉིད།།
ཡེ་ནས་སངས་རྒྱས་ད་ལྟའི་ཆོས་ཉིད་དོ།།
མ་བྱས་ཡེ་ནས་དག་པའི་དགོངས་ཤར་བ།།
སྣ་ཚོགས་བརྡ་ཡིས་མཚོན་ཏེ་བསྟན་དུ་མེད།།
ཚིག་དང་ཡི་གེ་དེ་ཉིད་གོ་བར་ཟད།།
ཐེག་པའི་རྣམ་གྲངས་རྩེ་མོར་ཕྱིན་པའི་སེམས།།
བྱང་ཆུབ་སེམས་འདུས་དེ་ཉིད་རྫོགས་ཕྱིར་ཏེ།།
ཐམས་ཅད་དབྱིངས་གཅིག་འབྲེལ་བར་བཤད་པ་ཡིན།།
འདི་ནི་མ་ལུས་ངེས་གསང་སྙིང་པོ་སྟེ།།
དེར་ནི་སེམས་ཀྱི་དེ་ཉིད་མཐོང་བ་ཡིན།།
སྐལ་ངན་རྣམས་ཀྱི་ནམ་ཡང་མི་རྟོགས་ཏེ།།
དམུས་ལོང་མདུན་དུ་གཟུགས་བརྙན་སྟོན་པ་བཞིན།།
བརྡ་དང་རྟེན་འབྲེལ་ཐབས་ཀྱིས་ག་ལ་གོ།

སྐལ་བཟང་རྣམས་ཀྱི་ཉེ་ཟེར་པད་མོ་བཞིན།།
བླ་མའི་དྲིན་གྱི་རྟོགས་པ་ཁོང་ནས་འཆར།།
རང་གི་ངོ་བོ་དུས་གསུམ་མཉམ་ཉིད་ལ།།
ཆོས་དང་ཆོས་ཉིད་མ་རྟོགས་སོ་མར་ཞོག།

ཡེ་ནས་བྱང་ཆུབ་རང་བཞིན་རྣམ་དག་ལ།།
སློ་བུར་ཞེན་པས་མ་འཆིང་ཅི་དགར་རོལ།།
ཆོས་དང་ཆོས་ཅན་ཆོས་ཉིད་མཉམ་པའི་ངང་།།
གང་ཤར་རིག་པ་རང་བྱུང་རོལ་བའི་ཚེ།།
རང་གྲོལ་ཡེ་བབས་བཅོས་བསླད་བྲལ་བར་ཞོག།

སེམས་ཉིད་མ་བཅོས་ཆོས་སྐུའི་རོལ་བ་ལས།།
ཡེངས་མེད་བསམ་གཏན་འཛིན་པའི་སྟོད་ཕུར་གྱིས།།
གཅིག་ཏུ་མ་བསྒུ་རྟོགས་དང་མ་རྟོགས་མཉམ།།
ལེགས་ཉེས་ཤོར་གོད་རྩལ་ཙམ་མི་དམིགས་པས།།
ལྟ་བསྒོམ་སྤྱོད་པའི་སྒྲོག་ཏུ་མ་འཆིང་ཅིག།
ཡེ་ནས་ཡིན་ལ་ཡེངས་དང་མ་ཡེངས་མེད།།
གཅིག་ཏུ་སེམས་འཛིན་རེ་དོགས་འཁྲུལ་པའི་ཡིད།།
དམིགས་མེད་ངང་ལས་ཞེན་པ་འཆིང་བར་བྱེད།།
སེམས་དང་སེམས་ཉིད་གཉིས་སུ་མི་དམིགས་ལ།།
སྟོང་དང་མི་སྟོང་མཉམ་པའི་ངང་ཉིད་དུ།།
ཤར་གནས་གང་ཡིན་ཡེ་ནས་དེ་ལྟར་ཡིན།།

དེ་ལ་དགག་བསྒྲུབ་ཆགས་སྡང་མ་བྱེད་པར།།
ཇི་ལྟར་སྣང་བ་དེ་ལྟར་ཡན་དུ་ཆུག།
མི་རྟོག་མཁའ་ལྟར་དག་པའི་ཆོས་སྐུ་ལ།།
སྣང་སེམས་སྣ་ཚོགས་རོལ་བའི་གཟིགས་མོར་ཆེ།།
མ་སྐྱེས་སྤྲོས་བྲལ་སྐྱེ་བའི་ཆོ་འཕྲུལ་ཅན།།
རྟོགས་དཔྱོད་དྲན་བསམ་ཆལ་ཁྲིས་མ་བསླད་པར།།
གང་ཡིན་ངང་དེར་གང་ཤར་རོལ་ཏུ་ཆུག།
ཐམས་ཅད་ཀུན་ཡིན་ཆོས་ཉིད་བརྡལ་བ་ལ།།
སྤང་བླང་མ་བྱེད་དེ་བཞིན་ཉིད་དུ་ཞོག།

ཇི་བཞིན་མི་གཡོ་དེ་བཞིན་མཉམ་པར་གནས།།
ཡེ་བཞིན་མཐོ་དམན་མེད་ན་གདོད་མའི་གནས།།
མི་རྟོག་མཐའ་དབུས་མེད་ཀྱི་དེ་བཞིན་ཞོག།

རྩོལ་བྲལ་ཆོས་སྐུ་གཟུགས་མེད་བསྟན་དུ་མེད།།
ཆགས་བྲལ་ཞི་བ་དངོས་མེད་དེ་བཞིན་ཉིད།།
བྱ་བྲལ་ནམ་མཁའི་སེམས་ཉིད་བསྒོམ་དུ་མེད།།
རྟོགས་དང་མི་རྟོགས་མཉམ་ཉིད་ཅི་བདེར་ཞོག།

ལམ་མེད་ཞུགས་ས་རྣམས་ཀྱི་ནད་ཆེ་བ།།
རྩོལ་བའི་དུག་གི་སེམས་ལ་གདུང་བར་བྱེད།།
ཇི་ལྟར་འབད་ཀྱང་འཁོར་བའི་རྒྱུ་འབྲས་ཏེ།།

ཐར་པའི་ལམ་དུ་ནམ་ཡང་ཕྱིན་མི་ནུས།།
རག་པའི་སེམས་ལ་དཀར་ནག་གོམ་བྱེད་པ།།
འདོད་ཁམས་ཉིད་དེ་མཐོ་རིས་ངན་སོང་འཛིན།།
གསལ་བའི་སེམས་གང་དགེ་བའི་བརྟན་བྱེད་པ།།
གཟུགས་ཁམས་ཉིད་དེ་བསམ་གཏན་རིགས་བཞིར་འཕེན།།
མི་རྟོག་སེམས་གང་ཤིན་ཏུ་མི་གཡོ་བས།།
གཟུགས་མེད་ཉིད་དེ་མཐའ་སོགས་རྣམ་བཞིར་འཁོར།།
རྣལ་མའི་སེམས་ལ་བཅོས་སླད་སུ་བྱེད་པ།།
གང་ལྟར་བཅོས་པ་དེ་ཡི་མི་རྟོག་སྐྱེ།།
སྲིད་པའི་གནས་ལས་ཐར་བའི་སྐབས་མེད་དེ།།
དུས་གསུམ་གཅིག་སྟེ་གདོད་ནས་བྱང་ཆུབ་ཆེ།།
མཁའ་དབྱིངས་བསམ་བྲལ་རང་བཞིན་མཉམ་པའི་ངང་།།
མིང་ཙམ་མི་དམིགས་མཚུངས་བྲལ་མཚན་མ་མེད།།
ངོ་མཚར་རྨད་བྱུང་རོལ་པ་ཆེན་པོ་ནི།།
གཞི་རྫོགས་གློང་བྲལ་བརྗོད་མེད་ལྷུན་གྱིས་གྲུབ།།
མ་ཆགས་མི་གཡོ་རང་བཞིན་དག་པའི་ཞིང་།།
མི་ནུབ་རྒྱལ་མཚན་ནམ་མཁའ་ཆེན་པོ་ནི།།
སེམས་ཉིད་འོད་གསལ་ཀུན་གྱི་སྙིང་པོ་སྟེ།།
བསྒྲིམ་དང་སྤྲོད་མེད་ཚོགས་ཀྱི་རྒྱུན་རྣམས་ཀྱང་།།
གཉིས་མེད་ལྷུན་བཞག་ཇི་བཞིན་སྒྲིས་དང་བྲལ།།
རྩོལ་བྲལ་སྣང་ཞིང་སྟོང་པའི་ཡུལ་སེམས་ལ།།
འདི་ཞེས་མ་མཚོན་རང་བཞིན་ལྷུག་པར་ཞོག།

ཇི་བཞིན་སྣང་སྟེ་མ་བཅོས་ཆོས་སྐུའི་ངང་།།
མི་རྟོག་མཉམ་པའི་རྒྱལ་པོར་ལྷུན་གྱིས་གྲུབ།།
རྒྱལ་ཆོས་དྲི་མེད་ཇི་བཞིན་སྤང་བླང་མེད།།
གཉུག་མའི་སངས་རྒྱས་རྒྱུ་འབྲས་འདས་པའི་ངང་།།
མ་སྐྱེས་ལྷུན་རྫོགས་ད་ལྟའི་སེམས་ཉིད་དེ།།
གང་ཤར་བཅོས་སླད་མེད་ན་ལྟ་བའི་དོན།།
རང་བཞིན་རྫོགས་པ་ཆེན་པོའི་ངང་ཉིད་དོ།།

ཆོས་ཉིད་མི་གཡོ་གཅིག་ལས་མ་འདས་ཀྱང་།།
ཆོས་ཅན་མི་འགགས་སྣ་ཚོགས་སོ་སོར་གསལ།།
རབ་ཞི་མ་སྐྱེས་མཁའ་ལྟར་དག་པ་དེ།།
སྐྱེ་མེད་ཇི་བཞིན་ཡེ་ཤེས་སྒྲིབ་པ་མེད།།
ཀུན་ཁྱབ་ཕྱོགས་བྲལ་མཆོག་གསང་རྫོགས་པ་ཆེ།།
གཞི་རྩ་དངོས་པོ་མེད་པའི་རང་བཞིན་ལ།།
བྱ་བྱེད་རྩོལ་བསྒྲུབ་ཆོས་ཀྱིས་སྒྲུབ་མི་དགོས།།
ཇི་བཞིན་ངང་ལ་དེ་བཞིན་ཤེས་པར་གྱིས།།
གསང་བ་རྒྱ་མཚོ་ཤིན་ཏུ་སྒྲོགས་པའི་གསུང་།།
ལྷུན་རྫོགས་རོལ་པ་གང་ཤར་རོལ་བ་ལ།།
བླང་དོར་མི་དམིགས་ཡེ་གྲོལ་ཡངས་པ་ཆེ།།
རང་གྲོལ་ཤེས་པ་རང་བབས་གདོད་མའི་ངང་།།
རྟོགས་པའི་རི་རྒྱལ་རབ་ཏུ་མི་གཡོ་བས།།

ལྷུན་འབྱམས་ཐིག་ལེ་ཆེན་པོའི་དབྱིངས་སུ་རོལ།།
རྫོགས་པ་ཆེན་པོ་མཉམ་ཉིད་རང་གྲོལ་ལས།།
རབ་རྟོགས་པས་གྲོལ་བའི་ལེའུ་སྟེ་དང་པོའོ།།།།

དེ་ལྟར་བལྟ་བ་བྱ་བརྒྱལ་ཆེན་པོའི་ངང་།།
རང་བབས་ཤེས་པ་ཇི་བཞིན་སྐྱོང་པའི་ཚེ།།
གང་ཤར་རང་གྲོལ་ངང་དྭངས་རྒྱ་མཚོ་འདྲ།།
མ་བསྒོམ་ཡེངས་མེད་བསམ་བརྗོད་གཟུང་འཛིན་བྲལ།།
རང་བྱུང་རིག་པ་བཅོས་སླད་མེད་པ་ནི།།
རང་བཞིན་གདོད་ནས་དག་པའི་བསྒོམ་པ་ཡིན།།
རྟོགས་དང་མི་རྟོགས་མཉམ་པའི་ཆོས་ཉིད་ལ།།
བསམ་གཏན་སེམས་འཛིན་འཆིང་བས་མ་བསླད་པར།།
འཁྲོ་གནས་གཉིས་མེད་གདོད་མའི་ངང་ལ་ཞོག།

མི་སྤྲོ་མི་བསྡུ་མི་བསྒོམ་ཐ་མལ་དང་།།
གང་བབས་རིག་པ་མཉམ་རྫོགས་འདུས་མ་བྱས།།
སྒོམ་དང་མི་སྒོམ་མེད་པར་ཐག་ཆོད་པས།།
ཇི་བཞིན་ངང་ལ་ཡེ་བཞིན་ལྷུག་པར་ཞོག།

བསྐྱེད་རྫོགས་ཏིང་འཛིན་བདེ་གསལ་མི་རྟོག་སོགས།།
ཇི་སྲིད་བློས་བྱས་མི་རྟོགས་ཡེ་ཤེས་ཀྱང་།།
བག་ཆགས་ཉིད་དེ་སྲིད་པའི་རྒྱུ་འབྲས་ཙམ།།

མཚན་བཅས་མཚན་མེད་རབ་ཞི་མཁའ་འདྲ་བ།།
གོང་མའི་སྐྱེ་གནས་བརྒྱུད་ཅིང་འཁོར་བ་གྲུབ།།
གང་ལ་ལས་དང་བག་ཆགས་གཉིས་མེད་ཅིང་།།
ཏིང་འཛིན་མི་བསྒོམ་རྟོག་དཔྱོད་བློ་ལས་འདས།།
དེ་ལས་སྲིད་མེད་སྲིད་པའི་སྡུག་བསྔལ་མེད།།
སྐྱེ་མེད་རྡུལ་བྲལ་མཚན་མེད་སྨོན་པ་བྲལ།།
མ་བཙལ་རང་བཞག་བསྒོམ་པའི་རྒྱལ་པོ་ནི།།
ཇི་བཞིན་ངང་ལས་ཙུང་ཟད་གཡོས་པ་མེད།།
གཞི་ཉིད་ལྟ་བས་རྟོགས་པའི་དོན་བཞིན་དུ།།
གང་ཤར་བཤད་ཀྱང་སྤང་བླང་མེད་པའི་སེམས།།
རང་བཞག་སྤྲོས་བྲལ་ཡེ་བབས་རིག་པ་ནི།།
འཛིན་མེད་ཆོས་སྐུ་རྒྱལ་པོའི་གཏན་སྲིད་ཟིན།།
དབྱིངས་གཅིག་གདོད་མའི་ས་ལ་དེ་ལྟ་ཕྱིན།།
ཕྱི་ནས་འབྲས་བུ་སྐུ་གསུམ་སྒྲུབ་ཏུ་མེད།།
སངས་རྒྱས་བྱང་ཆུབ་ཞེས་བྱའི་རང་བཞིན་ཏེ།།
མངོན་དུ་གྱུར་པར་རེ་དོགས་གཉིས་དང་བྲལ།།
རང་བྱུང་ལྷུན་གྲུབ་ཀུན་ཏུ་བཟང་པོའི་ས།།
མ་བཅོས་རྣལ་བཞག་ཆེན་པོར་ལྷུན་གྱིས་གྲུབ།།
སྙིང་པོའི་སེམས་ཉིད་རེས་འཛོག་མེད་པའི་ལམ།།
མ་བསྒོམ་ཆུ་བོའི་རྒྱུན་བཞིན་གནས་པ་ལ།།
གོལ་སྒྲིབ་གཉིས་མེད་བདེ་ཀློང་གཅིག་ཏུ་འཁྱིལ།།
གྲུབ་དང་མ་གྲུབ་མེད་པས་ཀློ་བདེ་རྙེད།།

ཡིན་དང་མ་ཡིན་མེད་པར་ཕྱམ་གཅིག་པས།།
ཐམས་ཅད་གཞིར་རྫོགས་ཀུན་ཏུ་བཟང་པོ་ཡིན།།
ཁ་དོག་ངོས་བཟུང་མེད་པའི་རིག་པ་འདི།།
གྲུབ་དང་མ་གྲུབ་མེད་པར་ཐག་ཆོད་པས།།
ཇི་བཞིན་མ་བཅོས་ཐ་མལ་ལྷུག་པར་ཞོག།
སྣ་ཚོགས་འགྲོ་འདུ་རང་བྱུང་ཡེ་ཤེས་མདངས།།
ཆུ་དང་རླབས་བཞིན་བཟང་ངན་མི་དམིགས་པས།།
ཀུན་ཀྱང་རང་བྱུང་བྱ་རྩལ་མེད་པ་ཡིན།།
རང་གྲོལ་གདོད་ནས་དག་པའི་ལྟ་བ་ལ།།
མ་སྤྱང་སོར་བཞག་ཀུན་རྫོགས་གཅིག་གི་ངང་།།
སྒྲིམ་གློད་གཉིས་མེད་རང་བྱུང་ཡེ་ཤེས་ཆེ།།
རྩོལ་བྲལ་ངང་དུ་དྲན་བསམ་ལས་འདས་པ།།
འོད་གསལ་སེམས་ཉིད་དག་པའི་གོམ་པ་ཡིན།།
སྣང་སྲིད་ཆོས་རྣམས་མ་སྐྱེས་སྟོང་པའི་ངང་།།
སྒོ་གསུམ་ལྷུག་པ་དེ་བཞིན་ཉིད་དུ་ཞོག།

ཀུན་རྫོབ་སྙིང་པོ་རྣམ་གཞག་རིག་པའི་ངང་།།
ཕྱི་ནང་གཟུང་འཛིན་གཉིས་སུ་མེད་པ་ཡིན།།
གང་སྣང་དོན་ལ་དེར་འཛིན་མ་བྱེད་པར།།
རང་ཤར་རིག་པ་རང་གྲོལ་དོན་ལ་སྐྱོང་།།
དགོངས་པ་མི་གཡོ་ཐུན་མཚམས་གཅིག་གི་ངང་།།
དུས་གསུམ་དུས་མེད་མཉམ་པར་ལྷུན་གྱིས་གྲུབ།།

ཡུལ་སེམས་ཇི་ལྟར་སྣང་ཡང་ཆོས་ཉིད་ངང་།།
གཞི་བཞག་བསྒོམ་པའི་མཆོག་ཡིན་དྲན་བསམ་འདས།།
མཁའ་མཉམ་མཉམ་གཞག་ཅིག་ཏུ་ལྷུན་རྫོགས་པས།།
ཐམས་ཅད་མ་སྐྱེས་བདེ་ཆེན་རོལ་པར་ཤར།།
རང་བྱུང་བསྒོམ་དུ་མེད་པའི་སྙིང་པོ་ནི།།
ཐ་མལ་ཤེས་པ་གཟོ་མེད་ཟངས་ཁ་མ།།
འཁྲུལ་ན་རང་གྲོལ་གནས་ན་མཉམ་པ་ཉིད།།
ཉོན་མོངས་དེ་ཉིད་སྟོང་གསལ་ཡེ་ཤེས་ལྷ།།
སྤང་གཉེན་སྤྱོད་བསྒྱུར་མི་དགོས་གདོད་མའི་ངང་།།
མཁའ་མཉམ་སྐྱེ་མེད་ཆོས་སྐུའི་རོལ་བའོ།།
སྙིང་པོ་མཚན་མ་མེད་པའི་ཡེ་ཤེས་ལ།།
རང་བྱུང་སྒོམ་དུ་མེད་པའི་གང་བདེར་ཐོང་།།
མ་བསམ་རེ་དོགས་བྲལ་བའི་ཤེས་པ་ལ།།
འཆིང་གྲོལ་གདོད་ནས་མི་དམིགས་གཞི་རྩ་མེད།།
གང་གི་འཆིང་བ་དེ་ཉིད་གྲོལ་བ་སྟེ།།
ཉོན་མོངས་གཉན་པོ་གཉིས་མེད་དེ་བཞིན་ཉིད།།
ཇི་བཞིན་ཡུལ་ལ་སྐྱོན་ཡོན་གཉིས་མེད་པ།།
ཀུན་བྱེད་རིག་པ་རང་ཡན་ཆེན་པོར་ཞོག།

མ་བཅོས་རྣལ་བཞག་ཕྱོགས་རིས་མེད་པའི་ངང་།།
སྟོང་པ་མཚན་མ་མེད་ཅེས་མི་དམིགས་པས།།
དབྱིངས་གཅིག་དེ་བཞིན་ཉིད་དུ་སེམས་དཔའ་ཞོག།

འདི་ལྟར་གཅིག་ཏུ་ངེས་པའི་དོན་ལ་ཉོན།།
འཇིག་རྟེན་བྱ་བའི་ལས་དང་ཆོས་རྣམས་ཀུན།།
བྱས་པས་མི་ཟིན་རང་བཞིན་བཞག་ན་ཟིན།།
དེ་བས་རྩོལ་བསྒྲུབ་ཆོས་ཀྱི་དགོས་པ་མེད།།
ཇི་ལྟར་དཔྱད་པས་དེ་ལྟར་འཆིང་བའི་རྒྱུ།།
གྲུབ་དང་མ་གྲུབ་རེ་དོགས་གཟེབ་ཡིན་པས།།
རང་བབས་སོར་བཞག་ཇི་བཞིན་ཉིད་དུ་ཞོག།

འདས་པའི་ཆོས་རྣམས་འགགས་པས་བསྒོམ་དུ་མེད།།
མ་འོངས་མ་སྐྱེས་སྒོམ་པའི་ཡུལ་ན་མེད།།
ད་ལྟའི་སེམས་ལ་སྒོམ་དུ་སྒོམ་བྱེད་མེད།།
དུས་གསུམ་མཉམ་ཉིད་སྒོམ་ཡུལ་ཀུན་ལས་འདས།།
དེ་བས་བསྒོམ་པའི་སེམས་འཛིན་མ་བྱེད་པར།།
རང་བབས་ཤེས་པ་གང་བབས་ངང་དེར་ཞོག།

བསམ་གྱིས་མི་ཁྱབ་བདེ་ཆེན་ངེས་པའི་ལུང་།།
གང་ལ་དེ་གནས་མཉམ་རྫོགས་ཆེན་པོ་ཉིད།།
ཐབས་དང་ཤེས་རབ་གཉིས་མེད་སྙིང་པོའི་དོན།།
སྐྱེ་མེད་ཕྱོགས་བྲལ་འཕེལ་འགྲིབ་ཀུན་ལས་འདས།།
འདུ་ཤེས་མི་འགོག་སྤྲུལ་རྣམས་དེ་བཞིན་ཉིད།།
འཛིན་མེད་མི་དམིགས་སྤང་གཉེན་རང་སར་གྲོལ།།
མ་བསྒོམ་ལྷུག་པ་མཉམ་རྫོགས་ཆེན་པོ་ལ།།

ཡངས་དོགས་མཐོ་དམན་རྒྱ་ཆད་ཕྱོགས་ལྷུང་མེད།།
མ་སྤྱངས་རེ་དོགས་ཆད་པའི་ངང་ཉིད་དུ།།
མི་བསམ་འདུ་འཕྲོ་ཞིག་པའི་བྱང་ཆུབ་སེམས།།
ཀུན་གསལ་རང་བཞིན་དག་པའི་ངང་དུ་ཞོག།

སྣ་ཚོགས་སྣང་གྲགས་ཆོས་རྣམས་སེམས་ཀྱི་ངང་།།
སེམས་ཉིད་མི་གཡོ་རང་བཞིན་གདོད་མའི་ངང་།།
ཆོས་དང་ཆོས་ཉིད་མེད་པར་ལ་བཟླས་པས།།
འཁོར་འདས་མི་དམིགས་མཉམ་རྫོགས་ངང་ཉིད་དུ།།
དྲན་བསམ་ཚོལ་ཁྲོ་མེད་པར་མཉམ་པར་ཞོག།

གཅིག་ཏུ་མ་བསྡུ་གཉིས་སུ་མ་འཛིན་པར།།
ལྷུན་གྲུབ་རེ་དོགས་བྲལ་བའི་ནམ་མཁའ་ལ།།
ཡེངས་མེད་སྒྲོས་དང་བྲལ་བའི་ཤེས་པ་ཉིད།།
རྒྱ་ཆད་ཕྱོགས་ལྷུང་བྲལ་བའི་ཚུལ་གྱིས་ཞོག།

རྒྱ་བསྐྱེད་སྤྱང་བསྟོད་མཐའ་དབུས་བརྡལ་བར་བསྐྱེད།།
མ་བཟུང་མ་བཏང་རང་གསལ་གཅིག་ཏུ་སྟོས།།
ཕྱམ་མེ་ཁྱབ་གདལ་དབྱིངས་གཅིག་གདོད་མའི་ངང་།།
བསམ་རྫོགས་ཡེ་ཤེས་འོད་གསལ་ཕོང་ནས་འཆར།།
གཉིས་མེད་དོན་ལ་འཇུག་པར་ཀུན་འདོད་ཀྱང་།།
ཀློས་བཟུང་ཆོས་ལས་འགྲོ་ཀུན་མ་འདས་པས།།

ཐེག་པའི་མཐོ་དམན་དོན་གཅིག་སྙིང་པོ་མེད།།
ངེས་དོན་བརྗོད་བྲལ་མ་སྐྱེས་རྣམ་པར་དག།
སེམས་ཉིད་མི་གཡོ་སངས་རྒྱས་རང་བཞིན་ལས།།
བཅོས་བསྒྱུར་འབད་པས་ཕྱི་ནས་དག་པར་འདོད།།
འཁོར་བ་སྤྱངས་ནས་མྱ་ངན་འདས་འཚོལ་བ།།
སྟོངས་པ་དེ་ཡིས་སྙིང་པོའི་དོན་མི་མཐོང་།།
སྒོམས་པའི་རྗེས་ལ་སྒོམ་མེད་རྫོགས་པའི་ཆོས།།
མཁའ་ལྟར་དྲི་མེད་སྐྱེ་བ་གང་འདོད་པ།།
དེ་ལ་ལྟ་བའི་དེ་ཉིད་མཐོང་བ་མེད།།
ཕྱི་ནས་དག་པའི་སྒོམ་མེད་ཅི་འདྲ་སྐྱེ།།
འདིར་ནི་རྟོགས་མཐོང་གོམས་ལས་ཡོན་ཏན་འཆར།།
འོན་ཀྱང་རྟོགས་པ་བཟང་ངན་འཕོ་འགྱུར་མེད།།
དེ་ལྟར་ཤེས་ན་སྐྱེས་བུ་མཁས་པ་ཡིན།།
སྟོངས་པས་མི་གོ་རྒྱུ་འབྲས་ཚད་མ་འཛིན།།
རྒྱུ་རྐྱེན་དངོས་པོའི་རྟེན་འབྲེལ་ཆོས་དཔག་ནས།།
སེམས་ཉིད་དངོས་མེད་དོན་ལ་རྩོལ་སྒྲུབ་བྱེད།།
དེ་ནི་ས་བོན་མྱུ་གུ་བསྐྱེད་མཐོང་ནས།།
ནམ་མཁའ་སྒྲོངས་པས་རྒྱུ་འབྲས་འདོད་པ་ཟད།།
ཏ་ཅང་མ་འབྲེལ་ཕན་ཚུན་འགལ་བ་ཅན།།
དངོས་མེད་སེམས་ལ་བཅོས་པས་ཅི་བྱར་ཡོད།།
ནམ་མཁའ་སྐྱེད་ཚལ་མྱུ་གུ་སྐྲོང་བ་བཞིན།།
དངོས་མེད་དེ་བཞིན་ཉིད་ལ་བཅོས་མ་བྱེད།།

འདི་ལྟར་ཆོས་ཚུལ་བསམ་གྱིས་མི་ཁྱབ་སྟེ།།
སོ་སོའི་དངོས་པོར་སྣང་བའི་ཆོས་རྣམས་ལ།།
རྒྱུ་བསྐྱེད་རྐྱེན་གྱིས་བསྒྱུར་བས་སྣ་ཚོགས་བྱེད།།
མཁའ་དང་ཉིད་ཆོས་དེ་བཞིན་དག་པ་ལ།།
འབད་ཅིང་རྩོལ་བས་མི་འགྱུབ་འཕོ་འགྱུར་མེད།།
དེ་བཞིན་སེམས་ལ་བག་ཆགས་འཁྲུལ་པ་གང་།།
ཇི་ལྟར་འབད་རྩོལ་འཁོར་བ་རྒྱུན་མི་ཆད།།
སེམས་ཉིད་མི་གཡོ་སྤྲ་ཕྱི་འཕོ་འགྱུར་མེད།།
དེ་བས་སེམས་ཉིད་དག་པའི་སངས་རྒྱས་ལ།།
བཅོས་བསྒྱུར་མ་བྱེད་དེ་བཞིན་ཉིད་དུ་ཞོག།

ནམ་མཁའ་བཅོས་པས་ངལ་བར་མ་བྱེད་ཀྱི།།
གྲུབ་དང་མ་གྲུབ་རང་བཞིན་མེད་པས་ན།།
རྟོགས་དང་མི་རྟོགས་གཉིས་སུ་མི་འཛིན་པར།།
རང་བྱུང་ཆོས་ལ་གང་བྱུང་དེ་བཞིན་ཞོག།

མ་བཅོས་དེ་བཞིན་བཞག་ན་གདོད་མའི་ངང་།།
སྙིང་པོའི་འོད་གསལ་རྒྱུན་ཆད་མེད་པས་ན།།
གང་བབས་ངང་ལ་རང་བབས་ཆེན་པོར་ཞོག།

ངང་དྭངས་འོད་གསལ་ཉི་ཟླ་ལྟ་བུའི་སེམས།།
དགའ་བདེ་ཕན་ཡོན་བཅས་པ་སྐྱེ་བར་འགྱུར།།

འདི་ལ་མཆོག་དང་དམན་པའི་ཆོས་མེད་པས།།
དམིགས་བྲལ་མི་རྟོལ་བདེ་བས་ལུས་སེམས་ཁྱབ།།
ཀུན་གྲོལ་གདོད་ནས་ཇི་བཞིན་དམིགས་སུ་མེད།།
མ་བྱས་རང་བཞིན་དག་པའི་རྒྱལ་པོ་ནི།།
ཕྱོགས་བྲལ་ཡེ་ཤེས་སྣང་བ་འཆེད་པ་བྱེད།།
ཀུན་འདུས་རང་བཞག་མི་འགྱུར་སྙིང་པོའི་དོན།།
ཇི་བཞིན་མི་འཚོས་སྒོམ་པའི་ངང་ལ་ཞོག།

ཇི་ལྟར་བྱས་པས་བསྒོམ་པར་ཤར་བ་ན།།
མ་བསྒོམ་གང་ལྟར་བཞག་ཀྱང་ཡེངས་པ་མེད།།
མཐར་ཕྱིན་ལྷུན་གྲུབ་ཆེན་པོའི་སྒོམ་པ་ཡིན།།
ལྟ་བསྒོམ་བོགས་འབྱིན་སྤྱོད་པའི་རིམ་པ་ཡང་།།
སྒྱུ་མ་སྤྲུལ་པ་གཉིས་མེད་ཆུ་ཟླའི་ངང་།།
སྤྱོད་ལམ་དུས་དྲུག་ཀུན་ཏུ་བཟང་པོར་སྤྱད།།
གང་ལ་བཟང་ངན་ཡོད་ན་སྤྱོད་པ་མིན།།
སླང་དོར་རེ་དོགས་བྲལ་བར་ཤེས་པར་བྱ།།
འདོད་པའི་ཡུལ་རྣམས་གང་དང་གང་ལ་ཡང་།།
ཆགས་ཞེན་དགག་བསྒྲུབ་ཡོད་ན་སྤྱོད་པ་མིན།།
ཇི་ལྟར་སྒྱུ་མས་སྒྱུ་མའི་ཡུལ་རྣམས་ལ།།
གང་ལྟར་སྤྱོད་ཀྱང་ཞེན་འཛིན་མེད་པ་ལྟར།།
རྣལ་འབྱོར་སྤྱོད་པ་མ་ཆགས་རོལ་པར་སྤྱོད།།
ཆོས་སོ་ཅོག་ལ་ངོས་བཟུང་འགའ་མེད་དེ།།

མེད་བཞིན་སྣང་ལ་དོན་དུ་མ་འཛིན་པར།།
གཉིས་མེད་རང་གྲོལ་རྫོགས་པ་ཆེན་པོའི་ངང་།།
ཇི་བཞིན་ཉིད་དུ་དེ་བཞིན་སྤྱོད་པར་བྱ།།
འདི་ཞེས་གཉིས་སུ་སྤྱོད་པའི་སེམས་ཡོད་པས།།
གཉུག་མའི་རང་བཞིན་མི་མཐོང་འཁྲུལ་པའི་བློ།།
མཐའ་བྲལ་སྤྱོད་ཀྱང་དེ་ཡི་མཐར་ལྷུང་ཞིང་།།
སྒྱུ་མར་འདོད་པ་གང་གི་གཟེབ་ཏུ་འཆིང་།།
རང་སེམས་ཡེ་གྲོལ་ཆོས་ཉིད་ཆེན་པོ་ལ།།
སྤྱོད་དང་མི་སྤྱོད་བླང་དོར་གཉིས་མེད་ཀྱི།།
རྩོལ་བའི་ནད་ཀྱིས་གདུང་བར་མ་བྱེད་པར།།
ཇི་བཞིན་གཉིས་མེད་དེ་བཞིན་ཉིད་དུ་ཞོག།

ཐམས་ཅད་དབྱིངས་གཅིག་མཉམ་པའི་ངོ་བོ་སྟེ།།
གདོད་མའི་ཡེ་ཤེས་སེམས་ཉིད་རྫོགས་པ་ཆེ།།
རང་བྱུང་དོན་གྱི་སྙིང་པོར་གང་བདེར་སྤྱོད།།
ལྷུན་རྫོགས་ཡིན་གྱི་རྩོལ་སྒྲུབ་མ་བྱེད་ཅིག།
གནས་ལུགས་ཡིན་གྱིས་བཅོས་བསྒྱུར་མ་བྱེད་ཅིག།
ཡེ་ནས་ཡིན་གྱི་ད་བཟོད་མ་བསྒྲུབ་ཅིག།
གྲུབ་གསལ་མེད་ཀྱི་སྤང་བསྒྱུར་མ་བྱེད་ཅིག།
ཕྱོགས་རིས་མེད་ཀྱིས་འདི་ཞེས་མ་འཛིན་ཅིག།
འཁོར་འདས་མེད་ཀྱིས་རེ་དོགས་མ་བྱེད་ཅིག།
བཟང་ངན་མེད་ཀྱིས་བླང་དོར་མ་བྱེད་ཅིག།

ཇི་ལྟར་བསྒོམ་དང་སྤྱོད་པར་བྱས་ན་ཡང་།།
རང་གི་སེམས་ལས་གཞན་དུ་གཡོས་པ་མེད།།
དེ་ལ་སྤང་བླང་མཚོན་བཤགས་ཅི་བྱར་ཡོད།།
འཆིང་བའི་བསམ་གཏན་སེམས་ཀྱི་ནད་དུ་ཆེ།།
དག་པའི་སེམས་ལ་འཛིན་པས་མ་བསླད་པར།།
གང་ཤར་རྒྱལ་པོ་ཇི་བཞིན་རོལ་ཏུ་ཆུག།
བཟང་ངན་བླང་དོར་མེད་ན་སྤྱོད་པ་ཡིན།།
གང་ལ་འདི་ཞེས་རྟུལ་ཙམ་ཞེན་འཛིན་ཡོད།།
དེ་ལ་དེ་ཉིད་གོལ་སྒྲིབ་ཆེན་པོར་བཤད།།
ཚད་མེད་ནམ་མཁའི་དབྱིངས་ལ་མ་འཛིན་པར།།
དག་པའི་སེམས་ཉིད་ནམ་མཁའ་མཚོན་ཏེ་སྤྱོད།།
སྣང་ཡུལ་ཐབས་ལ་བློ་ནི་ཤེས་རབ་ནི།།
གཟུངས་འཛིན་མི་དམིགས་རྒྱ་ཡན་ཆེན་པོར་སྤྱད།།
བསོད་ནམས་ཡེ་ཤེས་བསྐྱེད་རྫོགས་རྣམ་པར་དག།
རོལ་པ་འགགས་མེད་སྒྱུ་མར་ལྷུན་གྱིས་གྲུབ།།
སྣང་སེམས་ངོ་བོ་མ་སྐྱེས་ཆོས་སྐུ་ལ།།
རང་བཞིན་མི་འགགས་གསལ་སྟོང་ལོངས་སྤྱོད་རྫོགས།།
སྣ་ཚོགས་ཤར་གྲོལ་སྤྲུལ་སྐུར་ཕྱམ་ཅིག་པ།།
ཐམས་ཅད་སྐུ་གསུམ་ཡེ་ཤེས་ཆེན་པོར་སྤྱད།།
སྣང་ཞིང་མི་རྟོག་རོལ་བར་ཤར་བའི་ཚེ།།
རྒྱུ་འབྲས་ཐེག་པའི་ཡོན་ཏན་མ་ལུས་རྫོགས།།
དེ་ཡང་སེམས་ཉིད་བསམ་གཏན་རིན་ཆེན་མཛོད།།

སྲིད་དང་ཞི་བ་མཉམ་ཉིད་རྫོགས་པ་ཆེ།།
གདོད་ནས་དག་པའི་ངོ་བོ་མཐོང་བའི་ཚེ།།
རབ་ཏུ་དགའ་བའི་ས་ཞེས་བཏགས་པ་སྟེ།།
གཉིས་འཛིན་དྲི་མེད་དྲི་མ་མེད་པའི་ས།།
རྟོགས་པའི་འོད་བྱེད་འོད་འཕྲོ་ཅན་དང་ནི།།
ཀུན་གྱི་ཡུལ་མིན་སྦྱངས་དཀའ་མངོན་དུ་གྱུར།།
སྲིད་ལས་རིང་སོང་ཆོས་ཉིད་མི་གཡོ་བ།།
ཀུན་གྱི་རབ་མཆོག་ལེགས་པའི་བློ་གྲོས་ཅན།།
ཡེ་ཤེས་ཉི་མ་དྲི་མེད་ཆོས་ཀྱི་སྤྲིན།།
ཚེ་ཡིས་དབྱེ་བས་དེ་ལྟར་བཅུ་དང་ནི།།
གཉིས་མེད་དོན་མཐོང་ཚོགས་ལམ་སྦྱོད་པས་སྦྱོར།།
རྟོག་པ་རབ་མཐོང་དོན་གོམས་བསྒོམས་པའི་ལམ།།
གཏན་སྲིད་ཟིན་པས་མི་སློབ་འབྲས་བུར་བརྗོད།།
སྒོ་གསུམ་ཡེ་ཤེས་ཆེན་པོར་གཞིར་དག་པས།།
བུམ་གསང་ཤེས་རབ་ཚིག་དབང་རྣམ་པ་བཞི།།
ཡུལ་སེམས་སྣང་སྟོང་བསྐྱེད་རྫོགས་ཟུང་འབྲེལ་སོགས།།
ཇི་སྙེད་བྱེ་བ་དེ་སྙེད་ཡོན་ཏན་ལྡན།།
མ་བཅལ་ལྷུན་གྱིས་གྲུབ་པའི་རྫོགས་པ་ཆེ།།
བྱས་ཆོས་བསམ་ལས་འདས་ན་མཐོང་བ་ཡིན།།
བལྟས་པས་མི་མཐོང་བསྒོམ་པས་གྲུབ་པ་མེད།།
དཔྱད་པས་མི་རྙེད་བྱ་རྩལ་ཀུན་ལས་འདས།།
རང་སེམས་སྙིང་པོ་འགྱུར་མེད་སངས་རྒྱས་ཏེ།།

ཡོད་ནི་འཁོར་འདས་ཀུན་ལ་ཡེ་ནས་ཡོད།།
ཁྱབ་ནི་དུས་གསུམ་སྔ་ཕྱི་མེད་པར་ཁྱབ།།
ཡིན་ནི་ཆོས་དབྱིངས་རྒྱུ་འབྲས་འདས་པ་ཡིན།།
ལྟ་རྒྱ་མཚན་མའི་དངོས་མེད་ནམ་མཁའ་འདྲ།།
རང་བྱུང་ཡེ་ཤེས་གཞི་ནས་མི་གཡོ་བ།།
མཚོ་བཞིན་ངང་གི་འོད་གསལ་དྭངས་པ་སྟེ།།
ཡུལ་ལ་མི་རྟོགས་དེ་བཞིན་ཉིད་དུ་གསལ།།
བྱེད་བཞིན་རང་གནས་རྐྱེན་ལ་ལྟོས་པ་མེད།།
ཡུལ་ལ་ལྟོས་ན་ཡེ་ནས་རང་བྱུང་མིན།།
གཞན་འབྱུང་ཡིན་པས་སྣ་ཚོགས་གཡོ་བར་འགྱུར།།
དེས་ན་དུས་ཀུན་རང་བྱུང་འཕོ་འགྱུར་མེད།།
འཆར་ཞིང་མ་འགགས་སྐུ་གསུམ་འདུ་འབྲལ་མེད།།
རང་བཞིན་སྟོང་ལ་ངོ་བོ་གསལ་བའི་ངང་།།
ཐུགས་རྗེ་མ་འགགས་རིག་པའི་སྙིང་པོར་གནས།།
ནང་གསལ་མི་གཡོ་ཇི་བཞིན་ལྷུན་གྱིས་གྲུབ།།
ཡུལ་ལ་རྟོགས་པའི་ཡེ་ཤེས་གང་ཤར་བ།།
རྩལ་ལམ་མདངས་ཀྱི་ཡེ་ཤེས་ཤེས་བྱ་སྟེ།།
བརླབས་བསམ་མེ་ལོང་ནང་གི་གཟུགས་བརྙན་བཞིན།།
ཡུལ་ཡོད་རྐྱེན་གྱིས་དེ་བློ་འཆར་བ་སྟེ།།
མེད་ན་མི་འབྱུང་འབྲེལ་བ་གྲུབ་པ་ན།།
རང་ལ་ཤར་བས་རང་བྱུང་ཞེས་བཏགས་ཀྱང་།།
རྒྱུན་དུ་མིན་པས་གཞན་འབྱུང་རྐྱེན་གྱིས་ཡུལ།།

འཁྲུལ་འདུའི་རོལ་པ་འགགས་པ་མེད་པ་ཡིན།།
དེ་ཡང་གཞི་གནས་རང་བྱུང་དབྱིངས་ཡིན་ལ།།
ཡུལ་ལ་ཤར་བའི་ཤེས་པ་ཡེ་ཤེས་ཏེ།།
ཇི་བཞིན་བཞག་པ་གཉིས་སུ་མེད་པ་ཡིན།།
དོན་འདི་མི་ཤེས་རྨོངས་པའི་བསམ་གཏན་པ།།
ཁ་གཅིག་དབྱིངས་ཉིད་ངང་བཞག་འབའ་ཞིག་འཚོལ།།
འདུ་ཤེས་ཚོར་བ་འགོག་པའི་སེམས་འཛིན་གྱིས།།
གཟུགས་དང་གཟུགས་མེད་བག་ཆགས་འཁོར་བ་བསྒྲུབ།།
ཁ་ཅིག་ཡུལ་གྱི་ཡེ་ཤེས་ཕྱིར་ལྟས་ལ།།
རང་གྲོལ་ཟེར་ནས་འཁྲུལ་འདུའི་རྟོག་པ་འདྲེན།།
ཀུན་རྟོག་སྤྲོས་པས་འདོད་པའི་སྲིད་པར་འཆིང་།།
དབྱིངས་དང་ཡེ་ཤེས་གཉིས་མེད་རྟོག་པ་མེད།།
ལ་ལ་བསྐྱེད་རྫོགས་རྒྱུ་འབྲས་སྣ་ཚོགས་ཀྱིས།།
སྙིང་པོ་སེམས་ཉིད་རྣལ་མའི་དོན་ལ་སྒྲིབ།།
འཁོར་བའི་གྲངས་ལས་ཐར་པའི་སྐབས་མེད་དོ།།
འདིར་ནི་གང་ཤར་སྣང་སྟོང་མེད་པའི་ཚེ།།
ངང་དྭངས་དབྱིངས་དེར་རིག་པ་ལ་བཟླས་ནས།།
གཉིས་མེད་གཅིག་ཏུ་བདེ་ཀློང་འཁྱིལ་བའི་ཚེ།།
འཁྲུལ་གནས་གཉིས་མེད་རྫོགས་པ་ཆེན་པོར་གྲོལ།།
ངང་ཡིན་ཡེ་ཡིན་རྫོགས་པ་ཆེན་པོ་ཡིན།།
སྣང་སྟོང་མི་དགོས་ཡེ་སངས་ཆེན་པོ་ཡིན།།

ཡེ་ནས་རྫོགས་པ་མེད་པའི་སེམས་ཉིད་ལ།།
ད་ལྟ་གང་ཤར་གཟེར་རེ་མ་བྱས་ན།།
སྣང་སེམས་མི་རྟོག་ཆོས་སྐུའི་ཞིང་དུ་གྲོལ།།
ཕྱི་ནས་མཉམ་རྫོགས་དེ་བཞིན་བསྒྲུབ་ཏུ་མེད།།
རང་བྱུང་གཅིག་ལ་ཡུལ་དྲུག་ཤར་བའི་ཚེ།།
བརྟག་དཔྱད་མི་དགོས་ཇི་བཞིན་ལྷུག་པར་ཞོག།

མེ་ལོང་གཟུགས་བརྙན་གཉིས་མེད་དྭངས་པ་བཞིན།།
དབྱིངས་དང་ཡེ་ཤེས་གཉིས་མེད་ལྷུན་གྱིས་གྲུབ།།
ཡུལ་ལ་ཤར་ཡང་ཕྱི་རུ་མ་འཕྲོས་པས།།
སེམས་ཉིད་དྭངས་པའི་གཟུགས་བརྙན་རོལ་པ་ཙམ།།
ཐམས་ཅད་དབྱིངས་ཅིག་ཡེ་ནས་ཤེས་པའི་ཕྱིར།།
རང་བྱུང་ཡེ་ཤེས་མ་བསླད་མེད་པའི་དོན།།
རྒྱུ་འབྲས་འདས་པའི་ངོ་བོ་བསྟན་པ་ཡིན།།
ཇི་ལྟར་བློ་ཡིས་བཀོད་པའི་ཆོས་རྣམས་ནི།།
བག་ཆགས་ཡིན་ཕྱིར་རྒྱུ་འབྲས་འཁོར་བར་འཁྲུམས།།
བདེ་སྡུག་བཟང་ངན་སྣ་ཚོགས་སོ་སོར་སྣང་།།
ས་བོན་ཐ་དད་འབྲས་བུ་འབྱུང་བ་བཞིན།།
ཇི་བཞིན་མ་བཅོས་སེམས་ཉིད་འོད་གསལ་ནི།།
རྒྱུ་འབྲས་གཉིས་མེད་ཡེ་ནས་བྱ་བཙལ་མེད།།
མཁའ་བཞིན་མ་སྐྱེས་མི་འགགས་མི་གནས་པས།།
དུས་གསུམ་འཕོ་འགྱུར་བརྗོད་མེད་བསམ་ལས་འདས།།

མ་བཅསལ་ལྷུན་གྱིས་གྲུབ་པས་སྐྱོན་ཡོན་མེད།།
རོལ་པ་འགགས་པ་མེད་པས་ཆོས་ཀྱི་དབྱིངས།།
རང་བཞིན་གཅིག་ལ་བཅོས་སླད་མ་བྱེད་ཅིག།
བསྒྲོད་པས་མི་ཕྱིན་སྒྲུངས་པས་དག་པ་མེད།།
བཅསལ་བས་མི་རྙེད་རང་བཞིན་ལྷུག་པར་ཞོག།

སྐུ་དང་ཡེ་ཤེས་ཡོན་ཏན་ལྷུན་གྱིས་གྲུབ།།
མ་བཅོས་དེ་བཞིན་ཉིད་དུ་བཞག་པས་འགྲུབ།།
བྱ་བཅསལ་མ་བྱེད་སེམས་ཉིད་ནམ་མཁའ་ཆེ།།
ཡེ་ནས་དག་ལ་རྒྱུ་འབྲས་རྩོལ་མི་དགོས།།
རང་སེམས་ཆོས་སྐུ་ལྷུན་གྲུབ་འགྲོ་འདོད་ན།།
གང་སྣང་ཡུལ་སེམས་དམིགས་གཏད་ཞེན་པ་ཐོར།།
འདི་ཞེས་ཆེད་འཛིན་མེད་ན་མངོན་དུ་འགྱུར།།
ཀུན་ཡིན་ཅིག་ཡིན་གཟའ་གཏད་མེད་པས་ན།།
ཕྱོགས་བྲལ་རིག་པ་མཉམ་ཉིད་ཡན་པར་ཞོག།

ཆོས་ལ་བྱར་མེད་བྱས་པས་ཟིན་པ་མེད།།
ཟིན་མེད་རང་བཞག་བཅོས་བསླད་མ་བྱེད་པར།།
གང་ཡིན་ཀུན་ཡིན་འདི་ཞེས་ངེས་མེད་པས།།
མཐའ་བྲལ་གློང་ཡངས་རྫོགས་པ་ཆེན་པོར་ཞོག།

བཞག་པ་ཡོད་ན་རྫོགས་པ་ཆེན་པོ་མིན།།

ཅི་ཡིན་འདི་ཡིན་ངོས་བཟུང་མ་བྱེད་ཅིག།
རྫོགས་པ་ཆེན་པོ་མཉམ་ཉིད་རང་གྲོལ་ལས།།
ལམ་གོམས་པས་གྲོལ་བའི་ལེའུ་སྟེ་གཉིས་པའོ།། །།

དེ་ལྟར་གཞི་ལམ་དབྱིངས་རིག་མཐར་ཕྱིན་ཚེ།།
གཞི་རྫོགས་འབྲས་བུ་གདོད་མར་ལྷུན་གྱིས་གྲུབ།།
རང་དོན་ཆོས་སྐུ་གཞན་དོན་གཟུགས་སྐུ་གཉིས།།
དབྱིངས་དང་ཡེ་ཤེས་གཉིས་མེད་འདུ་འབྲལ་མེད།།
འཁོར་འདས་གཉིས་མེད་རིག་པ་དབྱིངས་གཅིག་ཏུ།།
ཞི་བར་བཞུགས་པ་སྒྲོས་དང་བྲལ་བའི་ཚེ།།
ཀུན་བཟང་དབྱེ་བ་མེད་པའི་ས་ཞེས་བྱ།།
འདི་ནི་མི་གནས་བསམ་རྫོགས་ཆོས་སྐུའི་ངང་།།
རང་བཞིན་གདོད་ནས་དག་པའི་ཆོས་ཉིད་དོ།།

དེ་ཉིད་ངང་ལ་ཟླ་བའི་ཡེ་ཤེས་ནི།།
ནང་གསལ་འཆར་གཞི་མ་འགགས་ཐམས་ཅད་མཁྱེན།།
སྐུ་དང་ཡེ་ཤེས་འདུ་འབྲལ་མེད་པ་ནི།།
ཏིང་འཛིན་མི་གཡོ་མཉམ་རྫོགས་ཆེན་པོའི་ས།།
དེ་ཉིད་ངང་ལས་རྣམ་པ་ཕྱིར་བཞེངས་ནས།།
འོད་གསལ་སྣང་བས་ཀུན་བཟང་ཡབ་ཡུམ་གྱི།།
འཕྲོ་འདུའི་རོལ་པ་འཁོར་ལོ་ཚོགས་ཆེན་ས།།

དེ་ཉིད་ངང་ལས་ཞི་བ་རིགས་ལྔའི་ཞིང་།།
འོད་གསལ་ལྷུན་རྫོགས་རང་སྣང་དག་པ་ནི།།
ཞིང་དང་སྟོན་པ་ཆོས་འཁོར་དུས་རྣམས་ཏེ།།
ཕུན་སུམ་ཚོགས་པ་ལྔ་ལྔར་སྣང་བ་ལས།།
ཆོས་དབྱིངས་མི་ཡོང་མཉམ་ཉིད་སོ་སོར་རྟོགས།།
བྱ་གྲུབ་ཡེ་ཤེས་ལྔ་ལྔའི་རང་བཞིན་ནི།།
སྡུག་པོ་བཀོད་པའི་ས་ཞེས་བརྗོད་པ་ཡིན།།
དེ་ཉིད་ངང་ལ་ཁྲོ་བོའི་ཞིང་ཁམས་ནི།།
དཀྱིལ་འཁོར་ལྷུན་གྲུབ་རྫོགས་རིགས་ལྔར་སྣང་བ་ཉིད།།
སྐུ་དང་ཡེ་ཤེས་ནམ་མཁའ་མཉམ་སྦྱོར་བ།།
རྡོ་རྗེ་འཛིན་པའི་ས་ཞེས་བརྗོད་པ་ཡིན།།

དེ་ཉིད་ངང་ལས་ས་བཅུའི་སེམས་དཔའ་ལ།།
རྣམ་དག་མི་བསྐྱོད་རིན་འབྱུང་འོད་དཔག་མེད།།
དོན་གྲུབ་སྣང་བས་འཁོར་རྒྱུད་སྨྱུངས་པའི་ཕྱིར།།
མི་ཡོང་ལྔ་བུའི་གདུལ་བྱའི་དོན་མཛད་པ།།
མ་ཆགས་པདྨ་ཅན་གྱི་ས་ཞེས་བྱ།།
དེ་ཉིད་ངང་ལས་མ་དག་གདུལ་བྱ་ལ།།
འགྲོ་འདུལ་ཐུབ་པ་དྲུག་དང་སྐྱེ་བ་དང་།།
གཟི་དང་མགོ་དགུའི་སྤྱོད་པ་སྣ་ཚོགས་ཏེ།།
མདོར་ན་མཐུན་པའི་སྣང་གཟུགས་སྟོན་པ་དང་།།
སོ་སོར་སང་བས་འགྲོ་བའི་དོན་མཛད་པ།།

ཀུན་ཏུ་འོད་ཀྱི་ས་ཞེས་བྱ་བ་ཡིན།།
ཉི་མའི་འོད་ཀྱིས་གླིང་བཞིར་སྣང་བྱེད་ཅིང་།།
པདྨོ་འཛུམ་པས་དགའ་བ་བསྐྱེད་པ་བཞིན།།
སྤྲུལ་པའི་འོད་ཟེར་སྣང་བས་ཁྱབ་པར་བྱེད།།

ཀུན་བཟང་དབྱེ་བ་མེད་དང་ཏིང་འཛིན་ནི།།
གཉིས་མེད་ཆོས་སྐུའི་ས་ཡིན་སྤྲོས་ཀུན་ཞི།།
ཚོགས་ཆེན་སྟུག་པོ་བཀོད་དང་རྡོ་རྗེའི་འཛིན།།
རང་སྣང་ལོངས་སྐུའི་ས་ཡིན་འོད་གསལ་ངང་།།
པདྨ་ཅན་དང་ཀུན་ཏུ་འོད་ཟེར་འགྱེད།།
རང་བཞིན་འགྲོ་འདུལ་སྣ་ཚོགས་སྤྲུལ་སྐུའི་ས།།
མཛད་པའི་ཕྲིན་ལས་དཔག་མེད་ལྷུན་གྱིས་གྲུབ།།

དེ་ལྟར་སྐུ་དང་ཡེ་ཤེས་ཞིང་རྣམས་ཀྱང་།།
ནམ་མཁའ་བཞིན་དུ་རྟག་ཁྱབ་འདུས་མ་བྱས།།
འགྲོ་གྲོལ་བར་དུ་རྒྱུན་མི་ཆད་པར་སྣང་།།
འདི་ནི་མཐར་ཕྱིན་གདོད་མའི་ངང་ཉིད་དོ།།
རང་བཞིན་རྫོགས་པ་ཆེན་པོའི་འབྲས་བུ་ཡིན།།
རྒྱུ་འབྲས་བསྐྱེད་མིན་ཡེ་ཤེས་ལྷུན་གྲུབ་ཡིན།།
མ་བྱས་རང་བཞིན་དག་པའི་སེམས་ཉིད་ལ།།
མི་བྱེད་རྩོལ་འགྲུབ་མེད་པའི་དོན་མཐོང་ནས།།
རང་བབས་ཡེ་གྲོལ་སོར་བཞག་སློང་གྱུར་པས།།

ཡེ་ནས་ལྷུན་གྲུབ་མངོན་དུ་གྱུར་པ་ཡིན།།
རྫོགས་པ་ཆེན་པོ་མཉམ་ཉིད་རང་གྲོལ་ལས།།
འབྲས་བུ་ལྷུན་གྲུབ་ཆེན་པོའི་ལེའུ་སྟེ་གསུམ་པའོ།། །།

དེ་ལྟར་ཆོས་ཚུལ་ཤིན་ཏུ་རྨད་བྱུང་འདི།།
གངས་རི་ཐོད་དཀར་རིན་ཆེན་སྙིང་པོའི་མགུལ།།
དྲི་མེད་འོད་ཟེར་ཤར་བས་སྣང་བྱས་པའི།།
དགེ་བས་འགྲོ་ཀུན་ཡིད་ཀྱི་མུན་སེལ་ཤོག།

དཔལ་ལྡན་གེ་སར་གསལ་བའི་དབང་པོ་ཡི།།
བདག་བློའི་སྦྲང་རྩི་འཛིན་འདི་དགའ་བསྐྱེད་པས།།
ལེགས་བཤད་གླུ་དབྱངས་དར་དིར་སྙན་པར་སྒྲོགས།།
དེ་ཡི་སྐལ་ལྡན་སྐྱེ་བོ་དགའ་བར་མཛོད།།

རྫོགས་པ་ཆེན་པོ་མཉམ་ཉིད་རང་གྲོལ་ཞེས་བྱ་བ།།དཔལ་ཨོ་རྒྱན་གྱི་སློབ་དཔོན་ཆེན་པོ་པདྨའི་དབང་པོས་ལེགས་པར་བཟུང་བའི་རྣལ་འབྱོར་པ་དྲི་མེད་འོད་ཟེར་གྱིས་གངས་རི་ཐོད་དཀར་གྱི་མགུལ་དུ་བཀོད་པ་རྫོགས་སོ།།།།དགེའོ།།།།

(བདེ་སྐྱིད་སྒྲོལ་མས་བཏུས།)

༄༅། །ཆོས་ཀུན་སེམས་ཉིད་མཉམ་ཉིད་བདེ་ཆེན་གྱི་གསུང་མགུར། *

འབྲི་གུང་སྐྱབས་མགོན་རྡོ་རྗེ་འཆང་ཆེན་པོས་བརྩམས།

ཆོས་ཀུན་སེམས་ཉིད་དཀྱིལ་འཁོར་མཉམ་ཉིད་བདེ་ཆེན་ནི།།
ཆགས་དང་སྡང་བའི་འཁྲུལ་པ་ཀུན་འཇོམས་ཤིང་།།
བྱམས་དང་སྙིང་རྗེ་དྲི་མེད་བདུད་རྩིའི་ཆུ་བརླན་འཛག།
སྐྱེས་ཆེན་བླ་མ་རིན་པོ་ཆེ་ལ་གཙུག་གིས་འདུད།།
མགོན་པོ་ཁྱེད་ཀྱི་དགོངས་པ་སྒྲུབ་བྱེད་ཅིང་།།
འགྲོ་ལ་ཕན་པའི་བློ་གྲོས་མཆོག་མངའ་ན།།
དད་ཅིང་འདུན་པས་བྱུང་དུ་འཁོར་བ་ཡི།།
འཁོར་རྣམས་ཀུན་ལ་ཤིན་ཏུ་ཞེ་སྡང་ཞིང་།།
ཚིག་རྩུབ་མཚོན་གྱིས་བརླག་པར་བྱེད་དམ་ཅི།།
ཆོས་ཀྱི་རྒྱལ་པོ་དབང་ཕྱུག་ཆེན་པོ་ལ།།

---

* 汉译为:《诸法平等论》,止贡嘉关多杰强造。

སྲུང་པོས་གཙུད་པར་བྱེད་པ་ཤིན་ཏུ་མཛེས།།
མཚུངས་མེད་སེང་གེའི་ང་རོ་ཆེན་པོ་ནི།།
རི་དྭགས་ཕྲུ་གུས་ཤིན་ཏུ་བཟོད་པར་དཀའ།།
གདུག་པ་དུག་སྦྲུལ་ཤིན་ཏུ་མི་བཟད་པའི།།
དྲུང་དུ་གནས་པ་བརླག་པར་ངེས་པ་ལྟར།།
བདག་ཉིད་རིགས་དང་བཅས་པ་ཐམས་ཅད་ཀུན།།
བརླག་པར་གྱུར་ན་དགའ་སེམས་སྐྱེ་འམ་ཅི།།
རིགས་པར་མི་སྤྱོད་སྡུག་བསྔལ་མཚོར་གནས་པ།།
གནོད་ཅིང་གདུག་པའི་འགྲོ་བ་བཅད་བྱས་ཀྱང་།།
བྱང་ཆུབ་མཆོག་ལ་འགོད་པར་དམ་བཅས་ནས།།
ཕན་པ་བསྒྲུབ་པའི་གྲོགས་མཆོག་ཐམས་ཅད་ལ།།
གནོད་པར་སེམས་ཤིང་ཅི་ཕྱིར་ཁྲོ་བར་བྱེད།།
འཁོར་བའི་རྒྱ་མཚོ་ཆེན་པོ་སྟོངས་པར་མ་གྱུར་ཆེ།།
འགྲོ་བའི་སྡུག་བསྔལ་འཁྱུར་བར་དམ་བཅས་ནས།།
མཐོ་དམན་ཚིག་རེ་ཙམ་ཡང་མི་བཟོད་ཅིང་།།
ཆགས་སྡང་ཕྱོགས་རིས་བྱེད་པ་འདི་མ་འཐད།།
བདེ་ཆེན་བྱང་ཆུབ་སེམས་ཀྱིས་བསྐྱེད་པའི་ལུས།།
རྒྱལ་བའི་དཀྱིལ་འཁོར་བཟང་ཞིང་དགའ་བ་འདི།།
སྐྱེ་ཀ་ན་འཆི་སྡུག་བསྔལ་རྒྱ་མཚོ་ཡི།།
ལུས་སུ་བསྒྱུར་བ་རང་སྙིང་མི་རྗེ་འམ།།
སྣང་བ་ཐམས་ཅད་རང་གི་བསམ་པ་བས།།
བདེན་པའི་ཚོགས་ཀྱིས་རྫུན་གྱི་ཚོགས་རྣམས་ཀུན།།

བསྐལ་པའི་མེ་ལྟར་རབ་ཏུ་བསྲེག་བྱེད་ཅིང་།།
དཔའ་བར་འགྲོ་བའི་ཏིང་འཛིན་མཆོག་གནས་པས།།
བདེ་ཆེན་འོག་མིན་གནས་སུ་ལོངས་སྤྱོད་ཅིང་།།
རྒྱལ་བའི་ཞིང་ཁམས་མ་ལུས་དག་བྱེད་པ།།
དཔའ་བོ་ཆེན་པོས་བདུད་རྣམས་འཇོམས་པར་མཛད།།
གཉིས་སུ་མེད་པ་རོ་མཉམ་ཆེན་པོ་ཡི།།
ཆོས་ལས་འབྱུང་བའི་སྐྱེ་བོ་མཐོ་དམན་རྣམས།།
ཆོས་ཀྱིས་སྐྱོང་ཞིང་མི་ཆོས་ཀྱིས།།
ཆོས་རྣམས་མ་ལུས་ཉམས་སུ་སྤྱོང་བ་ཡིས།།
གཞན་གྱི་རྒྱུད་རྣམས་བྱིན་གྱིས་མི་རློབ་ན།།
ན་ཙོའི་ཕ་སྐད་དེ་ཡིས་སུ་ལ་ཕན་དུ་རེ།།
འགྲོ་བར་འདོད་པའི་སྐྱེས་བུ་སྨོད་པའི་སོ་ཆོས་ཀྱིས།།
རང་མགོ་སྐོར་བ་ཤིན་ཏུ་སླེན་པ་སྟེ།།
མུ་མཐའ་མེད་པའི་བསོད་ནམས་རྫད་བྱུང་བ།།
མངའ་བདག་ཆེན་པོའི་ཁྲིམས་ལས་མ་འདའ་ཞིག།
སྡུག་བསྔལ་ས་བོན་བག་ཆགས་ཚོགས་རྣམས་ཀུན།།
མཐོ་དམན་བྱ་བྱེད་རྣམ་པ་སྣ་ཚོགས་ཀྱིས།།
སློབ་ཞིང་མཉམ་ཉིད་ངང་དུ་འདག་པར་མི་བྱེད་ན།།
ཐུབ་པའི་དབང་པོས་འབད་པའི་རྡོ་རྗེ་ཐེག་པ་ལ།།
ཚེ་གཅིག་མཆོག་གིས་སངས་རྒྱས་ཇི་ལྟར་ཐོབ།།
ངོ་བོ་མཉམ་ཉིད་བདེ་བ་ཆེན་པོ་ཐུགས་ཆུད་ཅིང་།།
བྱང་ཆུབ་སེམས་ཀྱི་གསེར་འགྱུར་བདུད་རྩི་ཡིས།།

འཁོར་བའི་ས་བོན་སྡུག་བསྔལ་རྒྱུ་འབྲས་རྣམས།།
སངས་རྒྱས་སྐུ་གསུམ་མི་ཟད་འཁོར་ལོར་བསྒྱུར།།
ཡུལ་དང་དུས་ཀྱིས་བསྐལ་ཅིང་རྣམ་སྨིན་ཟད་པ་ཡི།།
འབྲེལ་བར་མ་གྱུར་མཐོང་ཚོར་མེད་པ་ལ།།
ཉིང་འཛིན་བཟང་པོར་མ་བལྟ་རྣལ་འབྱོར་པ།། །།

(བདེ་ སྐྱིད་ སྒྲོལ་ མས་ འབྲི་ གུང་ སྐྱབས་ མགོན་ རྟོ་ རྗེ་ འཆང་ ཆེན་ པོ་ མཆོག་གི་གསུང་ལས་བཏུས།)

༄༅། །མཉམ་པ་ཆེན་པོའི་ཆོས་ཉིད།*

རྡོ་གྲུབ་འཇིགས་མེད་བསྟན་པའི་ཉི་མས་བརྩམས།

མཉམ་པ་ཆེན་པོའི་ཆོས་ཉིད་མཐའ་བཞིའི་སྤྲོས་བྲལ།།
ཀུན་སྣང་སྒྱུ་མའི་ལང་ཚོར་རྟག་ཏུ་སྣང་བའི།།
ངོ་མཚར་བསམ་གྱིས་མི་ཁྱབ་འཛམ་པའི་རྡོ་རྗེའི།།
སྣང་སྟོང་གཟུགས་སྐུའི་དཀྱིལ་འཁོར་དེ་རིང་སྟོན་ཤོག།

དག་ཆེན་ཡེ་ཤེས་རོལ་མོ་འབུམ་དུ་འབར་ཞིང་།།
རྨད་བྱུང་འཕྲུལ་གྱི་རོལ་མོས་འཇིག་རྟེན་ཁྱབ་མཛད།།
གྲགས་སྙན་རོལ་མོ་སྟོང་ལྡན་འཛམ་པའི་རྡོ་རྗེ།།
ཕུལ་བྱུང་འཕྲིན་ལས་རོལ་མོས་སྲིད་འདི་སྐྱངས་ཤོག།

སྒྱུ་འཕྲུལ་དྲ་བ་ཆེན་པོ་ཡེ་ཤེས་གཅིག་ཉིད།།

* 汉译为:《住平等法性》,多珠久美丹贝尼玛造。

མཁའ་ཁྱབ་ཞི་དང་ཁྲོ་བོའི་གར་གྱིས་རྩེན་པའི།།
རྣམ་རོལ་སྣང་བ་འབུམ་ལྡན་འཇའ་པའི་རྡོ་རྗེ།།
གཟུངས་དང་སྤོབས་པའི་ཆར་ཆེན་སྙིང་ལ་སྙོལ་ཤོག།

ཐོགས་མེད་སྤོབས་པའི་བློ་གྲོས་མཚུངས་པ་མེད་ཅིང་།།
མི་འཇིགས་སེངྒེའི་སྒྲ་དབྱངས་ལྷུག་པར་འཇོ་བའི།།
མཐའ་ཡས་གདུལ་བྱ་སྨིན་མཛད་འཇམ་པའི་རྡོ་རྗེ།།
ཚུལ་གཉིས་སྣང་བ་དམ་པས་བདག་ཡིད་ཁྱབ་མཛོད།།

སྐྱེ་དང་འཆི་བའི་མཚན་མ་ངང་གིས་ཞི་བས།།
རྟག་ཆེན་གཞོན་ནུའི་འཇོ་སྒེག་ཅིར་ཡང་ངོམས་པའི།།
མཁྱེན་གཉིས་ཡེ་ཤེས་སྐུ་ཅན་འཇམ་པའི་རྡོ་རྗེས།།
མཚན་རྫོགས་སྐུ་ཡི་དཀྱིལ་འཁོར་མངོན་དུ་སྟོན་ཤོག།

ལམ་ལམ་མཚན་དཔེའི་སྣང་བ་སྟོང་དུ་འཇོ་ཞིང་།།
མཐིང་མདོག་རལ་བའི་ཟུར་ཕུད་ལྷེམ་ལྷེམ་གཡོ་བཞིན།།
ཞིང་མང་འོད་བརྒྱུས་འགེངས་མཛད་འཇམ་པའི་རྡོ་རྗེས།།
དྲན་དང་རྟོགས་པའི་ཆར་ཆེན་ཡིད་ལ་ཐོབ་ཤོག།

འོད་བཟང་རལ་གྲིའི་འཕྲུལ་འཁོར་ཀུན་ཏུ་སྐྱོད་ཅིང་།།
འཁྲིལ་ལྷེམ་ཞི་བའི་ཉམས་བཟང་འཛད་པ་མེད་པས།།
ལྷ་གླུའི་དྲེགས་པ་ཟིལ་གནོན་འཇམ་པའི་རྡོ་རྗེས།།

བྱིན་རླབས་མི་ཧྲོག་ཆར་ཆེན་རྟག་ཏུ་སྩོལ་ཤོག།

གོ་ཆ་ཆེན་པོ་བགོས་པའི་འཁོར་གྱི་དབུས་ན།།
མི་ཤིགས་དྭངས་མའི་སྐུ་མཆོག་ལྷམ་མེར་གསལ་ཞིང་།།
སྨོན་ལམ་ཆེན་པོའི་གཟི་བརྗིད་མཚུངས་ཟླ་མེད་པས།།
འཕགས་མཆོག་འཇམ་པའི་ལྷ་དེས་བྱིན་རླབས་སྩོལ་ཤོག།

(བདེ་སྐྱིད་སྒྲོལ་མས་རྗེ་གྲུབ་འཇིགས་མེད་བསྟན་པའི་ཉི་མའི་གསུང་རྩོམ་ལས་བཏུས།)

图书在版编目（CIP）数据

藏传佛教教义阐释研究文集：藏传佛教与平等思想研究专辑/郑堆主编.
—北京：中国藏学出版社，2014. 10

ISBN 978-7-80253-782-8

Ⅰ.①藏… Ⅱ.①郑… Ⅲ.①喇嘛宗-教义-文集 Ⅳ.①B946. 6-53

中国版本图书馆 CIP 数据核字（2014）第 227264 号

藏传佛教教义阐释研究文集

——藏传佛教与平等思想研究专辑　　郑堆　主编

出版发行　中国藏学出版社
印　　刷　中国电影出版社印刷厂
开　　本　787×1092 毫米　1/16
印　　张　21. 75
字　　数　230 千字
印　　次　2014 年 10 月第 1 版第 1 次印刷
书　　号　ISBN 978-7-80253-782-8/　B·208
定　　价　39. 00 元

图书若有质量问题，请与本社联系

E-mail:dfhw64892902@126. com　　**电话:**010-64892902